D1664528

Klaus M. Kohlöffel und Jan-Dirk Rosche

Spielmacher im Management

Klaus M. Kohlöffel und Jan-Dirk Rosche

Spielmacher im Management

Unternehmerisches Gespür entwickeln und strategisch handeln

WILEY-VCH Verlag GmbH & Co. KGaA

1. Auflage 2009

Bibliografische Information der Deutschen Nationalbibliothek
Die Deutsche Nationalbibliothek verzeichnet diese Publikation in der Deutschen Nationalbibliografie; detaillierte bibliografische Daten sind im Internet über http://dnb.d-nb.de abrufbar.

Printed in the Federal Republic of Germany

Gedruckt auf säurefreiem Papier.

Satz Kühn & Weyh GmbH, Freiburg
Druck und Bindung Strauss GmbH, Mörlenbach
Umschlaggestaltung Christian Kalkert, Birken-Honigsessen

ISBN: 978-3-527-50410-7

Inhalt

Vorwort

Impulse geben, weiterentwickeln und vervielfachen, Wirkungszusammenhänge wahrnehmen und erspüren, Hebelwirkungen erkennen, direkt und indirekt das Spiel beeinflussen und gestalten, allein und im Team agieren und reagieren, sich fortwährend auf neue Situationen einstellen, Strategien definieren und Spielzüge präzise ausführen ...

Alle diese Aussagen beschreiben wesentliche Verhaltensweisen, die uns aus Sport und Spiel gut bekannt sind. Im leistungsorientierten Sport und Spiel gehört das Training dieser grundlegenden Verhaltensweisen zum ständigen Programm. Im direkten Wettbewerb mit anderen Spielern kommt es darauf an, diese Verhaltensweisen immer schneller, flexibler, besser und erfolgreicher abzurufen, einzusetzen und auszubauen. Viele der genannten Verhaltenweisen setzen wir aber auch auf jenen Spielfeldern ein, auf denen wir beruflich und geschäftlich handeln. Je wichtiger für uns ein Spiel ist, desto intensiver widmen wir uns den Fragen »was«, »wann«, »wie«, »wo«, »wohin« und »warum« unseres Handelns. Je klarer, entschlossener und tiefer wir »Ja« zu einem Spiel sagen, desto mehr machen wir es zu »unserem« Spiel, desto mehr Energie, Biss und Ausdauer zeigen wir, während wir uns beteiligen. Stets bestimmen unsere Antworten unsere langfristigen Spielziele und Spielzüge.

Immer stärker nehmen wir die Folgen der Globalisierung, der Vernetzung all unserer Lebensbereiche und der vermehrten Gleichzeitigkeit vieler unserer Aktivitäten wahr. Was gestern noch richtig war, kann heute schon falsch sein und ist morgen womöglich überholt. Feste Arbeitsverhältnisse werden immer häufiger gelöst, neu geschlossen oder in selbstständige Arbeitsbeziehungen überführt. Geschäftsmodelle werden aufgrund sich rasant ändernder Ressourcen- und Marktverhältnisse immer schneller angepasst und durch neue ersetzt. Die demographische Entwicklung der Gesellschaft und nicht zuletzt der Klimawandel verlangen zudem verstärkt eine strategische, weil nachhaltigere Orientierung. Um mithalten zu können sind wir gefordert, uns permanent erfolgreich weiterzuentwickeln, ganz nah am Puls der Zeit zu sein, Trends zu erkennen, die eigene Initiativkraft und Energie zu stärken, den eigenen unternehmerischen Pulsschlag wahrzunehmen, mutig das Beste aus uns herauszuholen und zu geben. Unternehmerisches Gespür, Denken und Handeln sind erfolgsentscheidende Fähigkeiten.

In unseren beruflichen Spielen sind wir ständig als Unternehmer/in unseres eigenen Lebens herausgefordert. Wir planen unsere Ausbildungs- und Karriereschritte, unsere Aktivphasen wie auch unsere Entspannungs- und Urlaubsphasen. In geschäftlichen Spielen treffen wir Entscheidungen, die die weitere Entwicklung und Umsetzung einer Geschäftsidee maßgeblich beeinflussen. In unserem Alltag als Mitarbeiter/in, Führungskraft oder als Unternehmer/in geht es darum, passend für die gerade bestehende Spielsituation ein zielorientiertes Spielverhalten zu entwickeln und dieses in unseren Spielzügen mit Erfolg umzusetzen. Unsere strategisch orientierte unternehmerische Initiative ist gefragt.

Aus dem Verständnis strategischer Spiele abgeleitet, zeigen wir in diesem Buch ein systematisches Konzept für unser unternehmerisches Spüren, Denken und Handeln auf. Für unsere Ausführungen haben wir bewusst eine einfache, leicht verständliche, spielerische Herangehensweise und Sprache gewählt. Wir sind sicher, dass Sie so Lust bekommen, mit uns zu »spielen«, unsere Ideen und Gedanken selbst durch- und nachzuspielen, sich darin zu üben und sie zur Erweiterung der eigenen dann stärker strategisch orientierten Vorgehensweisen zu nutzen und zu ergänzen.

Ein spielerisches Vorgehen fordert heraus, bringt uns in Grenzsituationen, ist im Rahmen bestimmter vorgegebener Regeln immer wieder anders und ermöglicht so Neues. Spielen fördert die Intuition und Imagination, die Fantasie und Kreativität sowie die Spontaneität und Flexibilität. Ein spielerischer Ansatz ermöglicht einen leichteren und lustvolleren Zugang zur Realität des ganz normalen Alltags. Sichtweisen können auf spielerische Art leichter vertieft, erweitert oder auch aufgegeben werden. Im Spiel fällt das mutige Entdecken, Kreativ-Sein und Lernen leichter. Sowohl in den persönlichen Innenwelten, den Gefühls-, Gedanken-, Energie-Welten, den eigenen Tiefen, wie in den verschiedensten Außenwelten kann so immer wieder Neues erforscht und entwickelt werden.

Unternehmerisch besser aufgestellt zu sein, gibt Sinn, macht Mut und hilft, das eigene Leistungsverhalten und die Leistung im Team zu steigern. Eine spielerische und zugleich strategische Herangehensweise kann darüber hinaus Disziplin im eigenen Verhalten wecken, Energien mobilisieren und den Mut zum Ausprobieren oder auch Durchhalten herauskitzeln. Die Hürde zum neugierigen Ausprobieren auf einer möglichst attraktiven und passenden Höhe zu halten, sodass sie Ehrgeiz weckt, aber auch erfolgreich übersprungen werden kann, ist dabei ein wichtiges Trainingsprinzip. Die richtige innere Einstellung und Haltung zu einem strategisch ausgerichteten Spiel fördert eine spielerische Lockerheit. Diese entkrampft im Umgang mit Gewinnchancen sowie mit Verlusten und Niederlagen. Eine spielerische Lockerheit fördert auch die Aussichten auf ein erfolgreiches Comeback.

In einem Spiel, das auf Wettbewerb ausgerichtet ist, werden Kräfte gemessen und gestärkt. Alle Mitspielenden können aneinander wachsen und reifen. Gerade in Wettbewerbssituationen das eigene Wahrnehmen, Spüren, Denken und Handeln spielerisch aus der Perspektive eines erfolgsorientierten Spielers zu betrachten und zu trainieren, fördert das eigene Leistungsvermögen. Gewonnene Spiele stärken das Selbstwertgefühl und Selbstbewusstsein. Sie machen stolz, animieren zum Weitermachen und -wachsen. Verlorene Spiele werden besonders reflektiert und sorgfältig analysiert. Das Gefühl einer Niederlage kann Kampfgeist wecken und beharrliches Verbesserungsstreben stimulieren. Genauso kann es die Entscheidung fördern, das Spielfeld zu verlassen und sich auf einem anderen neuen Spielfeld zu versuchen. Ständig – in jedem Augenblick – gilt das Motto »neues Spiel neues Glück«.

Wir wünschen Ihnen, dass Sie mit unserem Buch die ganz besondere Erfahrung machen, wie sich unternehmerisches Potenzial und Verhalten leicht, spielerisch und mit viel Freude erweitern lässt und wie Sie sich durch beharrliches Üben erfolgreich zu einem besseren Spielmacher beziehungsweise einer besseren Spielmacherin in Ihrem beruflichen und geschäftlichen Umfeld weiterentwickeln.

Klaus M. Kohlöffel
Jan-Dirk Rosche

1 Spielmacher sein

Bewusst oder unbewusst fühlen, denken und handeln wir alle fast täglich unternehmerisch, ob im Beruf oder im Privatleben. Einige Beispiele machen dies deutlich:

- Schulabgänger und Hochschulabsolventen suchen nach möglichst attraktiven Entwicklungschancen für die Gestaltung ihres künftigen Berufslebens.
- Mitarbeiter entwickeln Strategien, um erträumte Karrierewege einzuschlagen oder ihren Arbeitsplatz zu sichern.
- Führungskräfte vereinbaren Strategien, wie sie besonders talentierte, leistungsstarke Nachwuchskräfte, High Potentials, finden, fördern und stärker an ihr Unternehmen binden können.
- Unternehmer spüren Trends auf, um im Markt von morgen mit ihren Produkten, Lösungen und Dienstleistungen erfolgreich zu überleben.
- Manager denken über Vorgehensweisen nach, wie sie ihre Geschäftsaktivitäten erfolgreich steuern können.
- Politiker entwickeln Wahlkampfstrategien, um ihre Ideen den Wählern nahe zu bringen und von ihnen gewählt zu werden.
- Stark wachsende Volkswirtschaften, wie die von China oder Indien, suchen nach Möglichkeiten und Konzepten, um neue Rollen als aktive Spieler im Weltgeschehen wahrzunehmen.
- Trainer planen Strategien, die ihre Mannschaften auf dem Spielfeld zum Erfolg führen.
- Verbandsmitglieder sind darum bemüht, ein ganzes Spiel möglichst interessant zu gestalten, es weiter zu entwickeln und immer besser zu vermarkten.

Unsere täglichen Lebens- und Berufssituationen gleichen großen, kleinen, wohl bekannten, neuen, nahe liegenden oder auch weit entfernten Spielfeldern. Auf unseren Spielfeldern sind wir mal mehr aktiv, mal mehr passiv unterwegs. Wir nehmen ganz unterschiedliche Rollen ein, zum Beispiel die eines »Spielmachers«, der maßgeblich das Spielgeschehen prägt, oder die eines »Sponsors«, der andere Spieler gezielt unterstützt und dafür deren Loyalität gewinnt. Ab und an nehmen wir vielleicht auch einmal die Rolle eines einfachen »Mitspielers« ein, der aus der Sicht der anderen Spieler eher unbeteiligt am Spiel teilnimmt.

So unterschiedlich wir unsere Aktivitäten und Rollen gestalten und prägen, so variabel gehen wir vielfach auch mit den auf einem Spielfeld gültigen Spielregeln um. Einmal beachten wir sie sehr genau und richten unsere Spielzüge exakt danach aus. In der nächsten Spielsituation verletzen wir eine Spielregel ganz bewusst und hoffen, dass dies andere Spielbeteiligte nicht merken. Wenn sie es merken, vertrauen wir darauf, dass sie uns für die Regelverletzung nicht bestrafen. Ein anderes Mal setzen wir bestehende Spielregeln gar außer Kraft oder ersetzen sie durch neue eigene Regeln. Diese haben wir vielleicht zu unseren Gunsten enger gesteckt und fordern andere Spieler zu konsequenter Einhaltung auf.

In Analogie zum Sport spielen wir unsere Spiele in unterschiedlichen Spielklassen. Je nach Liga wird unsere Spielenergie, unser Spielgeschick und Spielwitz auf ganz unterschiedlichem Niveau gefordert. Zunächst sind wir blutige Anfänger, die noch absolut grün hinter den Ohren sind. Wir haben Schwierigkeiten, uns im Spielgeschehen zurechtzufinden, im wahrsten Sinne die Beine auf den Boden zu bekommen und das Laufen zu lernen. Später einmal sind wir vielleicht in der Rolle eines erfahrenen Profispielers, der in der höchsten Spielklasse, der Champions-League, spielt. Dann meistern wir nahezu jede Spielsituation mit Bravour. Gelingt uns dies, zählen wir zu den Stars im Team.

Immer seltener spielen wir ausschließlich nur in einem Spiel, auf das wir uns mehr oder weniger intensiv vorbereiten und an dessen Ende wir uns zunächst einmal ausruhen können, um anschließend unser nächstes Spiel zu spielen. Unser Privat- und Berufsleben ist in immer größerem Ausmaß von einer Gleichzeitigkeit von Spielen geprägt. Moderne Telekommunikationsinstrumente unterstützen uns, gleichzeitig an den verschiedensten Spielen teilzunehmen und darin ganz unterschiedliche Rollen wahrzunehmen. Wir führen beispielsweise wichtige Verhandlungen und buchen während einer kurzen Pause über unser Mobiltelefon einen Urlaub. Gleichzeitig sitzen wir an unserem Notebook und ordern via Internet bei unserer Direktbank ein Aktienpaket. Wir planen dabei bereits den nächsten Schritt. Wenige Stunden später, während einer Videokonferenz mit unseren südamerikanischen Projektpartnern, werden wir während einer Kaffeepause die Börsenkurse prüfen und unser Aktienpaket gegebenenfalls wieder verkaufen.

Dieses Beispiel verdeutlicht exemplarisch für viele unserer Lebenssituationen, in welcher Gleichzeitigkeit wir leben. Lokal, regional oder sogar global bewegen wir uns zugleich auf den verschiedensten Spielfeldern und wechseln ständig zwischen den jeweiligen Spielgeschehen hin und her. Als Spieler vernetzen wir dabei oft nicht nur die Spielfelder und ihre Spieler miteinander, sondern zugleich die unterschiedlichen Spielsituationen. Eine Niederlage und Erfahrung von Frustration auf dem einen Spielfeld kann unser Spielverhalten auf dem anderen massiv beeinflussen. Es ist für uns eine ganz besondere Herausforderung und Kunst, zugleich auf vielen unterschiedlichen Spielfeldern mit der jeweils erforderlichen Spielenergie präsent zu sein und die eigenen oder gemeinsamen Ziele in einem Team erfolgreich zu erreichen.

Viele unserer Spielsituationen sind durch mehr oder weniger intensive Formen des Wettbewerbs oder durch Kooperationen mit anderen Spielern geprägt: Dabei wollen wir möglichst oft zu den Gewinnern gehören. Keiner von uns will aus einer Situation als Verlierer hervorgehen. Jeder weiß aber auch, dass zum Leben auch Niederlagen gehören, und jeder will zumindest aus ihnen lernen. Immer geht es darum, Möglichkeiten für sich, das eigene Team oder Geschäft zu erkennen, vorteilhafte Positionen zu erarbeiten und zu sichern. Wir haben dabei komplexe, sich schnell ändernde Situationen mit ihren Prioritäten wahrzunehmen und zu durchdenken, Chancen und Risiken zu erspüren und abzuwägen. Immer wichtiger für die eigene Existenz wie das Überleben des eigenen Geschäftes wird es, zielführende Strategien zu entwickeln und umzusetzen. Der Erfolg hängt dabei nicht nur von unserer Analysefähigkeit und Umsetzungskonsequenz ab. Er wird zugleich geprägt vom Gespür für die Aktionen und Reaktionen des Umfeldes und unserem unternehmerischen Geschick, wiederum darauf zu reagieren. Welche

Absichten zum Beispiel unsere Wettbewerber, Vorgesetzten und Partner verfolgen, mit welchen Aktionen oder Reaktionen sie auf unsere Spielzüge eingehen, wie kreativ oder berechenbar, emotional und rational sie dabei handeln, ist von eminent wichtiger Bedeutung.

Für die Planung unserer Handlungen ist es deshalb ratsam, nicht nur nach unseren eigenen Gestaltungsmöglichkeiten zu suchen und unsere damit verbundenen Anstrengungen zu bewerten. Besser ist es, auch mögliche Konflikte mit anderen Spielern zu berücksichtigen und sich ergebende Kooperationsmöglichkeiten auszuloten. Alle Situationen spiegeln einzelne Spielrunden wider, die in ihrer Verknüpfung den Verlauf des gesamten Spiels auf einem Spielfeld bestimmen. Unser Handeln in einzelnen Spielrunden ist mal kurzfristiger und mal langfristiger, auf einen nachhaltigeren Erfolg im gesamten Spiel oder über eine ganze Spielsaison hinweg, ausgerichtet. Der Zeit- und Handlungsdruck, dem wir uns dabei immer häufiger ausgesetzt sehen, macht es mehr und mehr erforderlich, dass wir Spielentscheidungen aufgrund unserer Erfahrungen und unseres Gespürs für Spielsituationen treffen. Wer seiner Intuition vertraut und sie weiterentwickelt, kann sich langfristig enorme Wettbewerbsvorteile verschaffen.

Strategische Spiele sind keine Glücksspiele. Ihr Ausgang hängt nicht vom Zufall ab, sondern von den strategischen Überlegungen der beteiligten Spieler. Als strategische Spiele betrachten wir deshalb jede Interaktion zwischen mehreren Spielern, die diese zielorientiert mitgestalten beziehungsweise beeinflussen können. Viele unserer Spiele sind von strategisch unternehmerischer Bedeutung. Das »strategisch unternehmerische« Element im Spiel verlangt von uns ein Verhalten das zugleich

- längerfristig und auf vorab fixierte Erwartungen an die Zukunft ausgerichtet ist;
- auf einer bedeutsamen, erfolgsorientierten Idee in der Gegenwart gründet;
- einen hohen Ressourceneinsatz erfordert, der nicht schnell rückgängig gemacht werden kann;
- Handlungsweisen auf vorher bestimmten Spielfeldern festlegt;
- ein sich veränderndes Umfeld und dessen Spieleinflüsse sowie

- andere Spieler, ihre gegenwärtig vorhandenen wie möglichen Einstellungen, Interessen, Ressourcen, Verhaltensweisen und Beziehungen einbezieht.

Spieler, die immer wieder Erfolge erzielen, zeichnen sich nicht nur durch eine besondere unternehmerische Ausrichtung aus. Sie besitzen darüber hinaus eine zusätzliche, ganz außerordentliche und zentrale Qualität, die wir in unserem Ansatz als »Drive« bezeichnen. Drive meint den inneren Antrieb und Schwung, die innere Dynamik, sich auf ein Spielfeld zu begeben, sich dort auf das Geschehen einzulassen und zu engagieren, sich gestaltend einzubringen und zu entfalten. Drive in einer ganzheitlicheren Perspektive bezieht den Willen, die Energie und den Spirit mit ein, sich maßgeblich an einem Spiel zu beteiligen, dieses zu beeinflussen, es weiterzuentwickeln oder auch ein neues Spiel zu entwickeln. Der Drive, mit dem wir in einem Spiel im wahrsten Sinne »ganz dabei« sind, ist ein wesentlicher Faktor für unseren Spielerfolg. Spieler mit Drive zeigen eine hohe Präsenz im Spielgeschehen, besitzen ein Gespür für Entwicklungen, Chancen und Risiken. Sie durchdenken Spielsituationen, klären ihre Positionen, entwickeln immer wieder neue Ideen für ein erfolgsorientiertes Handeln und setzen diese mit großer Experimentierfreude und Flexibilität sowie Disziplin und Beharrlichkeit konsequent in die Tat um.

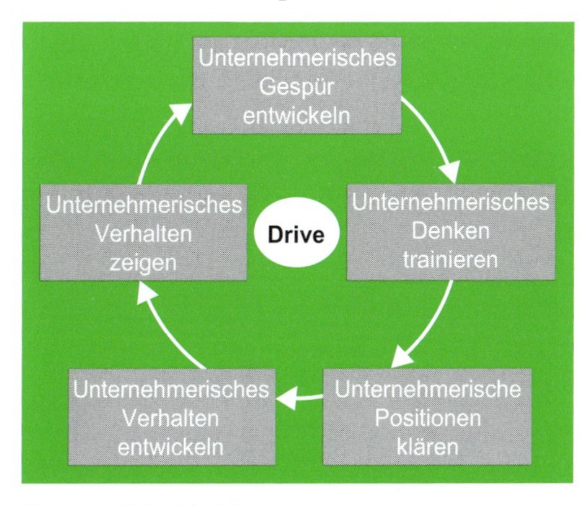

Abb. 1.1: Drive-Modell

Unsere Ideen, Überzeugungen und Erfahrungen haben wir für Sie im Drive-Modell zusammengefasst. Es hilft uns, systematischer

- unternehmerisches Gespür zu entwickeln,
- unternehmerisches Denken zu trainieren,
- unternehmerische Positionen zu klären,
- unternehmerisches Verhalten zu entwickeln,
- unternehmerisches Verhalten zu zeigen.

Ein guter Spielmacher zeigt aus unserer Sicht einen vorbildlichen Drive und arbeitet ständig daran, diesen weiterzuentwickeln.

Unternehmerisches Gespür entwickeln

Ihnen als Leserin oder Leser wird der Gedanke eines unternehmerischen Gespürs vielleicht zunächst ungewöhnlich vorkommen. Bei näherem Hinsehen werden Sie uns aber vermutlich schnell zustimmen. Ja, es gibt so etwas wie »eine gute Spürnase« und ein Gefühl für Menschen, Situationen und Entwicklungen, deren Chancen und Risiken. Es gibt Menschen mit einer ausgeprägten unternehmerisch orientierten Wahrnehmung, Intuition und Einstellung.

Sowohl in Spielsituationen als auch gerade in unternehmerischen Situationen agieren wir in ständiger Unsicherheit. Die relevanten Umwelten ändern sich immer schneller und erfordern neben einem rationalen Analysieren, Planen und Umsetzen auch ein geschicktes Erspüren, Antizipieren und Experimentieren. Sich in Menschen und Situationen schnell einfühlen zu können, ist nicht nur im Marketing, in der Personalarbeit und im Leadership von Bedeutung. Zunehmend gewinnt bei allem längerfristig orientierten unternehmerischen Handeln das Wahrnehmungs- und Einfühlungsvermögen an Bedeutung. Je frühzeitiger und präziser zum Beispiel in beruflichen Verhandlungssituationen Signale von Widerständen ausgemacht werden können, sei es bei Geschäftspartnern, im eigenen Team oder auch bei sich selbst, desto eher kann entsprechend agiert und können mögliche Schäden vermieden oder Chancen genutzt werden.

Drei Aspekte spielen unseres Erachtens eine entscheidende Rolle, wenn wir unser unternehmerisches Gespür weiterentwickeln wollen:

- Offenheit entwickeln, sich auf ein unsicheres Spiel und seine Beteiligten einzulassen, sensibel und neugierig zu sein für das jeweils Anstehende und für Eingebungen, ihnen nachzugehen, neue Fragen zu stellen, neue Wege und Antworten zu suchen und zu finden;
- perspektivisch zoomen, um aus unterschiedlichen Perspektiven, beispielsweise von unten, oben und von der Seite eine Situation oder eine Problemstellung von ganz nah oder ganz fern wahrzunehmen und zu erschließen;
- Erfolgspotenziale entdecken, bei deren Realisierung neben rational auch emotional geprägte Verhaltensweisen von Mit- und Gegenspielern zu berücksichtigen sind.

Unternehmerisches Denken trainieren

Als unternehmerisch denkende Spieler und Spielmacher durchleuchten wir immer wieder analytisch die Strukturen unserer Spiele. Wir durchdenken und analysieren mögliche Spielzüge hinsichtlich ihrer Wirkung bei anderen Spielern. Dabei beziehen wir deren Möglichkeiten zu reagieren in unsere Überlegungen mit ein. Die Sichtweise des unternehmerischen Denkens lautet: Schaue voraus und schließe von dort aus zurück. Die charakteristischen Qualitäten unternehmerischen Denkens gilt es, in unseren Alltagssituationen ständig weiter zu entwickeln. Zu diesen Qualitäten zählen wir:

- vernetzt denken, um das Beziehungsgeflecht zwischen den Spielern und die herrschenden Spielenergien zu analysieren und zu verstehen. Einzelne Spielsituationen wollen wir als Systeme von Beziehungen begreifen und zugleich als Subsysteme größerer, übergeordneter Gesamtsysteme;
- in Umfeldszenarien denken, um beispielsweise Veränderungen in den Spielregeln, der Grenzen und der Zusammensetzung der Spieler rechtzeitig zu erkennen beziehungsweise zu antizipieren. Ein Denken in Umfeldszenarien hilft uns, mehr Transparenz für die Zukunft unserer Spiele zu schaffen;
- vorausschauend denken, das heißt eine Vision und / oder ein Zielsystem zu formulieren, um frühzeitig unternehmerische

Freiheitsgrade zu nutzen und mit Begeisterung voranzutreiben. Vorausschauendes Denken hilft uns zu klären, was und wohin wir wollen;
- in Optionen denken, um den eigenen unternehmerischen Gestaltungsraum vollständig auszuleuchten, um auch über extreme Handlungsoptionen nachzudenken. Mit diesem Denkansatz konzipieren wir mögliche Zukunftsbilder unserer eigenen Spielsituationen, um damit letztlich neue Handlungsoptionen zu entwerfen und in ihrer Ausgestaltung zu beschreiben.

Wir werden wichtige Instrumente aus dem strategischen Management wie System Dynamics, Szenario-Technik, Optionsbäume, Roadmapping und eigene Konzepte, wie jenes der fünf Spielenergien zur Unterstützung einer raschen, praktischen Anwendung einbeziehen.

Unternehmerische Positionen klären

Unternehmerisches Verhalten beruht auf der Konzeption und Umsetzung von unternehmerischen Optionen. Um Optionen zu entwickeln, ist zunächst die Ausgangsposition im Spiel zu klären. Unser eigens entwickeltes »5 S-Konzept« mit seinen fünf Bausteinen hilft bei dieser Aufgabenstellung weiter:

- Spielidee klären: Jedes Spiel beginnt mit einer Spielidee oder einer Beteiligung daran. Wir besitzen eine Vorstellung davon, wie ein berufliches Spiel oder ein geschäftliches Spiel aussehen könnte und was wir mit unseren Denk- und Verhaltensweisen erreichen wollen, was uns erfolgreich macht.
- Spielfeld abstecken: Ein Spiel ohne Grenzen ist außerordentlich komplex und deshalb nur mit großer Mühe zu spielen. Daher setzen wir uns Grenzen mit den Dimensionen Raum und Zeit. Ein klar abgegrenzter Raum und ein Denken entlang der Zeitachse reduziert Komplexität und fokussiert unser Handeln.
- Spielregeln erfassen: Spielregeln geben dem Spiel eine innere und äußere Ordnung. Sie stecken den Handlungsrahmen der Spieler ab. Um ein Spiel erfolgreich spielen zu können, gilt es, die Spielregeln zu kennen und handhaben zu können.

- Spieler verstehen: Ein Spieler kann mit seinem strategischen Verhalten nur dann erfolgreich sein, wenn er die anderen Spieler versteht. Dies erfordert, die eigene Position zu verlassen und sich in die Köpfe und Herzen der anderen Spieler hineinzuversetzen, also einen Perspektivwechsel zu wagen. Hierzu gehört in unseren beruflichen und geschäftlichen Spielen, die Eigenheiten und Kulturen der Spieler zu verstehen, ihre Interessen und Ziele zu erkennen, ihre Handlungen und Rollen zu begreifen.
- Spielerbeziehungen berücksichtigen: Jeder Spieler nimmt im Spiel mindestens eine Rolle wahr, die sich in seinem Verhalten widerspiegelt. Die jeweiligen Rollen und Verhaltensweisen werden von den Beziehungen geprägt, die Spieler untereinander pflegen. Wir können Beziehungen beobachten, die durch Wettbewerb, Koexistenz, Kooperation oder ein Mix aus Kooperation und Konkurrenz geprägt sind.

Unternehmerisches Verhalten entwickeln

Entlang der fünf Bausteine unseres 5 S-Konzeptes entwickeln wir Optionen für ein Spiel gestaltendes unternehmerisches Verhalten nach dem Motto: »Erfinde Dein Spiel neu!« Wichtige Strategieoptionen hinsichtlich des unternehmerischen Verhaltens in unseren Spielen sind:

- Spielidee entwickeln: Wir heben zunächst eine häufig vorab gemachte Annahme auf: das vorgefundene beziehungsweise laufende Spiel akzeptieren und deshalb mitspielen zu müssen. Um Spielideen sinnvoll und Nutzen stiftend weiterzuentwickeln, sind wichtig: die Offenheit und Bereitschaft zum Lernen, die Einstellung zu Neuem und zu Veränderungen, der Wille zur Gestaltung, die Fähigkeiten zur Potenzialerkennung und -entwicklung, die Ausdauer im Handeln und in der Umsetzung.
- Spielfelder verändern: Wenn wir die Frage nach vorhandenen und bespielbaren Spielfeldern stellen, werden wir wacher und offener für die Chancen, die sich uns bieten. Wir klären unsere

unternehmerischen Möglichkeiten und prüfen, wo wir wachsen oder expandieren können, von welchen Spielfeldern wir uns gegebenenfalls zurückziehen. Neben Spielräumen gestalten wir auch unsere Spielzeiten, seien es die Start- und Endzeitpunkte oder die Spielzeitpunkte.

- Spielregeln beeinflussen: Spielregeln in ihrer Anwendung oder Auslegung zu beeinflussen oder gar neue Spielregeln zu entwickeln, bedeutet, sich einmischen und mitwirken oder sich emanzipieren und befreien. Wir geben so dem Spiel eine neue Ordnung, erweitern diese und schaffen uns so womöglich ganz neue Spielräume.
- Spieler entwickeln: Spieler unternehmerisch entwickeln bedeutet, sich selbst oder ein Team ständig in der selbst gewählten Entwicklungsrichtung weiter herauszulocken, zu fordern und zu fördern. Für ein unternehmerisches Lernen stehen uns mehrere Wege offen: Wir können aus eigenen und von anderen Spielzügen in der Vergangenheit lernen. Darüber hinaus können wir versuchen, aus der Zukunft heraus und von einem Coach, der unsere Spielzüge professionell begleitet, zu lernen.
- Spielerbeziehungen verändern: In unseren Spielen bewerten wir die Spielsituationen, ziehen unsere Erkenntnisse heran und entscheiden immer wieder von Neuem darüber, welche Spielbeziehungen wir »halten«, »ausbauen«, »pflegen« oder gar »vergessen« oder »abschreiben« wollen. Unsere jeweilige Einstellung unterstreichen wir durch unsere Spielzüge, die wir aus einer breiten Palette auswählen und abgestimmt auf die jeweilige Spielsituation einsetzen. Mit unseren offensiven Spielzügen zeigen wir Kreativität, Mut und Initiative. Entscheiden wir uns für defensive Spielzüge, üben wir die Kunst des Abwartens, des Wartens auf einen besseren Augenblick.

Unternehmerisches Verhalten zeigen

In diesem Kapitel wollen wir uns von einem vorwiegend wettbewerbsgeprägten unternehmerischen Spiel lösen und stärker den Formen eines partnerschaftlich geprägten Spielerverhaltens zur Erreichung unternehmerischer Ziele einen Raum geben:

- Spielenergie einsetzen: Wir nehmen gleichzeitig an unterschiedlichen Spielen mit ganz unterschiedlichen und zum Teil sehr schnell wechselnden Spielsituationen teil. Dies erfordert eine systematische Pflege unserer Energiequellen. Unsere Energien, die Lebendigkeit und schöpferische Kraft, kommen in unserer Begeisterung zum Ausdruck, die uns zur Höchstleistung im Spiel bringt. Diese gilt es zu hüten und zu pflegen. Stets das Ganze im Blick, kann uns eine Fokussierung helfen, unsere Energien im Spiel gezielt zu lenken, die eigene Einzigartigkeit im Spiel im Vergleich mit anderen Spielern klar herauszuarbeiten, weiterzuentwickeln und zu nutzen.
- Spielgemeinschaft leben: Unsere Spiele sind in zunehmendem Maße miteinander vernetzt. Spielgeschehen auf ganz anderen Spielfeldern können spielbestimmenden Einfluss auf unsere Spielsituationen nehmen. Ein erfolgreiches Handeln in komplexen Vernetzungen erfordert von uns, Ressourcen, Chancen und Risiken zu bündeln, anderen Spielern unser Vertrauen zu schenken, selbst Verlässlichkeit gegenüber ihnen zu beweisen, verstärkt in Teams mit einer inneren Verbundenheit zu arbeiten.
- Spielfreude zeigen: Viele Spielsituationen haben den Charakter von Neuem und Ungewohntem. Dies erfordert, das eigene Verhalten immer wieder anzupassen und neu auszurichten, gar lustvoll mit Veränderungen umzugehen. Es gilt, Spielfreude wahrzunehmen, zu entwickeln und zum Ausdruck zu bringen. Die hohe Kunst besteht darin, über lange Zeiträume Spielfreude aufrechtzuerhalten und auch in Niederlagen und Misserfolgen etwas Positives zu entdecken.

Die Abbildung 1.2 gibt Ihnen einen strukturierten Gesamtüberblick, über den Aufbau dieses Buches.

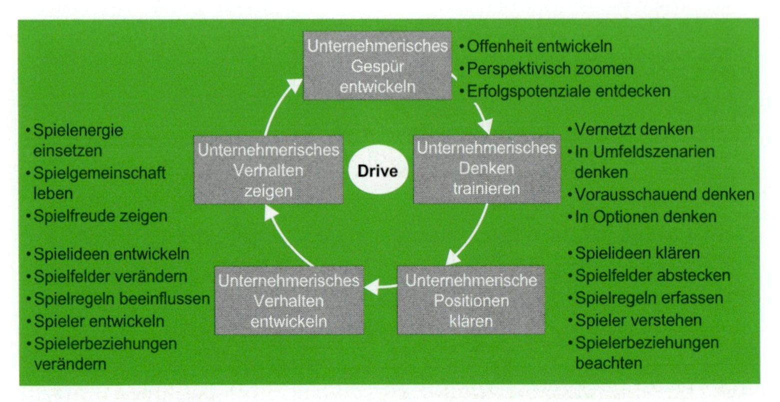

Abb. 1.2: Drive-Modell

In den interdependenten Spielsituationen unseres Lebens liegen zugleich spannungsvolle Reize und Herausforderungen, unser unternehmerisches Gespür und Denken zu schärfen und in ein erfolgsorientiertes Handeln münden zu lassen. Das Drive-Modell kann sowohl auf persönliche Spiele im privaten Umfeld als auch auf unternehmerische Spiele angewendet werden. In diesem Buch wollen wir den Fokus primär auf unternehmerische Situationen richten, in denen Sie als Mitarbeiter/in, Führungskraft oder Unternehmer/in unternehmerisches Gespür, Denken und Verhalten entwickeln und anwenden wollen. Diese unternehmerischen Spiele betrachten wir aus zwei Perspektiven:

- aus der Sicht der Einzelperson, die sich als Unternehmer/in des eigenen Lebens versteht und sich als Mitarbeiter/in oder Führungskraft in einer Unternehmensorganisation auf internen Spielfeldern bewegt. Im Mittelpunkt stehen hier das eigene Menschsein und die damit verbundenen Ziele, Wünsche, Emotionen, Denk- und Verhaltensweisen auf unternehmensinternen Märkten. Diese Spielsituationen bezeichnen wir als berufliche Spiele.
- aus der Sicht der Geschäftsleitung, die als einzelner Spieler oder als Team ein Geschäft steuert. Der Gegenstand des Spiels ist hier die Steuerung und Weiterentwicklung eines Geschäftes. Die Spielfelder sind hier unternehmensexterne Märkte. Diese Spiele wollen wir als geschäftliche Spiele bezeichnen.

	unternehmerische Spiele	
	berufliche Spiele	geschäftliche Spiele
Spielperspektive	einzelner Spieler	einzelner Spieler oder ein Team
Spielfeld	unternehmens-interne Märkte	unternehmens-externe Märkte
Spielziele	Träume, Wünsche, Befindlichkeiten eines einzelnen Spielers realisieren	Ergebnis-, Wachstums-, Produktivitäts- und Innovationsziele eines Geschäftes / Unternehmens realisieren

Abb. 1.3: Unternehmerische Spiele

Unsere Erfahrung mit beruflichen und geschäftlichen Spielen zeigt uns, dass beide Spielfelder häufig stark miteinander verbunden sind oder sich überlappen. Es gibt viele Spielsituationen, in denen wir unsere beruflichen Ziele einfacher erreichen können, wenn zum Beispiel das Geschäft auf Erfolgskurs ist und nicht gerade eine Restrukturierungsphase durchläuft. Ebenso gibt es geschäftliche Situationen, in denen gerade die persönlichen Herausforderungen besonders hoch sind, etwa wenn ein Pressesprecher eines Atomkraftwerkes der Öffentlichkeit einen Schaden im Werk zu erklären hat. Ein Geschäftsführer eines mittelständischen Unternehmens hat die wichtige Aufgabe, immer wieder gekonnt zwischen den Anteilseignern, vielleicht zwischen divergierenden Interessen der Mitglieder einer Eigentümer-Familie zu vermitteln, um seine geschäftlichen Vorhaben durchzusetzen und zugleich seinen eigenen Arbeitsplatz abzusichern.

Vor diesem Hintergrund wagen wir den Ansatz, Ihnen unser Konzept zugleich für berufliche und geschäftliche Spielfelder aufzuzeigen. Passende Praxisbeispiele unterlegen dabei immer wieder unsere Ideen. Unser Anliegen ist es, dass wir uns gemeinsam immer stärker auf die Perspektive und Sprache, das Erfahren und Trainieren des unternehmerischen Spiels einlassen und so unsere Spielmacherqualitäten weiterentwickeln. Wir wollen Sie inspirieren und animieren zum Ausprobieren, Üben und Handeln. Wir wollen dazu beitragen, dass Sie Ihren eigenen Drive, eine Situation spielerischer wahrzunehmen und zu beeinflussen, erhöhen. Dies bewirkt wiederum, dass Ihr eigener Drive den Drive anderer Menschen leichter begeistern, anfeuern und weiterentwickeln kann.

Wir wünschen Ihnen eine interessante und anregende Lektüre!

2
Unternehmerisches Gespür entwickeln

Zu einer wachsenden Spielerfahrung gehört, dass wir uns auch immer wieder auf Situationen und Spiele einlassen, die wir bisher noch nie oder vielleicht nur selten zuvor erlebt haben. Ganz bewusst erkunden wir neue, unsichere Situationen eines Spiels, erfassen die Spielstrukturen, loten unsere Möglichkeiten aus und schätzen die möglichen Reaktionen der Mitspielenden ab. Mit besonderer Wachheit und Sorgfalt versuchen wir, einerseits Vor- und Nachteile sich bietender Handlungsalternativen zu ermitteln und zu saldieren, sprich Kosten-Nutzen-Kalküle anzustellen. Andererseits schätzen wir Chancen und Risiken ein und bewerten diese. Das gleichzeitige Agieren in beide Richtungen, das Abschätzen und Vergleichen der Salden wie der Realisierungswahrscheinlichkeiten, sowie das Entscheiden zugunsten der aus unserer Sicht am besten passenden Alternative ist ein wesentliches Kennzeichen unseres unternehmerischen Handelns.

Für die Entwicklung eines jeden Spielers ist wichtig, dass er ständig an seinen Qualitäten, sowohl den rationalen als auch den emotionalen Fähigkeiten und Potenzialen, arbeitet. In unternehmerischen Spielen gilt es, im Bereich der emotionalen Qualitäten ganz besonders das eigene unternehmerische Gespür zu entwickeln. Gerade die Fähigkeiten und Potenziale, sich mit Offenheit, Neugier und Lust neuen Situationen zu stellen, Spielstrukturen aus unterschiedlichen Perspektiven, von ganz nah oder aus einer sinnvollen Distanz, von oben, von unten oder von der Seite, von innen und von außen zu beleuchten, gewinnen zunehmend an Bedeutung. Es geht darum, Chancen und Wettbewerbsvorteile zu entdecken und diese erfolgreich in Spielzügen zu realisieren. Aus den Reaktionen, die wir mit Spielzügen auslösen, aus den Ergebnissen, die wir erreichen, gewinnen wir Erfahrungen, die wir in unsere Überlegungen für die nächsten Spielzüge mit einbeziehen können.

Die für uns entscheidenden Maximen für ein strategisch orientiertes unternehmerisches Gespür in beruflichen und geschäftlichen Situationen heißen: offen sein für ein neues Spiel, dieses aus unterschiedlichen Perspektiven betrachten und Erfolgspotenziale entdecken. Im Folgenden wollen wir diese drei genannten Aspekte eines unternehmerischen Gespürs genauer betrachten und Instrumente einbinden, die helfen, den jeweiligen Aspekt zu vertiefen.

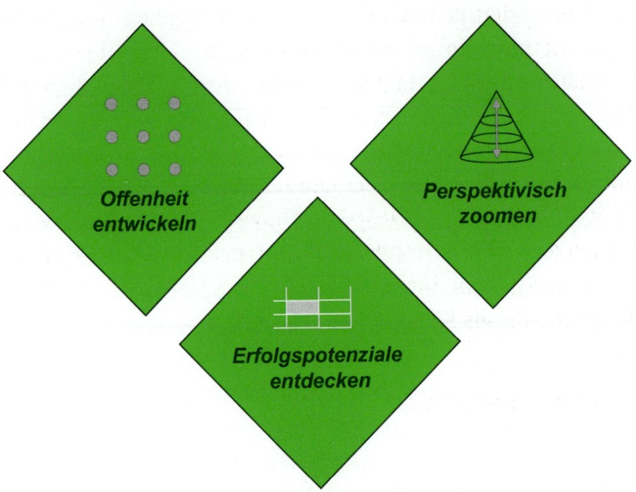

Abb. 2.1: Elemente eines unternehmerischen Gespürs

2.1 Offenheit entwickeln

Voraussetzung für die erfolgreiche Teilnahme an einem Spiel ist, dass sich der Spieler voll und ganz auf das Spiel einlässt. Aus strategischer Sicht bedeutet dies zweierlei. Einerseits geht es darum, eine Offenheit zu entwickeln, die dazu beiträgt, möglichst viel Neues von dem zu lernen und zu erfahren, was heute und in Zukunft lebensförderlich ist. Lebensförderlich ist für uns dabei alles, was dem Leben, seiner Erhaltung und qualitativen Entfaltung dient, dem eigenen Leben, dem möglichst vieler anderer und des Umfeldes. Andererseits gilt es zu lernen, Überholtes, nicht mehr Sinnvolles und Unbrauchbares schnell zu erkennen und zu entrümpeln. Von Bedeutung ist, das, was zum Meistern von Gegenwart und Zukunft besonders wichtig ist, einzusammeln und mit auf den Weg zu nehmen, und das, was weniger wichtig und unnötig geworden ist, loszulassen und aufzugeben. Das bedingungslose Festhalten an Bekanntem und Bewährtem, die mit den »schönen alten Zeiten« oftmals verbundene Wehmut, gilt es bewusst abzulegen und loszulassen. Spieler, die zuviel unnützes Gepäck mit sich tragen, sind unbeweglicher und ermüden schneller. Eine weiterbringende Offenheit zu entwickeln, meint, sensibel zu werden für das Wesentliche und das jeweils Anstehende, das eigene wie das der anderen. Schnell zentrale Bedürfnisse, Träume, Energien, Stärken und Potenziale, Entwicklungsrichtungen wie deren Chancen und Risiken zu erspüren, wird immer mehr zu einer gefragten lebenswichtigen Wahrnehmungsqualität im Berufs- wie im Geschäftsalltag. Ohne Interesse und Neugier an dieser unternehmerischen Qualität ist die gesunde Entwicklung eines Spielers, insbesondere eines Spielmachers, kaum denkbar. Das Motto dieses Kapitels lautet daher:

»Sei wach und wecke die Neugier in Dir!«

Für den strategisch ausgerichteten Spielmacher geht es insbesondere darum, eine sensible, aufmerksame wie achtsame Offenheit zu entwickeln. Wir verstehen darunter eine Haltung, in der sich ein Spieler bewusst nach innen wie nach außen öffnet und offen hält, in der er Situationen nicht nur gedanklich, sondern auch ganz sinnlich zeitnah wahrnimmt, Präsenz übt und zeigt. Unterscheiden wollen wir in Anlehnung an Ed Nevis zwischen gerichteter und ungerichteter Offenheit[I]:

- *Gerichtete Offenheit* ist eine Offenheit, die fokussiert das »unter die Lupe« nimmt, was im Zentrum des Interesses liegt. Qua konzentriertem »Tunnelblick« wird geforscht, gesucht und untersucht. Dabei wird bewusst in Kauf genommen, dass vieles im Umfeld ausgeblendet und vernachlässigt wird. Eine gerichtete Offenheit liegt vor, wenn zum Beispiel ein Spieler gezielt nach Ursachen und Erklärungen sucht, woran es liegen kann, dass ein Wettbewerber ein nahezu gleiches Produkt 30 % günstiger auf dem Markt anbietet. Gerichtete Offenheit ist ebenfalls gegeben, wenn eine Organisation regelmäßig Mitarbeiterumfragen durchführt, um so besser über die Befindlichkeiten, Wünsche, Sorgen und Ansichten der Mitarbeitenden informiert zu sein. In Bewerbungssituationen, im Besonderen in Assessment Centern, handelt es sich um gerichtete Offenheit, wenn die Beobachtenden in Übungen das Verhalten der Bewerber anhand von vorher fixierten Kriterien betrachten und bewerten. Der gerichteten Offenheit der Beobachtenden steht die der Bewerber gegenüber. Erfolgsuchende Bewerber erforschen im Vorfeld ihrer Bewerbung intensiv ihre eigenen beruflichen Träume und Wünsche, ihre Talente und Stärken, wie auch die des möglichen zukünftigen Arbeitgebers, um sich dann im Unternehmen überzeugender und passender darzustellen. Wechselt eine Führungskraft zum Beispiel das Unternehmen, so tut sie gut daran, gerade in den ersten 100 Tagen im neuen Unternehmen eine ganz besondere gerichtete Offenheit gegenüber allen neuen Prioritäten zu entwickeln.

- *Ungerichtete Offenheit* entspricht einer Haltung, die weniger eng fokussiert einem bestimmten Interesse nachgeht. Sie ist weiter und ganzheitlicher gefasst. Sie sucht den Überblick, gewinnt und vermittelt stärker ein Gefühl für das Ganze. Die ungerichtete Offenheit findet ihre Basis vor allem in der Erfahrung und Intuition des Wahrnehmenden. Sie ist unstrukturiert und kommt ohne Raster, Systematik und Kriterienkataloge aus. In Alltagssituationen, sei es in Einzelgesprächen oder Meetings, ist es häufig die ungerichtete Offenheit, ein unbestimmtes »Bauchgefühl«, das ermutigend flüstert »Hier geht noch etwas!« oder das warnend zu mehr Wachheit rät »Pass auf, da ist etwas im Busch oder womöglich faul!« So schnell wie ein versierter Trendscout, etwa in der Modebranche, mögliche Trends erspürt, so gut ist eine erfahrene Führungskraft in der Lage, in einer Sitzung oder einem Workshop schnell die aktuelle Stimmung oder den Spirit des eigenen Teams zu erspüren.

Sowohl das Einüben der gerichteten wie ungerichteten Offenheit tragen zum Wachstum des unternehmerischen Gespürs bei. Das gilt für die Wahrnehmung nach außen wie nach innen. Unternehmerisch von Bedeutung ist die innere Offenheit für Ideen, Visionen und Eingebungen. Gleiches gilt für die innere Wahrnehmung von Gefühlen, die eine »Passung« oder ein »Timing« im Außen, etwa den passenden Moment für eine bestimmte Aussage im Mitarbeitergespräch, für eine Produkteinführung oder die passende Mitarbeiterin für ein Projektteam, signalisieren. In Projekten wird so das angemessene Tempo gefunden und bei Verhandlungen der adäquate Rhythmus. Ein gutes und ehrliches Gespür für eigene Ängste und Grenzen kann zudem vor zu gefährlichen Situationen warnen. Es kann helfen, rechtzeitig Gefahren zu mindern und wacher gefährliche Situationen allein wie im Team zu meistern.

Je mehr ein Spieler mit ungeteilter Aufmerksamkeit ganz da und präsent ist, desto eher ist er in der Lage, Situationen und sich bietende Möglichkeiten schnell und adäquat zu erfassen und zu analysieren. Eine wichtige Voraussetzung für das strategische Wahrnehmungsvermögen ist dabei die Kenntnis möglicher Wahrnehmungsfehler und deren Handhabung. Fehler beim Wahrnehmen entstehen beispielsweise, wenn Dinge übersehen werden, Wichtiges überhört wird und sprachliche Unklarheiten nicht geklärt werden. Gleiches gilt hinsichtlich des Umgangs mit eigenen Wahrnehmungsgewohnheiten, persönlichen Wahrnehmungsvorlieben wie -abneigungen. Wer diese kennt, wird besser vor Wahrnehmungsfehlern und sich wiederholenden Unachtsamkeiten und Mustern geschützt sein als jemand, der sie in seine Abwägungen nicht mit einbezieht. Ein wacher, möglichst unvoreingenommener Blick und Spirit helfen, in nahezu allen Situationen sich auftuende Chancen frühzeitiger zu erahnen und zu nutzen und Risiken rechtzeitiger zu erspüren und zu meiden.

Innere Unvoreingenommenheit beziehungsweise Vorurteilsfreiheit zu generieren, ist allerdings gerade in Spielen, die offen sind für ein wettbewerbsorientiertes wie ein kooperatives Verhalten der Beteiligten, nicht ganz so einfach. Hat etwa ein Spieler gegenüber einem Mitspieler ein kooperatives Verhalten angeboten, und hat dieser das Angebot nicht nur abgelehnt, sondern dreist, rein zum eigenen Vorteil, ausgenutzt, so fühlt sich ein Spieler »über den Tisch gezogen«.

Lenkt – aus welchen Gründen auch immer – der zweite Spieler in einer weiteren Spielperiode ein und signalisiert er seinerseits den Wunsch nach einem gemeinsamen Vorgehen, so bedarf es dann eines gerüttelten Maßes an robuster Nettigkeit beim ersten Spieler, um das vorherige Verhalten des anderen nicht zu erwidern, sondern auf dessen momentanes Kooperationsangebot einzugehen. Offenheit in diesem Sinne beinhaltet also auch die Bereitschaft und Fähigkeit zum Loslassen vergangener Niederlagen und Verwundungen, zum Vergeben und Versöhnen[2]. Schnell passiert es, dass sich ein Spieler aufgrund negativer Erfahrungen, zum Beispiel zugefügter Verletzungen, gegenüber anderen Spielern verschließt. Die Einschränkung des Kontaktes zu seinem Umfeld bringt ihn dann mehr und mehr in die innere Distanz zum Spielgeschehen. Dies ist gefährlich für ihn wie für andere. Wer zu weit weg ist, eine wachsende Verschlossenheit und Ängstlichkeit zeigt, mit dem ist nur schwer etwas anzufangen. Weil Mitarbeitende, Führungskräfte wie ganze Organisationen zu zögerlich sind, kommt es oftmals zu einem ungesunden Entwicklungsstau: Wertvolle Analysen verschwinden in Schubladen und gute Ideen bleiben auf dem Tisch liegen. Keiner traut sich, sie anzupacken und couragiert umzusetzen.

Lust und Mut zu Neuem entwickeln

Gelebte neugierige Offenheit, insbesondere für kritische Fragen, schwierige Probleme und Herausforderungen, für die Suche nach möglichst neuen Wegen, Antworten beziehungsweise Lösungen geht oft einher mit wachsendem Mut. Manchmal braucht es sogar eine gewisse Keckheit und Unverfrorenheit, Ausdauer und Leidensbereitschaft, um Vorhandenes und mutmaßlich Bekanntes und Abgesichertes zu hinterfragen. Denken wir nur daran, wie lange es dauerte bis die Menschheit begriff, dass die Erde eher der Form einer Kugel als der einer Scheibe entspricht. Wenn es darum geht, sich auf neues Terrain einzulassen, neue Positionen einzunehmen und zu vertreten und neue Ideen auch wirklich praktisch umzusetzen, ist unternehmerischer Mut von handlungsauslösender Bedeutung. Spielern mit großer Angst vor Fehlern und Blamagen beziehungsweise Spielern, die sich stark beobachtet, kontrolliert und getrieben fühlen, erscheint die Hemmschwelle, Neues zu versuchen, häufig sehr oder gar unüberwindbar groß. Das Gefühl, bei akzeptabler Sicherheit einen persönlich erstrebenswerten größeren Erfolg erzielen zu können, hilft, die Hemmschwelle zu überwinden. Wer zudem sich selbst und mögliche Blamagen nicht allzu wichtig nimmt, sondern Lust und Freude am praktischen Experimentieren und Tun entwickelt, wird immer häufiger etwas Neues ausprobieren. Jemand, der sich immer wieder mit dem Neuen und Unbekannten auseinandersetzt, sich dabei stets ganz bewusst als Anfänger, als ein von Neuem anfangender Gestalter oder innovativer Unternehmer begreift, legt so in sich selbst mehr und mehr den felsigen Grund frei, auf dem ein vorwärts bringendes Tun Bodenhaftung findet.

Eine strategisch orientierte Lust am Gestalten setzt weniger an den aktuellen Gegebenheiten an, etwa eine Situation lediglich aus dem Ist-Zustand heraus weiterzuentwickeln oder sich im Sinne eines geschickten Durchwurstelns – »muddling through« – auf bewährten Pfaden zu bewegen. Strategisch ausgerichtete Gestaltungsfreude spielt aus unserer Sicht ständig mit der Ausgangs- beziehungsweise Metaphernfrage »Was ist wie auf der grünen Wiese zu gestalten, um morgen erfolgreich und erfüllt zu sein?« Im Mittelpunkt steht zumeist die Freude am Spielergebnis, am gewünschten Erfolg oder Teilerfolg. Vielleicht stimmt ja sogar eine einkalkulierte Niederlage gegen einen anerkennenswert besseren Wettbewerber halbwegs zufrieden, da sie Verbesserungspotenziale aufzeigt und die eigene Leistung steigert. Für mindestens ebenso wichtig, ja wesentlich wichtiger halten wir die Erfahrung der Sinnerfüllung und Freude am Spiel überhaupt. Ohne Momente der Erfüllung und Freude am und im Spiel, ohne das Empfinden von Lust bei der Gestaltung von Prozessen oder der Teilhabe an ihnen, läuft beziehungsweise bewegt sich auf einem Spielfeld kaum etwas.

Stets gehen wir davon aus, dass jeder strategisch ausgerichteten Bewegung Zielsetzungen zugrunde liegen, die ehrgeizig und zugleich realisierbar sind. Aus der Perspektive dieser Ziele heraus ist dann jeweils rückwärts gerichtet zu erspüren und zu durchdenken, was getan werden kann. Zu entscheiden ist, was am besten zu tun ist, um den Ist-Zustand konsequent in den angestrebten Ziel-Zustand zu überführen. Spieler, die Offenheit und Interesse, das Gefühl für das, was besonders aussichtsreich ist, sowie den Mut und die Fantasie zum Ausprobieren beweisen, sind auf dem besten Weg, diesen Transformationsprozess erfolgreich zu gestalten. Jeder, der sich zugleich darin übt, sich von überholten Erfahrungen, gewohnten, weil bewährten Mustern und Komfortzonen zu lösen, arbeitet an der eigenen Durchlässigkeit und Leichtigkeit. Wie leicht oder schwer dies sein kann, können Sie an Hand der folgenden Impuls-Aufgaben einmal testen:

Impuls-Aufgaben:

1. Durchkreuzen Sie bitte mit nicht mehr als vier geraden Linien alle neun Punkte. Setzen Sie dabei den Stift nicht ab.
2. Suchen Sie jetzt eine Lösung mit drei Linien.
3. Suchen Sie jetzt eine Lösung mit zwei Linien.
4. Suchen Sie jetzt eine Lösung mit nur einer Linie.

Abb. 2.2: Impuls-Aufgabe zur Entwicklung kreativer Antworten[3]

Folgende Ideen können Sie anregen, Annahmen aufzuheben, neue Zugänge zu finden, Verknüpfungen auf ungewohnte Art und Weise herzustellen, die Situation spielerisch zu betrachten:

- Ziehen Sie bitte Ihre Linien jeweils um den Abstand zwischen zwei Punkten über die durch die Punkte markierten Grenzen hinaus. Suchen Sie dann bitte in einem spitzen Winkel wieder den Weg ins Punkte-System hinein und wieder hindurch.
- Schneiden Sie bitte die Punkte aus und legen Sie diese dann in einer geraden Linie nebeneinander.
- Ziehen Sie bitte einfach einen dicken Strich, der alle Punkte verdeckt.

Wer Durchlässigkeit für das Wesentliche und Leichtigkeit im Spiel generiert, kann sich auf Dauer immer leichter und schneller bewegen. Derjenige, der in der Tiefe spürt, was ihm Energie schenkt und Bewegung ermöglicht, ist zumeist auch eher in der Lage, andere zu bewegen. Unserer Erfahrung nach tragen gerade jene Spieler Entscheidendes zum Spielerfolg bei, die sich offen und unbefangen auf ein Spiel einlassen, die sich im Spiel strategisch gut aufstellen und bewegen. Sie können gut einschätzen, was andere Spieler bewegt. Ihre Kreativität schenkt ihnen zugleich Selbstvertrauen und Mut. Sie werden darin bestärkt, wenn sie für einen neuen Spielzug oder eine Idee Zustimmung, Lob und Ermunterung von anderen erhalten.

2.2 Perspektivisch zoomen

Ein Spieler schafft sich gute Voraussetzungen, sein Spiel erfolgreich zu spielen, wenn er danach strebt, möglichst vollständig das Spiel, seine Prioritäten und Strukturen zu erfassen. Er wird umso eher erfolgreich agieren, je besser er mit den Spielregeln umgehen kann und vor allem seine Partner wie Gegner einzuschätzen vermag. Neben dem Wissen über die »harten« Faktoren der Spielstrukturen benötigt er eine Antenne, ein Gespür für die »weichen« Faktoren, für die offenen und verdeckten Beziehungen, die »Chemie« zwischen den Spielern sowie deren Verhaltensweisen.

Der Unternehmer, Abenteurer und Arzt Bertrand Piccard, der als erster Mensch 1999 die Welt in einem Ballon umrundete, beschreibt in seinem Buch *Spuren am Himmel*, dass die Atmosphäre aus ganz unterschiedlichen Luftschichten besteht, die sich alle mit unterschiedlichem Tempo in verschiedene Richtung bewegen. Der Ballonfahrer wechselt deshalb die Höhe, um die richtige Luftschicht, mit der richtigen Geschwindigkeit und der richtigen Richtung für seinen Weg zu finden[4].

Übertragen auf unternehmerische Spiele findet ein Spieler seinen richtigen Weg, wenn er nicht in der Komplexität seines Spiels versinkt, sondern durch geschicktes Zoomen, die geeignete Perspektive und richtige Entfernung wählt, Probleme löst oder gar Innovationen entdeckt. Das Motto dieses Kapitels lautet:

»Spiele immer wieder mit Nähe und Distanz!«

Perspektivisches Zoomen ist für uns das Vermögen, aus der Perspektive eines interessierten unbeteiligten Beobachters heraus, selbst die innere Nähe und Distanz zu etwas Bestimmtem zu variieren. Je nach gewählter Nähe beziehungsweise Distanz kommt er dann zu neuen oder sich bestätigenden Ergebnissen über das Wahrgenommene. Ein Betrachter kann sich aus ganz unterschiedlichen Perspektiven, zum Beispiel von unten, oben oder von der Seite, von innen oder von außen einer Situation beziehungsweise Problemstellung annähern und versuchen, diese aus möglichst neutraler Sicht zu analysieren und zu interpretieren. Den Abstand zum fokussierten Problem verringert oder vergrößert er dabei in Orientierung an die Intensität der eigenen Bedürfnisse und Interessen, der eigenen Neugier:

- Die *Perspektive eines Maulwurfs*, der schmutzige Grabarbeiten leistet, hilft, unter die Oberfläche von Sachverhalten zu blicken und den Dingen beharrlich immer tiefer auf den Grund zu gehen. Einen solchen Blick unter die Oberfläche wagen wir zum Beispiel in einer Analyse eines Produktionsablaufes, im Soll-Ist-Vergleich von nicht erreichten Zielen oder in einem biografisch in die Tiefe gehenden Interview mit einer Bewerberin. Die Maulwurfsperspektive kann helfen, sich genauer in sein Gegenüber einzufühlen, sich besser darauf einzustellen und dementsprechend seinen nächsten Spielzug exakter zu planen.
- Die *Perspektive eines Adlers* einnehmen bedeutet, einen genaueren Überblick anzustreben, diesen zu wahren, Gesamtzusammenhänge zu erkennen und gleichzeitig wichtige Details ins Visier zu nehmen. Adlerperspektiven helfen, ganze Märkte, Unternehmen, Teams oder auch einzelne Personen und deren Entwicklungen besser wahrzunehmen und zu analysieren. Perspektivisch in die Distanz zu gehen, erleichtert es darüber hinaus, eigene Polaritäten und Grenzen zu erkennen und über den eigenen Tellerrand hinaus zu schauen. Es macht es uns eventuell auch leichter, die eigene Komfortzone mit ihrer sowieso illusionär erscheinenden Sicherheit zu verlassen und

Neuland zu betreten. Die Fähigkeit, sich schnell innerlich von etwas distanzieren zu können, gewinnt besondere Bedeutung in stark emotional geladenen Situationen, zum Beispiel in Auseinandersetzungen über das eigene Gehalt, als Betroffener einer Massenentlassung oder als Führungskraft beim Kauf eines Unternehmens. Wer in solchen Situationen distanziert gelassen bleibt, verschafft sich eindeutige strategische Vorteile, die aus einer ruhigeren und souveräneren Gegenwarts- und Zukunftsbetrachtung erwachsen.

- *Perspektivisches Pendeln* nennen wir das mehr oder weniger schnelle ständige Hin- und Herschwingen zwischen einem distanzierteren Fokus und einem näheren Fokus. Es ist unbedingt erforderlich, wenn ein Spieler über eine längere Zeit einen bestimmten strategischen Kurs erfolgreich fahren beziehungsweise halten will. Ständig heißt es für ihn, innerlich in Bewegung zu sein, zwischen langfristig ausgerichteter Vision, mittelfristigen Zielen und aktuellem operativen Tun hin und her zu pendeln. Nur das kontinuierliche Prüfen, inwieweit das momentane operative Tun zur Realisierung der angepeilten Vision beiträgt oder inwieweit eine Vision angesichts einer aktuellen Lage nicht mehr beizubehalten ist, liefert dem Spieler die gewünschte Klarheit über die Güte der eigenen Position. Für jeden Spieler ist es wichtig, das jeweils ihm und der Situation angemessene Tempo zu erspüren und zu entwickeln. Schnelles Pendeln fördert unter Umständen die Umsetzungsgeschwindigkeit angedachter Strategien. Zugleich birgt es die Gefahr der Fahrigkeit und Unachtsamkeit. Langsames Pendeln schärft eventuell die Genauigkeit von Wahrnehmungen, kann andererseits aber auch zum Verschlafen von Entwicklungen und Trends führen.

Sowohl das Zoomen in die Adlerperspektive als auch das in die Maulwurfsperspektive hinein erfordern durchaus gemeinsame Qualitäten. Was der Adler bei der Erkundung neuer und imponierender Höhen und Weiten benötigt, braucht auch der Maulwurf, wenn er unter der Oberfläche in die Tiefe und Breite hinein arbeitet. Für beide sind der Mut, sich im Ungeborgenen geborgen zu fühlen, die Kraft und Ausdauer, im Neuland durchzuhalten und sich zu bewähren sowie das wachsende Gespür, sich in ihrem Element mit der ständigen Haltung eines Anfängers zum Könner und Meister zu entwickeln, von besonders großer Wichtigkeit.

Die Veränderung der Perspektive lässt den Elefanten zu einem winzigen Tier, den übermächtigen Gegner zu einem normalen Menschen mit Stärken und Schwächen und das große Problem zu einer durchaus beherrsch- und bewältigbaren Herausforderung werden. Die Perspektive zu wechseln und zu zoomen, bedeutet, häufig gefestigte Strukturen zu verlassen, unsere Paradigmen, Dogmen und festgefahrenen Überzeugungen über Bord zu werfen und uns eine neue, andere Wahrnehmung zu erlauben. Es geht darum, Neues wahrzunehmen und zugleich neue Arten und Weisen des Wahrnehmens einzuüben. Mit einem situationsbezogenen Wechsel der Perspektive ist letztlich eine Fokussierung auf diejenigen Themen möglich, die von hoher Bedeutung für den Spielverlauf, den Spielerfolg oder ein Spitzenergebnis sind.

Einflussmöglichkeiten erkennen

Fragen nach Einflussmöglichkeiten im Spiel sind für unseren Spielerfolg von immenser Bedeutung. Immer wieder fragen wir uns: Welche Möglichkeiten besitze ich, gestaltend ins Spiel einzugreifen? Welche Hebelwirkungen kann ich damit erzeugen? Macht es Sinn, für ein bestimmtes Thema oder eine angebotene Aufgabe Energie und Zeit zu verwenden? Werde ich damit die ersehnte Zufriedenheit und Erfüllung erreichen? Komme ich damit auf meinen geschäftlichen und beruflichen Wegen voran?

Das Konzept eines Treiberbaumes hilft uns, die wichtigsten Ursache-Wirkungsbeziehungen eines Spiels mit Hilfe einer Baumstruktur zu erkennen, zu verstehen und zu bewerten. Zunächst werden die Zielgrößen definiert, um dann die entsprechenden Treibergrößen zu suchen. Treibergrößen sind jene Größen, die eine Zielgröße maßgeblich beeinflussen. Sind diese bestimmt, kann wiederum die Frage gestellt werden, durch wen sie auf der nächst tiefer gelegenen Ebene beeinflusst werden. Treiber werden dadurch zu Sub-Zielen, die auf der nächsten Ebene wiederum durch Treibergrößen beeinflusst werden. Bei der Formulierung eines Treiberbaumes sind folgende Fragen zu beantworten:

- Welche Zielgrößen stehen im Vordergrund und sollen beeinflusst werden?
- Welche Einflussgrößen wirken auf diese Zielgrößen ein?
- Wie groß ist die Hebelwirkung der Einflussgrößen?
- Welche Treiber können beeinflusst werden?

Aus zeitlichen Gründen oder aufgrund fehlender Ressourcen können häufig nicht gleichzeitig alle Treibergrößen beeinflusst werden. Eine Auswahl ist zu treffen. Eine Bewertungsmatrix, wie sie Abbildung 2.3 zeigt, mit den Ausprägungen »Hebelwirkung« und »eigener Einfluss« kann helfen, sich auf die wesentlichen Themen, das heißt auf jene mit einer hohen Hebelwirkung und mit einem hohen Einfluss zu konzentrieren.

Bestehen Schwierigkeiten hinsichtlich der Abschätzung der potenziellen Hebelwirkung, kann eine Sensitivitätsanalyse weiterhelfen. In einer Sensitivitätsanalyse werden alle Ursache-Wirkungsbeziehungen durch Funktionen abgebildet oder über Skalierungen näherungsweise quantifiziert. Die Veränderung einer Treibergröße kann dann in ihrer Auswirkung auf eine Zielgröße gemessen werden. Wird eine Input-Größe in ihrer Ausprägung zum Beispiel um fünf Prozent verändert, ist sie dann ein Treiber, wenn sich die Zielgröße ebenfalls um fünf Prozent oder um einen größeren Wert verändert. Wir konzentrieren dadurch unser Augenmerk auf jene Größen, die die größte Hebelwirkung für die Zielerreichung besitzen.

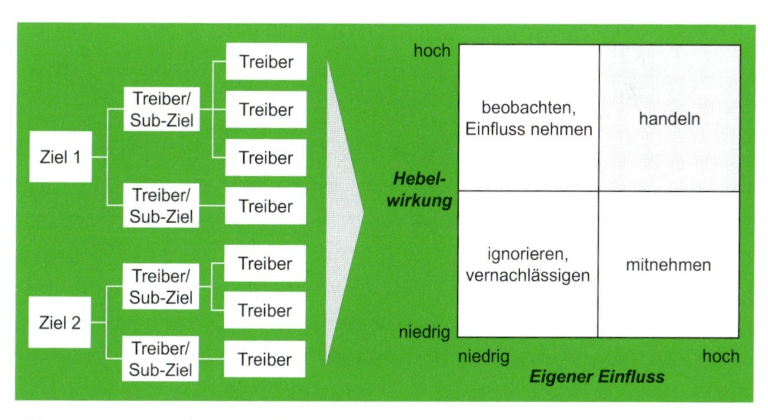

Abb. 2-3: Systematik eines Treiberbaumes und einer Bewertungsmatrix

2.3 Erfolgspotenziale entdecken

Ein Spieler kann sein strategisches Spiel nur gewinnen, wenn er in der Spielsituation sehr präsent ist und zugleich die möglichen Spielverläufe möglichst weit überblickt und daraus Rückschlüsse zieht, welche Aktionen das gewünschte Spielergebnis begünstigen. In strategischen Spielen besteht das Ziel in der Regel darin, zu den Gewinnern des Spiels zu gehören beziehungsweise als Gewinner das Spielfeld zu verlassen. Dabei kann »gewinnen« einerseits heißen, innerlich hoch befriedigt vom Feld zu gehen, weil ein Spieler einfach sein Bestes gegeben und das Bestmögliche erreicht hat. Selbst in einer Niederlage kann oft ein bestimmter Gewinn entdeckt werden. Andererseits kann es auch den hart erkämpften Sieg, das erstrebte Ergebnis, im Vergleich mit anderen Spielern bedeuten.

Auf dem Weg zur Erreichung seiner Spielziele agiert ein Spieler sowohl erspürend diagnostisch als auch kreativ. Er lernt sich selbst und sein Umfeld immer besser spüren und kennen. Er untersucht und konstruiert nicht nur mögliche Spielsituationen und -verläufe, sondern widmet sich auch verhaltensorientierten Merkmalen und Mustern seiner Mit- und Gegenspieler. Er kann so beispielsweise auch ein Empfinden dafür entwickeln, welche durch Emotionen geprägte Verhaltensweisen andere Spieler zeigen, was diese auslöst und wie sie gegebenenfalls beeinflusst werden können. Das Motto dieses Kapitels lautet:

»Entdecke und entwickle Potenziale!«

In beruflichen und geschäftlichen Spielsituationen steht nicht immer das Ziel im Mittelpunkt, eine Situation unbedingt allein als Sieger zu meistern. Wir sprechen auch dann von einem erfolgreichen Handeln, wenn das Handeln ein langfristiges Überleben beziehungsweise eine angestrebte Lebensqualität, ein erwünschtes Niveau im Sinne eines guten Lebens, auf unseren Spielfeldern sicherstellt und fördert. In der Sprache des strategischen Managements bedeutet dies, dass wir unentwegt nach Wettbewerbsvorteilen Ausschau halten.

Wettbewerbsvorteile entdecken

Was sind nun erstrebenswerte Wettbewerbsvorteile? Dies wollen wir uns zunächst an Hand eines geschäftlichen Spieles verdeutlichen. Ein Geschäft befindet sich hinsichtlich seines Angebotes einer Leistung gegenüber dem Kunden im Wettbewerb mit anderen Anbietern. Wettbewerbsvorteile entstehen hier, wie im strategischen Spiel, in interdependenten Entscheidungssituationen. In seinem Buch *The Mind of the Strategist* beschreibt der Japaner Kenichi Ohmae diese Spielsituation als »magisches Dreieck« der drei Spieler-Gruppen: eigenes Unternehmen, Wettbewerber und Kunden[5]. Im »magischen Dreieck« kann ein unternehmerisches Handeln nur dann erfolgreich sein, wenn es dem Kunden den gleichen Nutzen zu einem günstigeren Preis oder bei gleichem Preis einen höheren Nutzen als der Wettbewerb stiftet. Dies bedeutet, dass ein unternehmerisch handelnder Spieler für sein Geschäft ständig aktiv nach einem Kosten- beziehungsweise Leistungsvorteil gegenüber seinem Wettbewerb zu suchen hat. Nur wenn es ihm gelingt, nachhaltige Wettbewerbsvorteile zu erzielen, kann er dauerhaft erfolgreich am Spiel teilnehmen (Abbildung 2.4).

Kurzfristig betrachtet beruht die Wettbewerbsfähigkeit eines Geschäftes insbesondere auf dem Preis-Leistungsverhältnis seiner aktuellen Produkte oder Dienstleistungen. Das aktuelle Angebot auf-

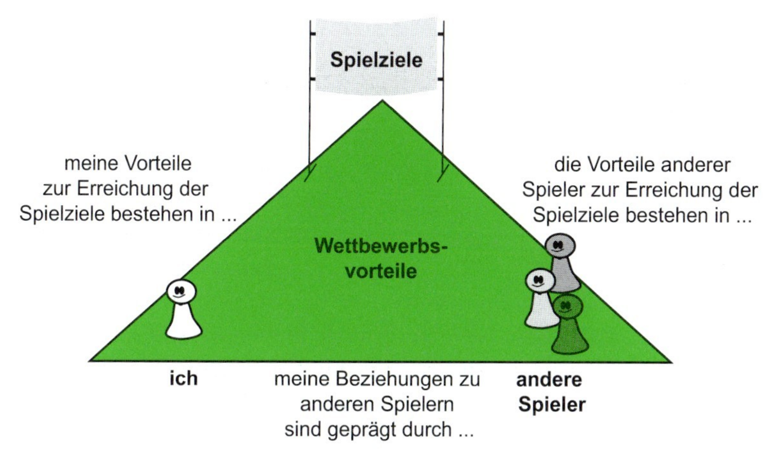

Abb. 2.4: Magisches Dreieck im strategischen Spiel

rechtzuerhalten, reicht in der Regel aber langfristig nicht aus, um sich einen dauerhaften Vorsprung am Markt zu verschaffen, da die Wettbewerber mit ihren Spielzügen immer wieder aufholen oder aber versuchen werden, selbst Wettbewerbsvorteile zu generieren. Langfristig geht es also darum, sich in den Kunden einzufühlen, ihn zu verstehen, seine neuen Wünsche und seine Veränderungen im Kaufverhalten frühzeitig zu erkennen oder gar maßgeblich zu beeinflussen, um die von ihm gewünschten Produkte und Dienstleistungen beispielsweise schneller, preisgünstiger und/oder mit höherer Qualität, besserer Technologie und anspruchsvollerem Design als der Wettbewerb anzubieten.

Die Betrachtung der Wettbewerbsvorteile für ein Geschäft kann ebenfalls sehr gut auf die berufliche Ebene übertragen werden, etwa wenn es darum geht, sich in einem Bewerbungsprozess oder Assessment Center als der am besten passende Bewerber zu empfehlen oder in einer Abteilung die Leitung eines neuen wichtigen Projektes und damit eine Profilierungschance zu erhalten.

Ausgehend von unserem Ziel, Wettbewerbsvorteile zu entdecken, gehen wir im nächsten Schritt auf die Suche nach beruflichen und geschäftlichen Kernkompetenzen.

Einzigartigkeiten entdecken

Um unsere Wettbewerbsvorteile zu entdecken und zu stärken, wollen wir nach unseren Einzigartigkeiten forschen und uns überlegen, was wir ins Spiel einbringen und andere Spieler nicht einbringen können. Jene Talente und Potenziale, die wir schon seit langem zumeist mit Leichtigkeit und Freude abrufen können, in denen wir auch weiter wachsen wollen und durch die uns in Beziehungen, insbesondere auf Märkten, Anerkennung und Honorierung zuwachsen, bezeichnen wir als Kern des persönlichen Humanvermögens eines Menschen. Humanvermögen ist das, was ein Einzelner oder eine Gruppe durch sein beziehungsweise ihr Mensch-Sein und Handeln vermag. Je härter der Wettbewerb in einem Spiel ist, desto bedeutsamer ist für die beteiligten Spieler das Gespür für die sowie die Kenntnis der eigenen Qualitäten und deren Kombination. Unsere eigenen Kompetenzen und Potenziale im Zusammenspiel mit den eigenen Träumen, Intentionen, Haltungen, Energien sowie Wissensbeständen und Denkmodellen machen uns einzigartig. Sie helfen uns, so wir sie in den Mittelpunkt unseres unternehmerischen Handelns rücken, sie zu vertiefen und weiterzuentwickeln, unsere Spielposition zu sichern und auszubauen. Gelingt es, allein, in Teams oder Unternehmen, das Kernvermögen der einzelnen Spieler und ihre Einzigartigkeiten voll zur Entfaltung zu bringen, zu bündeln und auf Märkten Leistungen anzubieten, die eine entsprechende Nachfrage herauskitzeln, so wird die Realisierung von Wettbewerbsvorteilen und eine Steigerung von Marktanteilen wahrscheinlicher.

Kernkompetenzen entwickeln

Der Begriff der »Kernkompetenzen« wurde inhaltlich stark von C. K. Prahalad und Gary Hamel geprägt. Sie betonen, dass Kernkompetenzen nicht ausschließlich auf bestimmten Einzelfähigkeiten beruhen, sondern auch in einer geschickten Bündelung von Fähigkeiten bestehen können.

In geschäftlichen Spielen beruhen Kernkompetenzen beispielsweise auf herausragenden technologischen Fähigkeiten in der Halbleitertechnik, Systemintegration, Miniaturisierung, Antriebstechnik oder auf spezifischem Prozess-Know-how zum Beispiel in der Fertigungsautomation oder Logistik. Diese Fähigkeiten bilden den Unterbau für Geschäfte und deren Produkte und Dienstleistungen. Als Beispiel verweisen C. K. Prahalad und Gary Hamel auf das Unternehmen Canon, das Kernkompetenzen in der Optik, Bildverarbeitung und Steuerungen mit Mikroprozessoren aufgebaut und diese in verschiedenen Geschäftseinheiten wie Fotokameras, Fotokopierapparate, Drucker und Scanner umgesetzt hat[6]. In beruflichen Spielen lassen sich Kernkompetenzen in den unterschiedlichsten Bereichen ausmachen, etwa im kreativen, handwerklichen, methodischen, sozialen, kommunikativen, im analytischen oder auch im strategischen Bereich. Die Klarheit über die detaillierte Ausprägung eigener Kernkompetenzen fördert in der Regel auch das Bestreben, diese gezielt weiter zu entwickeln.

Zur Veranschaulichung von Kernkompetenzen benutzen Prahalad und Hamel die Metapher eines großen Baumes. Der Stamm und die Äste stellen die Kerngeschäfte dar, die dünneren Zweige sind die Geschäftseinheiten, die Blätter, Blüten und Früchte sind die Endprodukte. Die Kernkompetenzen werden mit dem Wurzelgeflecht verglichen, das den Baum nährt, ihm Beständigkeit, Stabilität und Wachstum ermöglicht. Wie die Gesundheit eines Baumes nicht einzig an Hand seiner Blätter und Früchte exakt beurteilt werden kann[7], so kann auch die eigentliche Güte und Stärke im unternehmerischen Spiel nicht ausschließlich an Hand des Erfolgs oder Misserfolgs einzelner sichtbarer Spielzüge beurteilt werden. Auch nicht unmittelbar ersichtliche, eher unsichtbare Aspekte sind einzubeziehen. Spielpotenziale sind zu erspüren, klar herauszuarbeiten und für Spielzüge zukünftiger Spielrunden nutz- und abrufbar zu machen.

Vor diesem Hintergrund erweitern wir den Begriff der Kernkompetenzen hier über geschäftliche Spiele hinaus auch auf berufliche Spiele. Von Kernkompetenzen wollen wir im Folgenden sprechen, wenn die folgenden drei Kriterien erfüllt sind[8]:

- *Sich von anderen Spielern unterscheiden*: Kernkompetenzen besitzen den Charakter von Einzigartigkeiten. Dies bedeutet, dass sie nicht die Fähigkeiten widerspiegeln, die wir mit anderen Spielern, unseren Mitspielern und Wettbewerbern, gemeinsam haben, sondern jene, die uns von ihnen unterscheiden. Der Wert einer Fähigkeit bleibt dabei dauerhaft hoch, wenn er von anderen Spielern sehr gewertschätzt und nachgefragt wird sowie nur schwer zu imitieren ist. Dieses Kriterium ist in geschäftlichen Spielen beispielsweise dann erfüllt, wenn Fähigkeiten für lange Zeiträume systematisch aufgebaut, gepflegt und durch Patente oder die Bildung einer Marke geschützt werden. In persönlichen Spielen kann es sich dabei beispielsweise um ein auf dem Arbeitsmarkt gefragtes spezialisiertes Know-how handeln oder um ein einzigartiges Bündel von Talenten, das jemanden zu einer ganz besonderen Marke »Mensch« werden lässt.
- *Wert für andere Spieler stiften:* Die Kunden auf unseren Spielfeldern entscheiden darüber, ob eine Kompetenz letztendlich wirk-

lich eine gefragte Kernkompetenz ist oder nicht. Wir verfügen dann über gefragte Kernkompetenzen, wenn die von uns angebotenen Dienstleistungen oder Produkte unseren Kunden einen Nutzen stiften, beispielsweise in dem wir ihnen dabei helfen, ihre Problemstellungen besser zu lösen, und unser Angebot insgesamt attraktiver ist als das unserer Wettbewerber. Erst wenn uns dieser Schritt gelingt, können wir unsere Fähigkeiten gewinnbringend vermarkten. In beruflichen Situationen gilt es deshalb, immer wieder zu reflektieren und zu antizipieren: Was macht unsere Arbeitskraft attraktiv? Welchen Nutzen schaffen wir für unser Team und unser Unternehmen, für die Abnehmer unserer Arbeitsleistung? Was stiftet unseren Kunden auch in Zukunft einen erwünschten Wertzuwachs?
- *Breite Einsatzfähigkeit im Spiel entwickeln*: Kernkompetenzen sind Fähigkeiten, die breit nutzbar beziehungsweise anwendbar sind. Sie binden uns nicht an ein bestimmtes Spielfeld, sondern eröffnen uns den Zugang zu einem breiten Spektrum von Spielfeldern. Immer wieder heißt es deshalb für uns, zu prüfen und darüber zu entscheiden, welche die am Besten zu uns, zu unseren Kernkompetenzen, zu unseren Zielen und Energien passenden und lohnenswertesten Spielfelder sind.

Kernkompetenzen beruhen auf einer geschickten Bündelung von Fähigkeiten. Zu ihnen gehören:

- Technologieorientierte Ansätze: Sie beziehen sich auf Produkt-, Prozess- oder Softwaretechnologien.
- Prozessorientierte Ansätze: Sie setzen an Innovations-, Fertigungs- und Logistikprozessen sowie Prozessen im Projektmanagement an, die beispielsweise eine hohe Flexibilität und Anpassungsfähigkeit aufweisen.
- Konzeptorientierte Ansätze: Sie stehen für Fähigkeiten zur Systemintegration und für Problemlösungen, die beispielsweise auf der Anwendung und Verknüpfung der bereits dargestellten Elemente eines unternehmerischen Gespürs und Denkens beruhen.
- Verhaltensorientierte Ansätze: Sie beziehen sich beispielsweise auf Netzwerke, Werte, Haltungen, Denk-, Management- und Leadership-Modelle.

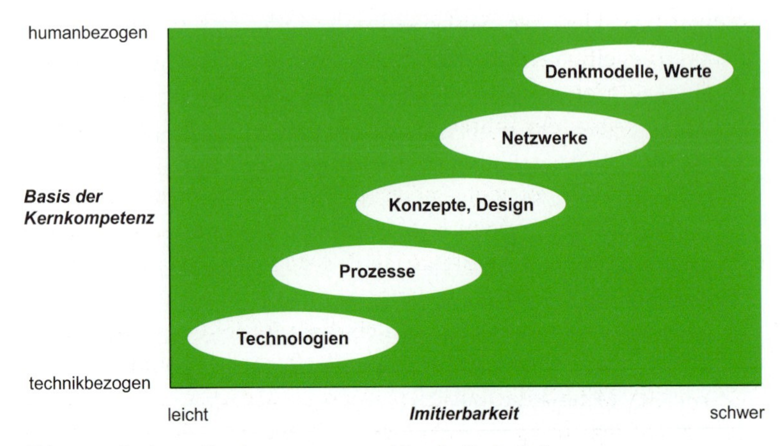

Abb. 2.5: Basis von Kernkompetenzen und ihre Imitierbarkeit

In der Abbildung 2.5 vertreten wir die These, je stärker humanbezogen die Basis von Kernkompetenzen ist, umso schwerer fällt es anderen Spielern, die Kompetenzen zu imitieren. Während Technologien über Patente zeitlich befristet geschützt werden können, ist ein solcher Schutz bei humanbezogenen Ansätzen nicht oder nur schwer möglich. Dennoch werden aus unserer Beobachtung heraus humanbezogene Ansätze trotz eines langjährigen Erfolges immer wieder, allerdings häufig erst deutlich später, durch andere Spieler imitiert beziehungsweise weiterentwickelt. Wichtige Ursachen hierfür sind oft, unterschiedliche Wertvorstellungen und kulturelle Prägungen, die »Pioniere« und »Vorreiter« von ihren Nachahmern unterscheiden. Mehr und mehr gehen wir heute davon aus, dass auch die humanbezogenen Ansätze wachsend unter Wettbewerbsdruck geraten, das heißt immer mehr Menschen versuchen werden, das erfolgreiche Verhalten anderer zu kopieren.

Das japanische Unternehmen Toyota lebt ein Erfolgsrezept, das auf drei Bedingungen aufbaut: ein ständiges Streben nach höchster Qualität, niedrigen Kosten und absolut gesetztem Zeitmanagement. Die Erreichung dieser Ziele wird durch ein Verhalten möglich, das durch Aufmerksamkeit und Disziplin geprägt ist. Das Unternehmen folgt dabei dem Vorgehen eines Höchstleistungssportlers, der seine Bewegungen unablässig studiert, sich selbst rücksichtslos überprüft und an den kleinsten Verbesserungen feilt. Darüber hinaus hat Toyota frühzeitig damit begonnen, umweltfreundliche Autos mit hybriden Antriebssystemen zu bauen. Mit diesen Kernkompetenzen gelang es Toyota, der führende Automobilkonzern der Welt zu werden.

Ein Beispiel für konzept- und verhaltensbezogene Kernkompetenzen in der Führung eines Hotels gibt Klaus Kobjoll. Er gründete 1984 das Landhotel Schindlerhof in Boxdorf nördlich von Nürnberg. Für Klaus Kobjoll war von Anfang an klar, dass es nur zwei Dinge gibt, die nicht kopierbar sind. Das sind die Beziehungen des Unternehmens zu seinen Mitarbeitern und daraus resultierend die Beziehungen der Mitarbeiter zu ihren Kunden. Mitarbeiter bauen dann eine gute Beziehung – »emotionale Erlebnisse über heimliche Berührungen« – zu ihren Kunden auf, wenn sie sich selbst mit den Werten und Zielen ihres Unternehmens voll identifizieren[9]. Daher schuf er ein Konzept einer konsequenten Kundenorientierung. Diese stützt sich auf Grundsätze und Spielregeln für das tägliche Handeln, auf ein Grundverständnis der Mitarbeiter, als Mitunternehmer zu handeln, und auf ein konsequentes Qualitätsmanagement in allen Prozessen. Begleitet und unterstützt werden diese Elemente der Kundenorientierung durch ein spezifisch gestaltetes internes Schulungsprogramm.

Ein Beispiel für den Aufbau eines wertorientierten Kernkompetenz-Ansatzes gibt auch Red Bull. Das von Dietrich Mateschitz 1984 gegründete österreichische Unternehmen hat seinen Energy-Drink durch ein aggressives Branding zur Marke mit Kult-Status entwickelt. Es ist Red Bull gelungen, inzwischen nicht mehr nur als »Wachmacher-Getränk« von den Konsumenten wahrgenommen zu werden. Viel mehr gelten die silber-blauen Getränke-Dosen heute als Status-Symbol und tragen so zum Lifestyle der Red Bull Kunden bei.

Kernkompetenzen entfalten

Der Wert unserer Kernkompetenzen ändert sich. Was heute vielleicht unsere Kernkompetenz ist, die uns stolz macht, kann morgen eine bloße Fähigkeit sein, die von anderen Spielern nicht mehr geschätzt und nachgefragt wird. Der Metapher eines Baumes entsprechend, ist es wichtig, unsere »Lebensadern« zu pflegen und weiter zu entwickeln. Die Kompetenz-Spielfeld-Matrix kann uns helfen, eine höhere Sensibilität für unsere Kernkompetenzen zu gewinnen und ein Gespür dafür zu generieren, wie wir diese weiter entwickeln können. In dieser Matrix stellen wir einen Bezug zwischen Spielfeldern und Kernkompetenzen her, um Ansatzpunkte für die bessere Nutzung vorhandener Kompetenzen und für die Entwicklung zusätzlicher Kernkompetenzen zu gewinnen[10] (Abbildung 2.6).

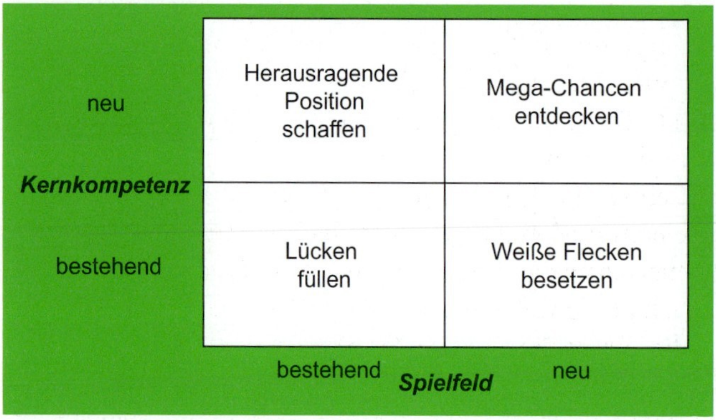

Kernkompetenz		
neu	Herausragende Position schaffen	Mega-Chancen entdecken
bestehend	Lücken füllen	Weiße Flecken besetzen
	bestehend	neu
	Spielfeld	

Abb. 2.6: Kompetenz-Spielfeld-Matrix

- *Lücken füllen:* Wie können vorhandene Kernkompetenzen besser genutzt werden, um bestehende Spielpositionen zu verbessern? Wie lassen sich zum Beispiel innerhalb eines Teams die Kernkompetenzen einzelner Spieler besser zur Geltung bringen und nutzen?
- *Weiße Flecken besetzen:* Wo gibt es angrenzende, nahe gelegene, sich auftuende neue und interessante Spielfelder? Wie können diese mit vorhandenen Kernkompetenzen erschlossen werden? Wie können durch die innovative Nutzung vorhandener Kernkompetenzen innovative Spielzüge beispielsweise in Form neuer Produkte oder Dienstleistungen entstehen?
- *Herausragende Position schaffen:* Welche neuen Kernkompetenzen sind erforderlich, um bestehende Spielpositionen zu schützen oder auszubauen? Welche Fähigkeiten brauchen wir auf unseren Spielfeldern, um in fünf oder zehn Jahren Erfolg zu

haben? Wie können die notwendigen neuen Kompetenzen schnell aufgebaut werden?

- *Mega-Chancen entdecken:* Welche neuen Kernkompetenzen sind erforderlich, um auf neu entstehenden Spielfeldern, zum Beispiel in Zukunftsmärkten tätig zu werden? Wie können wir möglichst schnell auf neuen Spielfeldern attraktive Positionen besetzen?

An Hand dieser Matrix kann zum Beispiel die Entwicklung des US-amerikanischen Unternehmens Apple dargestellt werden. Bei Personal Computern füllte Apple mit seinem attraktiv gestylten Design-Computer McIntosh zunächst die Lücke fehlender Benutzerfreundlichkeit. Diese Benutzerfreundlichkeit übertrug das Unternehmen auf den inzwischen legendären Musikplayer iPod und betrat damit einen für Apple neuen Markt. Im Oktober 2001 setzte Apple mit seinem iPod einen neuen Meilenstein auf dem Gebiet der tragbaren Musikabspielgeräte. Keines der am Markt bisher vorhandenen Geräte hatte so viel Speicherkapazität, war so benutzerfreundlich und hatte ein so überzeugendes Design. Im nächsten Schritt trat Apple im Sommer 2007 mit dem iPhone als Neuling ins Handy-Geschäft ein. Das iPhone ist zugleich ein Video-Abspielgerät, ein iPod, ein Telefon und ein mobiler Computer zum Web-Surfen in minimalistischem Design. Mit einer geschickten Kombination aus Informations- und Telekommunikationstechnologie, Nutzerfreundlichkeit sowie mit Design-Know-how versucht Apple neue Maßstäbe zu setzen, um damit Mega-Chancen in einem neu entstehenden Markt zu realisieren.

Der Erfolg unseres beruflichen und geschäftlichen Handelns beruht auf der Nutzung vorhandener und im Aufbau neuer Kompetenzen. Aus unseren Kernkompetenzen, den Schlüsselfähigkeiten zur Gestaltung unserer Zukunft, gewinnen wir die Kraft, die Umsetzung unserer Strategien nachhaltig voranzutreiben. Deshalb ist eine sorgfältige Analyse und Pflege unserer vorhandenen Kernkompetenzen sowie das Erspüren neuer Kompetenzen und Potenziale eine wichtige Vorarbeit zum unternehmerischen Handeln.

2.4 Fazit: Spürimpulse für Spielmacher

Spielmacher entwickeln ihr unternehmerisches Gespür durch eine innere Sensibilität für das Wesentliche, das Anstehende und Nahe liegende wie das Neue weiter in der Zukunft liegende. Hinzu kommt das Vermögen, das Spiel immer wieder aus verschiedenen und neuen Perspektiven zu betrachten. Getragen wird dieses Gespür von einem genauen Kennen der eigenen Einzigartigkeiten und vom Vertrauen, diese erfolgreich ins Spiel einzubringen.

Offenheit entwickeln

Spielmacher schätzen und trainieren die eigene Intuition und »Spürnase«. Häufig setzt ihre Offenheit und Aufmerksamkeit für das Spiel sowie das eigene unternehmerische Gespür die Lust und Emotionen frei, die vorhandenen Energien zu bündeln, den vorhandenen Tatendrang zu fokussieren und sich ausprobierend auf einen bestimmten Weg zu begeben. Spielmacher sind sehr wach, lassen sich voll auf ihr Spiel ein, zeigen eine neugierige Offenheit für kritische Fragen, Probleme und Herausforderungen. Sie schaffen sich ein kreatives und innovatives Umfeld.

Perspektivisch zoomen

Spielmacher betrachten ihr Spiel immer wieder aus verschiedenen Perspektiven und aus unterschiedlichen Entfernungen. Sie suchen nach Chancen und Einflussmöglichkeiten, gestaltend in ein sie interessierendes Spiel einzugreifen.

Erfolgspotenziale entdecken

Spielmacher wissen, mit welchen Kernkompetenzen sie sich von anderen Spielern unterscheiden. Auch beziehen sie eine marktorientierte Bedeutung von Wertschätzung und Nachfrage in ihre Kalküle mit ein. Sie pflegen und entwickeln ihre Kernkompetenzen kontinuierlich weiter, um auch in Zukunft immer wieder neue Spielimpulse zu entwickeln und ihre Spielziele zu erreichen.

3
Unternehmerisches Denken trainieren

Spieler, die eine nachhaltige Leistungsfreude anstreben, benötigen auch ein unternehmerisches Denkvermögen. Sie brauchen die Bereitschaft und Fähigkeit zum logischen Analysieren und Interpretieren, zum Entwerfen, Durchdenken und Evaluieren möglicher strategischer Verhaltensweisen und relevanter Entwicklungen von Spielstrukturen. Vier wesentliche Aspekte helfen uns, das unternehmerische Denken im Spiel deutlicher zu strukturieren, zu differenzieren und zielführend zu organisieren:

- vernetzt denken,
- in Szenarien denken,
- vorausschauend denken,
- in Optionen denken.

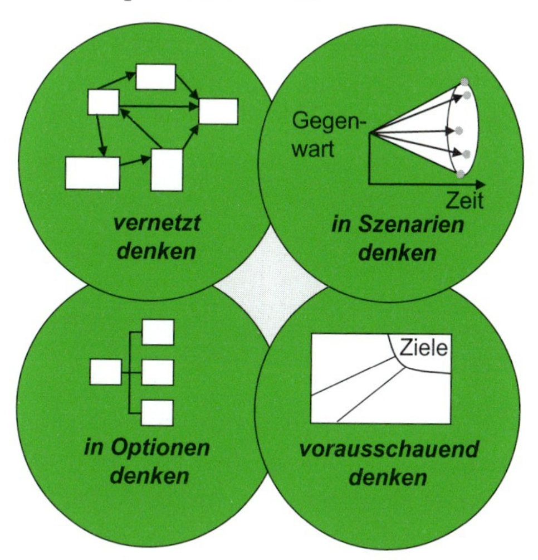

Abb. 3.1: Elemente des unternehmerischen Denkens

In einem häufig durch Wettbewerb und ständige Veränderungen geprägten Umfeld, versuchen wir immer wieder aufs Neue, uns eine vorteilhafte Position zu erarbeiten, diese auszubauen beziehungsweise zu sichern. Wir denken darüber nach, wie sich Spielzüge gegenseitig beeinflussen, konzipieren mögliche zukünftige Situationen unserer Spiele und überlegen, wie diese entstehen können. Wir setzen uns Ziele und planen, mit Hilfe welcher Optionen sie erreicht werden können. Immer wieder reflektieren wir, was bisher erreicht beziehungsweise nicht erreicht wurde, was die Gründe hierfür sind und nutzen diese Erfahrung für neue Entscheidungen.

Alle diese Facetten beschreiben unser unternehmerisches Denken, jene intellektuellen Fähigkeiten und Potenziale, vorteilhafte Positionen zu erarbeiten, zu sichern und weiter auszubauen. Wir wollen in diesem Kapitel Instrumente aufzeigen, die uns helfen, unternehmerisches Denken in unseren beruflichen und geschäftlichen Spielen gezielter einzusetzen.

3.1 Vernetzt denken

Im strategischen Spiel versucht ein guter Spieler zunächst einmal, das Verhalten seiner Mitspieler wahrzunehmen und zu verstehen. Er fragt sich, wer zum Beispiel im Spiel ein Spielmacher ist, wer eher in die Rolle eines teilnahmslosen Zuschauers geht, wer sich kämpferisch beziehungsweise wer sich kooperationsbereit verhält. Die Kenntnis der im Spiel vorhandenen Kräfte und Energieströme hilft dem Spieler, gute Vorgehensweisen für sein eigenes Verhalten zu entwickeln. Das Motto dieses Kapitels lautet:

»Erkenne das Wirkungsgefüge im Spiel!«

Unsere beruflichen und geschäftlichen Spielsituationen lassen sich als Systeme von Beziehungen ansehen. Alle Systeme sind zugleich Subsysteme in größeren Gesamtsystemen. Die Abteilung, in der wir arbeiten, ist Teil des Unternehmens, dieses wiederum ist ein Subsystem einer Branche. Die Branche ist Teil unserer globalen Wirtschaft. Jedes System ist ein Netzwerk von mehr oder weniger komplexen Austauschbeziehungen. Das Netz unserer unternehmerischen Spiele besteht aus Stakeholdern, zu denen beispielsweise Führungskräfte, Kollegen, Mitarbeitende, Kunden, Lieferanten, Kapitalgeber, Wettbewerber, Vertreter der Medien und des Gemeinwesens gehören. Alle befinden sich in ständiger Interaktion. Das Wirkungsgefüge der Interaktionen selbst unterliegt permanenten Veränderungen. Vielfalt und Dynamik treffen zusammen und prägen so die Komplexität aller unserer Spielsituationen.

Unter vernetztem beziehungsweise systemischem Denken verstehen wir die Fähigkeit, Spielsituationen und Spielbeteiligte als miteinander verbundene beziehungsweise ineinander verwobene interagierende Systeme zu erfassen und zu begreifen. Um diese zu verstehen, ist zugleich unser Gespür und Abstraktionsvermögen gefordert. Ein guter Spieler zeigt sich besonders interessiert an den wesentlichen Wirkungsbeziehungen im Netzwerk seines Spieles und versucht, diese zu verstehen. Die treibenden Faktoren für Veränderungen erkennt er frühzeitig, und ihre Auswirkungen schätzt er ausreichend präzise ab.

Ein von uns entwickeltes Konzept der fünf Spielenergien und die Simulationsmethode System Dynamics von Jay Wright Forrester können uns in unserem vernetzten Denken unterstützen.

Fünf Energien im Spiel analysieren

In unseren unternehmerischen Spielen reicht es nicht aus, Vernetzungen zu erkennen. Ihre Bedeutung ergibt sich aus den darin wirkenden Energien:

Wo herrschen »alte« Energien, wo entstehen »neue«?

Wo sind konkurrierende und wo kooperierende Energien zu spüren?

Das Bewusstsein über die Energien hilft uns, nicht nur die Vernetzungen auf Spielfeldern zu erkennen, sondern auch deren Chancen und Risiken besser zu bewerten. Typische weiterführende Fragestellungen können sein:

- Welchen Einfluss üben welche Spielregeln tatsächlich aus?
- Wer besitzt welche Energien?
- Welche Veränderungen sind im Spiel zu erwarten?

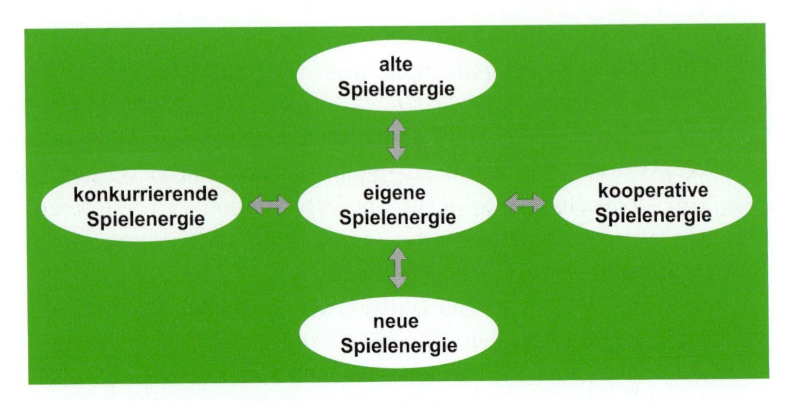

Abb. 3.2: Energien im unternehmerischen Spiel

Unsere Antworten hängen davon an, wie wir die eigene Spielenergie und die auf uns einwirkenden Energien einschätzen.

- Die *eigene Spielenergie* bestimmen wir angesichts unserer Ziele, Positionen, Rollen und Aufgaben. Ein unbändiger Wille und die Chance etwas Bestimmtes auch zu erreichen, eine aussichtsreiche Ausgangsposition und die Verantwortung der Rolle, etwa als Spielmacher oder Coach, kann uns mit einem Gefühl und Bewusstsein der Stärke energetisieren. Zweifelhafte Aussichten und Minderwertigkeitsgefühle können uns extrem schwächen. Von der eigenen Spielenergie hängt auch sehr stark ab, wie wir die Energien der anderen auf unseren Spielfeldern wahrnehmen.
- *Konkurrierende Spielenergien* erleben wir bei Engpässen und in Konfliktsituationen, die unsere Position gefährden. Diese Energien zeigen Spieler, die ausgrenzen, verdrängen, täuschen oder kämpfen wollen. Ist das Spiel beispielsweise durch eine stagnierende Nachfrage oder einen Personalabbau gekennzeichnet, deutet dies auf einen harten, teilweise ruinösen Konkurrenzkampf hin. Dann ist es wichtig, die Aktionen der mit uns konkurrierenden Spieler ganz genau zu beobachten. Wir fragen uns, beispielsweise zu welchem Zeitpunkt, in welcher Form Angriffe drohen und welche Energie wir besitzen, um zu antworten.

- *Kooperierende Spielenergien* gehen von Spielern aus, die Verbündete suchen. Sie zeigen sich partnerschaftlich sensibel, Augenhöhe anstrebend, zumeist aus einer Position der Stärke oder der Schwäche heraus. Über Versprechen oder Drohungen wollen sie ein kooperierendes Verhalten anderer Spieler herbeiführen. Wir erleben diese zweite Ausprägung beispielsweise, wenn eine Führungskraft einen Vorschlag für ein weiteres Vorgehen im Projekt oder die weitere Zusammenarbeit unterbreitet und wir zugleich spüren, dass wir gar keine andere Chance haben, als den Vorschlag anzunehmen.
- *Neue Spielenergien* gehen zumeist von Spielern aus, die experimentierfreudig, initiativ und mutig sind, die Dinge vorantreiben wollen. Auch neue Spieler bringen in der Regel neue Energien ins Spiel ein. Jede Innovation in unseren beruflichen und geschäftlichen Spielen ist ein Ausfluss neuer Spielenergien. Jeder Wandel im Spiel wird von neuen Spielenergien geprägt.
- *Alte Spielenergien* werden von jenen Spielern ausgestrahlt, die auf ihren Spielpositionen beharren, sich nicht bewegen wollen, ihren Blick in die Vergangenheit richten oder Zukunftsangst besitzen. Es fehlt ihnen häufig an Kreativität und Mut, Neues anzupacken. Alte Spielenergien zeigen sich häufig in emotionalen Barrieren, wenn wir beispielsweise verdeckte oder offene Abneigungen oder Widerstände gegen Spielimpulse neuer Spieler erleben.

Rückkopplungsschleifen erkennen

Mit Hilfe des Konzeptes der Energiefelder lässt sich der gesamte Spielverlauf wie auch eine einzelne Spielsituation adäquater untersuchen. Um die Wirkungsbeziehungen in weit komplexeren Systemen zu verstehen, hat der Amerikaner Jay Wright Forrester in den fünfziger Jahren die computergestützte Simulationsmethode System Dynamics entwickelt[1]. Sein Ziel war es, Systeme zum Beispiel von Geschäften oder Branchen möglichst ganzheitlich zu erfassen und ihr dynamisches Verhalten zu simulieren. System Dynamics wurde zunächst durch die Simulation volkswirtschaftlicher Zusammenhänge bekannt. Es war die grundlegende Methodik zur Simulation eines Weltmodells globaler Zusammenhänge, das 1972 für die Studie *Grenzen des Wachstums – Bericht des Club of Rome zur Lage der Menschheit* erstellt wurde. Die Studie löste eine nachhaltige gesellschaftliche Diskussion über den Umgang mit knappen Ressourcen, wie etwa den Rohölreserven, aus.

Im Mittelpunkt von System Dynamics-Modellen steht die Identifikation und Abbildung von Rückkopplungsschleifen, so genannter Feedback-Loops. Sie bilden nach der Lehre der Kybernetik den Steuermechanismus ab, der Verhalten regelt. Hinsichtlich der Polarität sind zwei Arten von Rückkopplungen, positive und negative Feedback-Loops, zu unterscheiden:

- Bei einer negativen Rückkopplung reagiert das System so, dass Abweichungen zwischen dem Ist- und einem Sollzustand reduziert werden. Das bekannteste Beispiel für eine negative Rückkopplung ist der Thermostat, der die Raumtemperatur reguliert. Kühlt sich ein Raum unter die am Thermostat eingestellte Temperatur ab, setzt der Thermostat so lange die Heizung in Gang, bis die Raumtemperatur wieder mit dem voreingestellten Wert übereinstimmt. Dann schaltet der Thermostat die Heizung ab, bis die Raumtemperatur wieder sinkt und das Ganze von vorn beginnt. Mittels einer negativen Rückkopplung erhalten sich Systeme selbst aufrecht.
- Bei einer positiven Rückkopplung führt die Veränderung des Systemstatus zu Aktionen, die immer weitere Aktionen in die gleiche Richtung verursachen. Der Prozess verstärkt sich selbst, statt angepasst und abgedämpft zu werden. Ein wunder Hals beispielsweise bringt den Kranken dazu, zu husten, und dieses Husten macht den Hals noch rauer[2].

In Abbildung 3.3 ist für die Wirkung der Kreativität im geschäftlichen Spiel eine positive Rückkopplung dargestellt. Die Vorzeichen der Variablen geben die Entwicklungsrichtung an, wenn die jeweilige Input-Größe steigt. In dieser Rückkopplung führt ein Mehr an Kreativität zu mehr Innovationskraft. Mehr Innovation hat ein Geschäftswachstum zur Folge. Ein Geschäftswachstum wiederum erfordert mehr Personal, was mit einer intensiveren Förderung von Talenten einhergehen kann. Die Talententwicklung führt letztlich wieder zu mehr Kreativität. Die Kreativität verstärkt sich gemäß die-

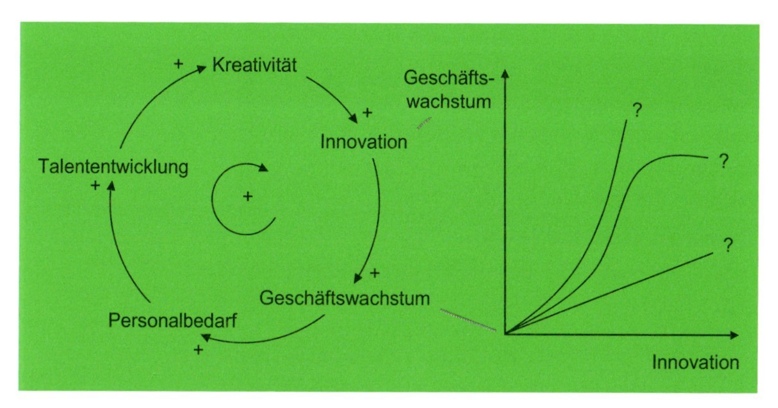

Abb. 3.3: Feedback-Loop »Kreativität«

ser dargestellten Rückkopplung selbst. Die Wirkungszusammenhänge zwischen den einzelnen Variablen können dabei linear oder auch nicht linear sein. In der Regel kann das Vorzeichen eines Wirkungszusammenhanges schnell und eindeutig angegeben werden. Für eine genaue Abschätzung des Verlaufs eines Wirkungszusammenhangs fehlen hingegen häufig Erkenntnisse und eindeutig abbildbare Erfahrungen. In diesen Fällen treffen wir plausible Annahmen als Annäherung an die Realität. In der Abbildung sind exemplarisch für den Zusammenhang zwischen Innovation und Geschäftswachstum mehrere mögliche Wirkungsbeziehungen dargestellt.

Aktionen führen häufig nicht sofort zu negativen oder positiven Rückkopplungen. Vielmehr kommt es zu zeitlichen Verzögerungen im Reaktionsvermögen. System Dynamics vermag auch diese zeitliche Dimension in Wirkungszusammenhängen abzubilden. Die Bildung von System Dynamics-Modellen ist somit eine hervorragende Möglichkeit, um vernetztes Denken zu schulen. Das Gedankengut bildet heute die Basis von zahlreichen computergestützten Planspielen.

3.2 In Umfeldszenarien denken

Im strategischen Spiel fragen wir immer wieder danach, ob und wie sich die Rahmenbedingungen des Spiels verändern werden. Werden zum Beispiel in der nächsten Spielrunde noch die gleichen Spieler am Spiel teilnehmen? Wird es zu Kooperationen zwischen einzelnen Spielern kommen? Sind Veränderungen bei den Spielregeln zu erwarten? Das Motto dieses Kapitels lautet:

»Schaffe Dir ein möglichst vollständiges und abgesichertes Bild über die Zukunft!«

Auch unsere beruflichen und geschäftlichen Spielsituationen verändern sich ständig. Die Zukunft unserer Spiele ist häufig mit vielen Unsicherheiten behaftet. Veränderungen oder sogar Strukturbrüche sind aus diesem Grund schnellst möglich mit den alternativen Entwicklungsmöglichkeiten wesentlicher Einflussgrößen zu erkennen und in ihrer Wirkung zu analysieren. Die Herausforderung lautet, Antworten beziehungsweise Vorgehensweisen im Umgang mit einer multiplen Zukunft zu finden. Wenn notwendig, können die Antworten dabei mit dem Einschlagen völlig neuer Wege verbunden sein. Daher umfasst das unternehmerische Denken auch das Durchdenken von unterschiedlichen Zukunftsbildern, so genannten Szenarien.

Szenarien entwickeln

Der Begriff Szenario wird auf das griechische Wort »skene« zurückgeführt, mit dem der Schauplatz einer Handlung, eine Szenenfolge in einem Bühnenstück beziehungsweise der Rohentwurf eines Dramas beschrieben wird[3]. Szenarien werden vor diesem Hintergrund auch als »Drehbücher der Zukunft« bezeichnet. Die systematische Auseinandersetzung mit der Zukunft setzt dabei an fünf Prämissen an[4]:

- Die Zukunft ist anders als die Vergangenheit. Eine Auseinandersetzung mit zukünftigen Entwicklungsmöglichkeiten ist daher unabdingbar.
- Zukünftige Entwicklungen kündigen sich zunächst durch schwache Signale an, die mit wachsender Stärke immer deutlicher wahrnehmbar werden.
- Zukünftige Entwicklungen sind nur selten Fortschreibungen aktueller Trends. Sie können erheblich von Diskontinuitäten beeinflusst werden.
- Eine Vorschau zukünftiger Entwicklungen ist notwendig, weil der Handlungsspielraum mit fortschreitender Zeit immer stärker eingeengt wird und der Aufwand für wirkungsvolle Maßnahmen steigt.
- Die Auseinandersetzung mit der Zukunft ist nachvollziehbare Denkarbeit.

Die Methode der Szenario-Technik bietet einen pragmatischen Ansatz, der es ermöglicht, die vielfältigen Wechselbeziehungen in einem System zu analysieren und Ungewissheiten zu reduzieren. Hierzu werden mehrere Zukunftsbilder entworfen, die den Zukunftsraum möglichst breit ausleuchten. Umfeld-Szenarien verdeutlichen Entwicklungslinien, wie verschiedene, aber in sich stimmige Zukünfte aus der Gegenwart heraus entstehen können. Es geht dabei um ein Vorausdenken der Zukunft, welche Umfeldsituationen in Zukunft eintreten und wie sie entstehen können.

Die Schnittfläche eines Szenario-Trichters (Abbildung 3.4) gibt die Summe aller denkbaren Zukunftssituationen an. Je weiter der Blick von der Ist-Situation in die Zukunft geht, je weiter sich der Trichter öffnet, desto weiter in der Zukunft liegen die betrachteten Ereignisse, desto mehr nehmen die Komplexität und Unsicherheit der denkbaren Entwicklungen zu. Störereignisse, wie transformatorische Informationen und Wirtschaftskrisen, werden abgebildet. Sie können bei potenziell weit reichenden Folgewirkungen zu völlig neuen Szenarien führen. An den Eintritt von Störereignissen können Entscheidungspunkte für das eigene Handeln geknüpft sein, die zum Beispiel zum Ergreifen bestimmter Maßnahmen führen. In der Regel werden drei bis vier Szenarien ausgearbeitet, im Minimum ein positives Extrem-Szenario, das die bestmögliche Zukunfts-

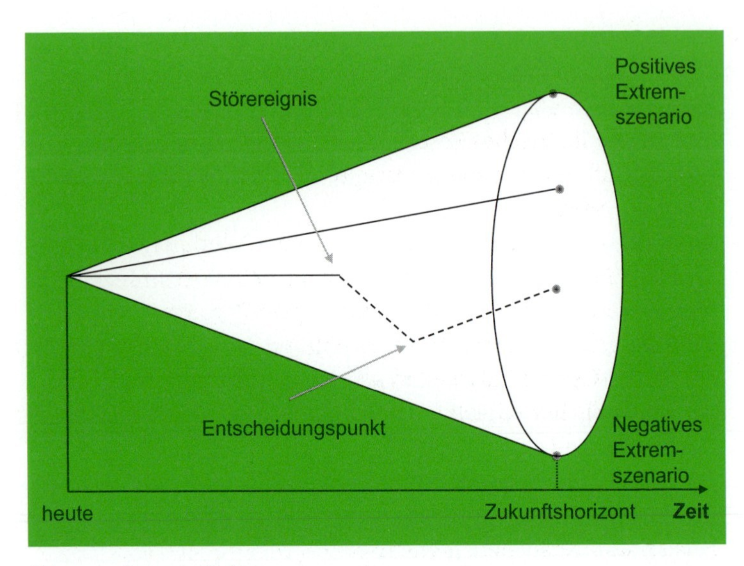

Abb. 3.4: Szenario-Trichter

entwicklung, den »best case«, abbildet, und ein negatives Extrem-Szenario, mit dem schlechtesten Entwicklungsverlauf, dem »worst case«. Diese beiden Szenarien begrenzen das Spektrum der denkbaren Zukunftsentwicklungen. Neben den beiden Extremszenarien werden mehrere so genannte Trendszenarien konzipiert, die jeweils höhere Eintrittwahrscheinlichkeiten besitzen. Von den abgeschätzten Eintrittswahrscheinlichkeiten und der potenziellen Hebelwirkung auf die strategische Entwicklung unseres unternehmerischen Spiels hängt es dann letztlich ab, welches Szenario wir als Planungsgrundlage für das weitere Vorgehen zugrunde legen. Szenarien vermitteln eine erhöhte Transparenz über mögliche zukünftige Situationen, was hilft, unsere »Zukunftsangst« zu lindern. Eine abwartende Passivität kann so dadurch in ein zukunftsgerichtetes proaktives Handeln überführt werden.

Wo steht die Europäische Union im Jahr 2015? Dies ist eine typische Ausgangsfrage für die Entwicklung von Zukunftsbildern. Wir wollen hier einige Beispiele für Szenarien geben, die auf einer Studie des Centrums für angewandte Politikforschung in München basieren[5]:

- Szenario I: »Eine Supermacht wird Vorbild.« Die Europäische Union nutzt ihre materiellen und institutionellen Ressourcen in vollem Umfang. Bevölkerungszahl, wirtschaftliche Leistungsfähigkeit, militärisches Potenzial und gemeinsames Wertesystem eröffnen eine solide Handlungsbasis. Dies wäre ein sehr günstiges Szenario.
- Szenario II: »Wenige Kernstaaten machen Politik.« Eine gemeinsame Haltung zu Europa bleibt in Zukunft aus. Eine Gruppe von Staaten vereinbart eine engere Zusammenarbeit außerhalb der Unionsverträge. Es entsteht ein Europa der zwei oder mehr Geschwindigkeiten und damit auch ein Europa unterschiedlicher »Spielergruppen«.
- Szenario III: »Eine Vision stirbt.« Europa ist zu groß, zu bürokratisch, zu intransparent, zu inhomogen. Die Mitgliedstaaten beenden deshalb den Transfer weiterer Zuständigkeiten an Brüssel und versuchen, gemeinschaftliche Politikbereiche zurück auf die nationale Ebene zu verlagern. Der Substanzverlust führt zu einer Schwächung der Wettbewerbsfähigkeit Europas gegenüber Nordamerika und Asien. Externe Herausforderungen in Form neuer globaler Konflikte sind nicht zu meistern. Der Versuch einer erfolgreichen Außen- und Sicherheitspolitik scheitert. Die Mitgliedstaaten bilden je nach Situation und deren Anforderungen Interessenkoalitionen. Dies wäre ein sehr ungünstiges Szenario.

Die in diesem Beispiel dargestellten Szenarien geben Hinweise darauf, welch unterschiedliche Zukünfte für Europa denkbar sind. Je nachdem, ob eines der aufgezeigten Szenarien oder ein ganz anderes Szenario eintritt, ergeben sich daraus eine ganze Reihe sowohl politischer als auch wirtschaftlicher, geschäftlicher wie auch beruflicher Implikationen. Das Spielfeld »Europa« wird je nach Szenario eine andere Gestalt annehmen, mit ganz spezifischen Anforderungen an die Spieler und ihre Spielerbeziehungen.

3.3 Vorausschauend denken

In strategischen Spielen durchdenkt ein unternehmerisch ausgerichteter Spieler seine Möglichkeiten zur Einflussnahme auf den Spielverlauf frühzeitig. Auch wird er über seine Rolle nachdenken, die er im Spiel einnehmen möchte. Will er beispielsweise ein »Impulsgeber«, der »Spielmacher« oder ein »Mitspieler« sein? Das Motto dieses Kapitels lautet:

»Überlege frühzeitig, was und wohin Du willst!«

Um langfristig erfolgreich zu sein, ist vorausschauendes Denken notwendig. Das Bewusstsein um frühere Erfolge wie das Wissen um deren Ursachen kann unter dem Aspekt einer mutigen offensiven Zukunftsgestaltung sehr bedeutsam sein. Angesichts vieler momentaner und zukünftiger Unsicherheiten gilt es jedoch vielmehr, die eigene unternehmerische Unruhe zu spüren und die Voraussetzungen zu schaffen und zu festigen, um den zukünftigen Erfolg in den Mittelpunkt des eigenen Handelns zu rücken. Hiermit sind häufig Entscheidungen verbunden, die bis zu ihrer vollständigen Realisierung langer Zeiträume bedürfen. Der Inhalt dieser Entscheidungen wird oft durch die vorhandenen Freiheitsgrade beeinflusst, innerhalb derer sich die Positionierung der betrachteten Situationen verändern lässt. Deshalb gilt: Je frühzeitiger der »strategische Nach- und Vorausdenkprozess« einsetzt, desto größer sind unsere unternehmerischen Freiheitsgrade. Im Fokus unseres unternehmerischen Denkens liegen deshalb nicht Zeiträume der nahen Zukunft. Es sind vielmehr Zeiträume zu wählen, die langfristig genug sind, um die erforderlichen Freiheitsgrade zu erkennen und zu nutzen.

Aus der Perspektive eines erfolgshungrigen Spielers heraus bedarf es eines starken, ja oft unbändigen Willens sowie der inneren Überzeugung und Energie, das Erträumte schaffen zu wollen und zu können. Der Erfolgswille manifestiert sich in einem zielgerichteten Vorgehen, was in einer klaren Vision und/oder einem strategischen Zielsystem zum Ausdruck kommt. Visionen und Zielsysteme beschreiben die Bilder einer angestrebten beruflichen und/oder geschäftlichen Zukunft. Sie sind auch eine wichtige Quelle für die erforderliche unternehmerische Energie, um sofort ihre Realisierung voranzutreiben.

Visionen – innere Antreiber des Handelns

Wenn Sie ein Schiff bauen wollen, wie gehen Sie dann vor? Vermutlich denken Sie zunächst einmal daran, eine Skizze und einen Plan des Schiffes zu erstellen. Dann werden Sie auch überlegen, wie und wo Sie Mitarbeitende anwerben und auch Materialien beschaffen können. Antoine de Saint-Exupéry beantwortet die Frage anders, von Anfang an fokussierter und tiefgründiger: »Wenn Du ein Schiff bauen willst, so trommle nicht Männer zusammen, um Holz zu beschaffen, Werkzeuge vorzubereiten, Aufgaben zu vergeben, und die Arbeit einzuteilen, sondern lehre die Männer die Sehnsucht nach dem weiten endlosen Meer.«

Jede/r von uns hat Ideen. Mal kommen sie einfach, und wir wissen gar nicht woher, mal forcieren wir ihr Entstehen ganz bewusst in bestimmten Situationen und mit bestimmten Techniken. Mal sind es lose, einzelne Ideen, mal sind es ganze Ketten oder Netze von Ideen. Auch hat jede/r von uns Träume, seien es nun Tag- oder Nachtträume, und jeder kennt das Gefühl von Sehnsucht, die Handlungen initiieren und anleiten. Diese Erfahrung generalisierend betont denn auch die Schriftstellerin und Literatur-Nobelpreisträgerin Nelly Sachs: »Alles beginnt mit der Sehnsucht!« Ideen und Träume, die sich aus den innersten Tiefen eines Menschen heraus entwickeln, wollen wir hier als Visionen bezeichnen. Für Visionen offen zu sein, bedeutet für uns, den Mut und das Gespür zu entwickeln, mit großer Achtsamkeit in uns hinein zu horchen, alles Äußere loszulassen und wahrzunehmen, was sich von Innen heraus ergibt und entstehen will. Visionen zu klären, ihnen nachzugehen und Ausdruck zu verleihen, ist dabei nicht immer nur leicht und einfach. Genau das Gegenteil kann auch der Fall sein: eine Vision Realität werden zu lassen, kann mit großen persönlichen Herausforderungen und Mühen, mit Verzicht und vielen Unbequemlichkeiten verbunden sein.

Im Berufs- und Geschäftsalltag sind unternehmerische Visionen die Quelle für ein zielgerichtetes unternehmerisches Handeln. Eine

Vision kann als der »genetische Code« bezeichnet werden, der jedes Verhalten durchdringt und prägt. Gerade für Unternehmer und Führungskräfte, die Zukunft gestalten wollen, ist es wichtig, Offenheit und Gespür für Visionen zu entwickeln und sie mit Gestaltungskraft umzusetzen. Gelingt es ihnen, ihre Vision im Unternehmen transparent zu machen und die Mitarbeitenden dafür zu begeistern, dreht das Unternehmen auf den von der Vision gewiesenen Kurs und nimmt volle Fahrt auf.

Henry Ford, John F. Kennedy, Martin Luther King oder der Apple-Gründer Steve Jobs beispielsweise hatten Visionen, die nicht nur deren unmittelbares Umfeld prägten, sondern die Begeisterungs- und Überzeugungskraft besaßen, ganze Gesellschaften zu verändern (Abbildung 3.5).

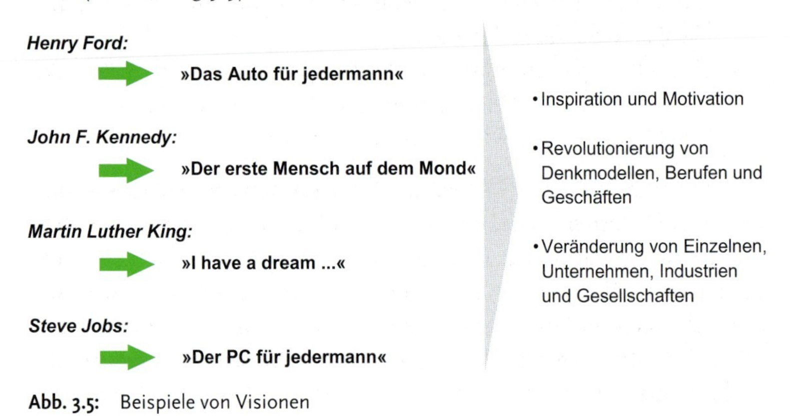

Abb. 3.5: Beispiele von Visionen

Gewiss sind dies Beispiele außergewöhnlicher Einzelfälle. Viele unternehmerische Visionen sind weit weniger spektakulär beziehungsweise öffentlich bekannt. Manchmal wird sogar die Notwendigkeit einer Vision bestritten und ein Visionär eher kritisch betrachtet. Bekannt geworden ist zum Beispiel die Aussage von Helmut Schmidt, ehemals Bundeskanzler der Bundesrepublik Deutschland: »Wer Visionen hat, sollte zum Arzt gehen.« Doch wie kann ein unternehmerischer Plan erarbeitet werden, an welchen Zielen kann sich das eigene Handeln neben den persönlichen Werten orientieren, wenn die Vision fehlt? Wir sehen in einer Vision einen guten Ausgangspunkt für die Entwicklung eines strategischen Plans.

Was sind nun die besonderen Kennzeichen einer Vision? Welche Anforderungen sind an eine Vision zu stellen? Hierzu wollen wir Ihnen einige Charakteristika an die Hand geben:

- Eine Vision beinhaltet stets die positive Vorstellung von etwas Neuem, das aus einer menschlichen Tiefe heraus entsteht und nicht einfach linear aus der Gegenwart ableitbar ist.
- Sie spiegelt immer auch die eigene Einschätzung der erwarteten Entwicklungen im jeweils relevanten Umfeld wider.
- Eine Vision beinhaltet eine klare Verpflichtung auf ein ganz konkretes Fernziel hin, ist also mehr als die bloße Beschreibung einer Stoßrichtung.
- Sie malt ein möglichst konkretes Bild der angestrebten Zukunft, so konkret, dass heute schon begonnen werden kann, die Vision zu verwirklichen.
- Sie ist transparent, mitreißend und kommunizierbar. Sie weckt das Interesse und Vertrauen in unserem Umfeld, auf die aus ihr ableitbaren Ziele gemeinsam hinzuarbeiten.

Eine unternehmerische Vision ist ein Einheit stiftendes »Lebensziel« des Unternehmens, ein zentrales Motiv, das nicht nur die Vorstellung des gesamten Unternehmens einfängt und wiedergibt, sondern das darüber hinaus dazu beiträgt, seine Grenzen so weit wie möglich nach außen zu verschieben. Die Vision wird zur strategischen Intention, wenn sie auf allen Unternehmensebenen zur Entschlossenheit führt, das gesetzte Fernziel zu erreichen. Coca-Cola richtete zum Beispiel mit der Idee, Coke weltweit in die Reichweite jedes Konsumenten zu bringen, seine Geschäftspolitik konsequent auf diese strategische Intention hin aus. Google arbeitet an der Realisierung seiner Vision, die Informationen dieser Welt zu ordnen und für alle zugänglich und nutzbar zu machen.

Hinter einer Vision steht häufig ein Mensch, der von einer Idee nahezu »besessen« erscheint und andere Menschen in seinem Umfeld ansteckt. Dies wird am Beispiel des Schweizers Gottlieb Duttweiler deutlich. Er träumte davon, zwischen Produzent und Konsument eine direkte Verkaufsorganisation – eine Brücke – zu schaffen. Sein Ziel war es, den Zwischenhandel auszuschalten, um die Konsumenten möglichst preiswert mit Gütern des täglichen Bedarfs zu versorgen. Er gründete die Migros AG, und 1925 rollten seine ersten Verkaufswagen mit sechs verschiedenen Produkten, Kaffee, Reis, Zucker, Teigwaren, Kokosfett und Seife, durch die Straßen von Zürich. Zugleich wollte er einen Beitrag zur intakten gesunden Familie leisten. Daher verkaufte er keinen Alkohol und keine Tabakwaren. 1941 wandelte Duttweiler die Migros AG in eine Genossenschaft um und schenkte seinen Kunden Anteilsscheine. Heute gehört die Migros Genossenschaft über 1,5 Millionen Schweizer Haushalten.

Um ganz bewusst eine Vision zu entwickeln, ist es erforderlich, sich Zeit zu nehmen und sich emotional wie gedanklich von der Vergangenheit und vom gegenwärtigen Ist-Zustand zu lösen. Es gilt, sich ganz sensibel auf Ahnungen, Zeichen und Regungen zu möglichen zukünftigen Zuständen, auf Entwicklungen, Wechselwirkungen und wesentliche Werte einzulassen und wahrzunehmen, was sich daraus ergibt. In unserer Sprache strategischer Spiele bedeutet dies, als Spielmacher letztlich in der eigenen inneren Tiefe im Spiel zu versinken, dort das freie Spiel, das Zusammengehen, Vermischen oder Zerlegen, unterschiedlicher Lebensinhalte und -zusammenhänge wahrzunehmen und womöglich ein komplett neues Spiel entstehen zu lassen beziehungsweise ein neues zu definieren. Wenn nicht in der Ganzheit eines Spiels, so kann es auch in Teilaspekten eines Spiels zu Neuem kommen, etwa mit dem Inhalt:

- neuer Kundennutzen, neue Kundenkreise;
- neue Technologien, Werkstoffe, Verfahren;
- neue Produkte, Leistungen, Lösungen;
- neue Geschäfte, neue Geschäftsarten;
- neue Spielregeln im Geschäft;
- neue Wertschöpfungsketten;
- neue Wettbewerbsposition, neue Marktanteile;
- neue Regionalstruktur, neue Länder;
- neue Netzwerke, Beziehungen und Kommunikationsformen.

Eine Vision zu leben bedeutet, sich langfristig auf ein Spiel einzulassen, dieses maßgeblich mitgestalten zu wollen, also unternehmerisch zu spüren, zu denken und zu handeln. In einer Zeit sich rasch verändernder Spielsituationen wird es immer mehr zur Kunst, Geduld zu üben und an der Verwirklichung von Visionen beharrlich »dranzubleiben«. Dabei gilt es, immer wieder aufs Neue darauf zu achten, die operativen Spielzüge an der visionären Ausrichtung zu orientieren, abgleichend und integrierend zwischen den beiden Zeithorizonten zu pendeln.

Ziele setzen – das eigene Handeln ausrichten

Im Sport werden die Ziele in der Regel selbst gewählt oder zusammen mit dem Trainer erarbeitet. Die Richtung der Ziele im Sinne einer Spielidee, eines Spielgedankens, ist in allen Sportarten weitgehend vorgegeben und klar. Jeder Spieler weiß, wofür er kämpft. Es gilt beispielsweise, die meisten Tore zu schießen, der Schnellste zu sein oder am wenigsten Fehler zu machen, andere Spieler oder Mannschaften sind zu übertreffen und zu besiegen. Wie oder woran ein Sieg gemessen wird, steht in der Regel von vornherein fest. Allen beteiligten Spielern ist der Leistungsmaßstab vorab klar. In unseren beruflichen und geschäftlichen Spielen sind uns unsere Bewegungsrichtungen und Ziele nicht immer klar und eindeutig von außen vorgegeben. Je nach selbst gewählten beziehungsweise von anderen vorgegebenen oder eröffneten Freiheitsgraden haben wir die Chance, die Ziele, für die wir Engagement, Begeisterung, Ressourcen, Zeit und Mühen investieren, selbst zu definieren. Letztendlich entscheidend ist, was wir selbst wirklich erreichen und verantworten wollen. Das große Kunststück in unseren Spielen besteht dann darin, am Anfang bereits das Ende im Blick zu haben.

Ziele bestimmen unser individuelles wie gemeinsames unternehmerisches Handeln. Sie motivieren zu Leistungen und führen beim Erreichen zu Erfolgserlebnissen. Sie geben unserem Handeln einen Sinn und eine Ausrichtung. Zielloses Sich-Treiben-Lassen kann durchaus der notwendigen Entspannung dienen, kontinuierliches zielloses Handeln dagegen führt zumeist weiter in die Orientierungslosigkeit hinein und zu unüberlegten Schritten, die später bereut werden.

Wollen wir Ziele wirklich erreichen, so gilt es, vier wichtige Voraussetzungen zu erfüllen: das Wollen, Können, Dürfen und Wagen. Folgende Fragen sind deshalb uneingeschränkt mit einem »Ja« zu beantworten:

- Wollen: Werden die gesetzten Ziele tatsächlich angestrebt?
- Können: Sind diese Ziele für uns auch erreichbar?
- Dürfen: Erlauben wir uns, alle erforderlichen Ressourcen einzusetzen, um diese Ziele zu realisieren?
- Wagen: Werden alle für die Zielrealisierung notwendigen Aktionen durchgeführt?

Strategische Ziele bestimmen

Für unsere unternehmerische Aufstellung beschreiben wir Ziele, die wir erreichen wollen, die unseren Ehrgeiz wecken, unsere Spielenergie herausfordern. In geschäftlichen Spielen sind diese Ziele – zusammengefasst in einem Zielsystem – zum Beispiel Ertrags- und Wachstumserwartungen, geplante Innovationen und angestrebte Produktivitätszuwächse (Abbildung 3.6). Durch die zunehmende Wertorientierung unseres unternehmerischen Handelns sind heute Ertrags- und Wachstumsziele an die Spitze von Zielsystemen gerückt.

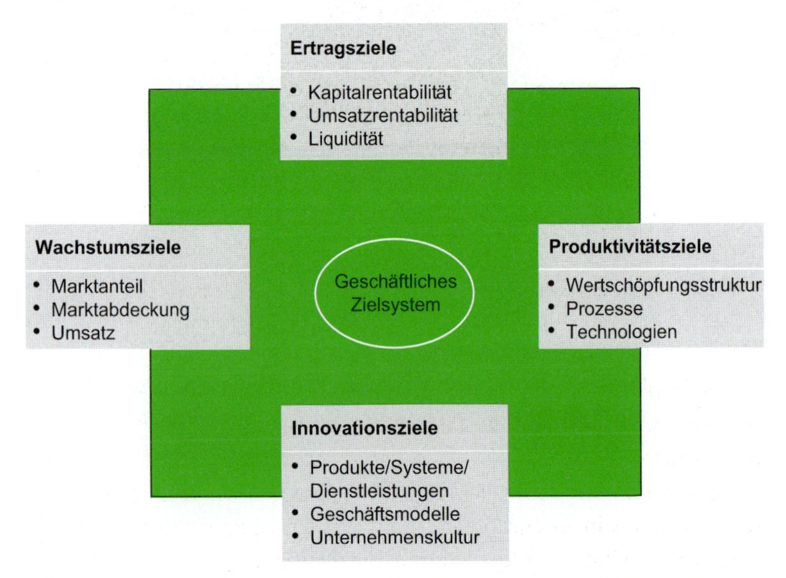

Abb. 3.6: Mögliche Inhalte eines strategischen Zielsystems geschäftlicher Spiele

Wichtige Themenfelder unserer beruflichen Zielsysteme können beispielsweise die Einkommensentwicklung, inhaltliche Herausforderungen unserer Aufgaben, unser Verantwortungsbereich und unser Arbeitsumfeld sein. Die Ziele, die wir uns stecken, hängen dabei nicht nur von unserem Können, unseren Erfahrungen und unserer Arbeitsenergie ab, sondern sie werden auch sehr stark von den gerade vorherrschen Charakteristika des geschäftlichen Spiels geprägt, in dem wir als Individuum mitspielen. Die geschäftlichen Ziele und Gestaltungspotenziale schaffen oder verschließen oftmals Freiräume für unsere berufliche Entwicklung (Abbildung 3.7).

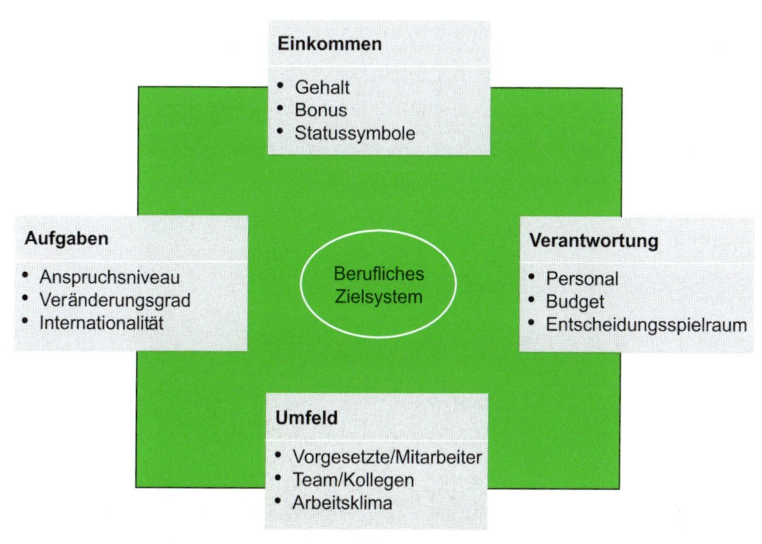

Abb. 3.7: Mögliche Inhalte eines strategischen Zielsystems beruflicher Spiele

Als Voraussetzung für die Erreichung strategischer Ziele haben wir betont, wie eminent wichtig es ist, diese auch wirklich erreichen zu »wollen«. Eine tiefe Verankerung der geschäftlichen Ziele in der Organisation und unserer beruflichen Ziele in uns selbst ist dafür unerlässlich. Ein integrativer Charakter, Transparenz und Nachvollziehbarkeit sind wichtige Voraussetzungen für eine erfolgreiche Zielerreichung.

Ziele besitzen dann einen integrativen Charakter, wenn alle Beteiligten nicht nur die Ziele kennen, sondern an deren Formulierung beteiligt sind. Die Akzeptanz von Zielen steigt, wenn die entsprechenden Zielsetzungen konkret und positiv formuliert sind. Das gemeinsam formulierte Ziel »Im kommenden Jahr steigern wir die Kundenzufriedenheit um 10 %!« wirkt weitaus motivierender als die einem Mitarbeiter seitens seines Chefs hingeworfene Vorgabe: »Reduzieren Sie möglichst bald die Kundenunzufriedenheit!«

Ziele zeugen von Transparenz und Nachvollziehbarkeit, wenn Mitarbeitende die Zusammenhänge und Hintergründe von Zielsetzungen verstehen und ihnen klar ist, wie ihr eigener Leistungsbeitrag aussieht, welche Konsequenzen ihre Leistungen, Minder- und Nicht-Leistungen im Zielsystem haben. Ist dieses Verständnis vorhanden, können die Mitarbeitenden die Auswirkungen ihrer individuellen Entscheidungen und Handlungen hinsichtlich der gemeinsamen Zielerreichung besser überschauen und sich selbst konsequenter für die Zielerreichung engagieren.

Zielwerte ableiten und visualisieren

Sind die Zielinhalte definiert, so hat in einem zweiten Schritt die Ableitung handlungsspezifischer Zielwerte zu erfolgen. Bei der Formulierung von Zielwerten ist darauf zu achten, dass diese folgende wesentliche Merkmale erfüllen:

- *Anspruch:* Zielwerte sind anspruchsvoll, realistisch und aktionsorientiert zu formulieren, um das unternehmerische und verantwortungsbewusste Handeln zu stärken, um zu motivieren und die Leistungsbereitschaft zu erhöhen oder zu halten. Der Bogen darf dabei nicht überspannt werden: Jeder Spieler will die realistische Chance haben, seine Ziele auch qua eigener Initiative erreichen zu können. Wichtig ist, seine Ziele stets positiv und optimistisch zu formulieren und zu ihnen zu stehen. Eine öffentliche glaubwürdige Deklaration eigener Ziele auf der Basis eines inneren persönlichen Commitments, das heißt einer verbindlichen Zusage, erhöht in der Regel den eigenen Drive ganz enorm, diese auch zu erreichen.

- *Messbarkeit:* Ein extrem wichtiges Merkmal ist die Messbarkeit von Zielen. Denn nur messbare Ziele erlauben später eine hilfreiche Überprüfung der Zielerreichung: »If you can't measure it, you can't manage it!«
- *Terminierung:* Die Verbindlichkeit und aktionsorientierte Formulierung von Zielen wird durch einen festgelegten Zeitrahmen und Meilensteinpläne unterstrichen. Der Zeithorizont strategischer Ziele liegt oftmals bei etwa drei bis fünf Jahren. In Geschäften mit kurzen Produktlebenszyklen erscheint dieser Zeithorizont zunächst sehr lang, allerdings ermöglicht er es, sorgfältiger über einen Zielrahmen nachzudenken. Sind zur Verwirklichung von Zielen umfangreiche Investitionen erforderlich, zum Beispiel in Fertigungsstandorte oder Akquisitionen, wird schnell deutlich, wie realistisch ein solcher Planungshorizont sein kann. Für viele Geschäfte im Anlagenbereich, wie zum Beispiel im Schiffs- und Kraftwerksbau, besitzt ein Zeitraum von fünf Jahren eher einen mittelfristigen Charakter. Planungshorizonte von acht bis zehn Jahren sind hier durchaus üblich. Auch im Kontext ausbildungs- und berufsorientierter Entscheidungen sind längere Planungshorizonte anzutreffen, wenn Eltern eine besonders hohe Begabung ihrer Kinder frühzeitig erkennen und langfristig fördern wollen. Auch Menschen, die sich zunehmend in ihrem bisherigen Beruf unwohl fühlen, legen ihrer Umorientierung und Umschulung oft einen längeren Planungshorizont zugrunde.
- *Visualisierung:* Die Praxis sowohl im Sport als auch in der Wirtschaft zeigt, dass die innere und äußere Visualisierung von Zielen einen entscheidenden Beitrag zu ihrer Realisierung zu leisten vermag. Zunächst einmal können selbst erzeugte innere Bilder und Bildabfolgen, sprich das »Kopfkino«, weiter helfen. Darüber hinaus sind besonders gestaltete Poster und Charts zu den angestrebten Erfolgen und Zielwerten, eventuell ergänzt um ein Motto oder einen Merksatz zu den Zielinhalten, eine überaus förderliche Hilfe. Darauf zu achten ist, dass die entwickelten Bilder stets auch »anmachen und anziehen«, dass sie ganz konkret sinnlich ausgemalt und spürbar sind, im wahrsten Sinne des Wortes unter die Haut gehen, leicht erinnert werden beziehungsweise abrufbar sind.

Bei der Ableitung von Zielwerten kommt dem Maßstab eine entscheidende Rolle zu. Die Basis für die Ableitung von Zielwerten bildet einerseits die exakte Kenntnis der Ist-Situation, andererseits die Vision und das darauf ausgerichtete strategische Zielsystem. Die Zielwerte spiegeln die angestrebte, künftig erwünschte geschäftliche und berufliche Situation wider und sind so zu wählen, dass sie möglichst einen direkten Beitrag zur Verwirklichung der Vision leisten.

Die Orientierung an Ist-Werten kann zur Denkhaltung führen, etwa um fünf Prozent größer zu werden, besser zu werden, schneller zu werden, das heißt, sich aus einer gegebenen Situation heraus nach vorne zu bewegen. Die Orientierung an einer Vision, an einem gewünschten Zukunftsbild, darüber hinaus an Best-Practice-Maßstäben von »Starspielern« angelehnt, ruft zu einem viel größeren Schritt nach vorne auf. Diese Denkhaltung führt in der Regel zu viel anspruchsvolleren Zielwerten. Die höher gesteckten Hürden bedingen höhere Anstrengungen, die natürlich häufig mit größeren Risiken verbunden sind, da gewohnte Strukturen schneller verlassen werden. Wir haben dies eingangs als »wagen« bezeichnet.

Zur Ableitung von Zielwerten kann es ausgesprochen sinnvoll und nützlich sein, folgende Aspekte zu beleuchten und zu berücksichtigen:

- die bisherige berufliche wie geschäftliche Situation;
- vorhandene beziehungsweise notwendige Ressourcen;
- eigene Kernkompetenzen und Potenziale;
- Vergleichswerte aus der Branche, aus Kollegenkreisen;
- Best-Practice-Studien.

3.4 In Optionen denken

In strategischen Spielen ist jeder Spieler bestrebt, möglichst alle zur Verfügung stehenden Spielzüge zu erkennen und die jeweils möglichen Reaktionen seiner Mit- und Gegenspieler zu durchdenken und in ihren Konsequenzen zu bewerten. Das Motto dieses Kapitels lautet:

»Leuchte Deinen Gestaltungsraum aus!«

Denken in Optionen heißt, den eigenen unternehmerischen Gestaltungsraum so weit wie es sinnvoll ist auszuleuchten und damit auch über die unterschiedlichsten Handlungsoptionen nachzudenken. Für die weitere Entwicklung der eigenen Spielposition sind die Rückzugsstrategie und die Strategie einer völligen Neuausrichtung auf dem Spielfeld sicherlich zwei extrem unterschiedliche Vorgehensweisen. Diese Art zu denken erfordert ein hohes Maß an Kreativität, um viele »mögliche Welten« zu konzipieren und daraus ableitbare neue Spieloptionen in ihrer Ausgestaltung zu beschreiben. Wichtig ist dabei, zunächst alle denkbaren Optionen zu entwerfen und deren Chancen zu beleuchten, bevor aufgrund einer Betrachtung von Barrieren und Risiken und eines Vorteils-Nachteils-Vergleiches ein Teil dieser Optionen wieder verworfen wird.

Unternehmerische Gestaltungsmöglichkeiten ausleuchten

Als Instrument zur Darstellung von Optionen kann eine Baumstruktur dienen, mit deren Hilfe der Raum der Handlungsoptionen, von seinen Extremen ausgehend, möglichst vollständig beschrieben wird (Abbildung 3.8).

Das dargestellte Beispiel zeigt einen Optionenbaum, der sowohl für geschäftliche wie für berufliche Spiele dienen kann. Die beiden extremen Handlungsoptionen sind eine »Neuausrichtung« und ein »Rückzug«. Dazwischen liegen die Optionen »Leistungssteigerung«, »weiter wie bisher« sowie die »Leistungsminderung«. Auf einer zweiten Ebene können die jeweiligen Optionen weiter gegliedert werden, um erste Ansätze für eine Umsetzung aufzuzeigen.

In einem weiteren Schritt ist es sinnvoll, die erarbeiteten Optionen zu strukturieren. Eine Bewertungsmatrix mit den Dimensionen »Beitrag zur Zielerreichung« und »Realisierbarkeit« fokussiert diese vertiefende Arbeit beziehungsweise hilft, eine Auswahl zu treffen. Die Realisierbarkeit einzelner Optionen kann beispielsweise von den zu erwartenden Widerständen, den verfügbaren Ressourcen und der erwarteten Spielenergie der wichtigsten beteiligten Spieler abhängen.

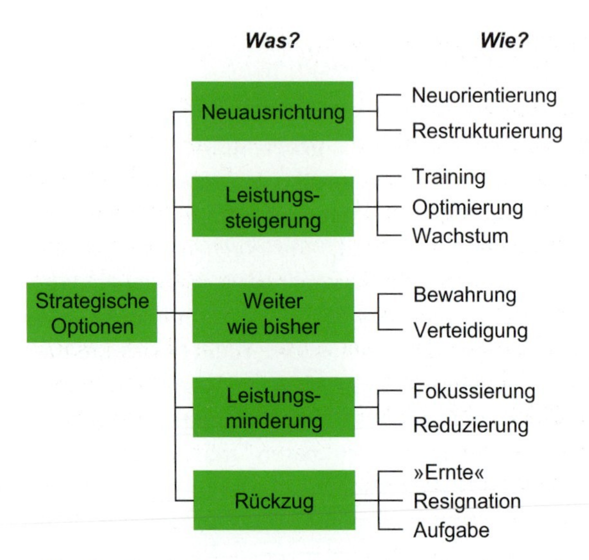

Abb. 3.8: Beispiel: Strategische Optionen im unternehmerischen Spiel

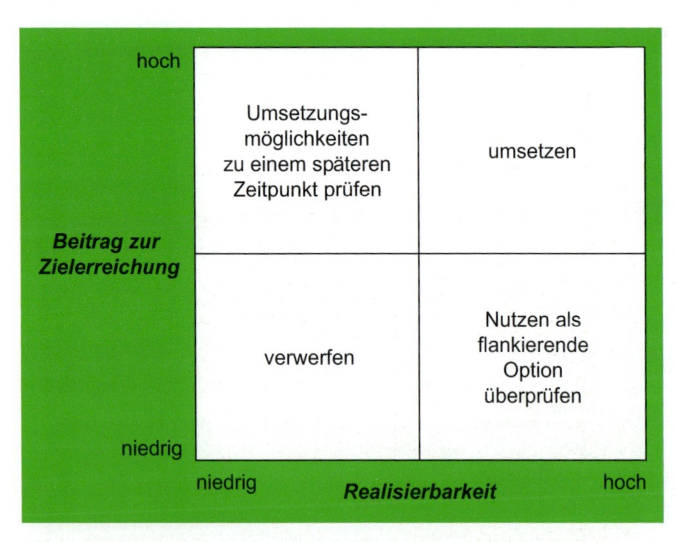

Abb. 3.9: Bewertungsmatrix zur Auswahl strategischer Optionen

Plausible Entwicklungspfade aufzeigen

Ausgewählte Handlungsoptionen lassen sich in einem nächsten Schritt weiter vertiefen. Hierzu hilft es, wenn wir eine Art Straßenkarte, »Roadmap«, generieren. Diese zeigt den Weg auf, beschreibt Meilensteine, klärt Bedingungen und steckt den Zeithorizont ab, wie wir von einem Ausgangspunkt startend, unsere Ziel erreichen können. Die Roadmap selbst besteht aus einem zweidimensionalen Suchraum, den wir durch eine horizontale Zeitachse und eine vertikale Objektachse abbilden. Die Zeitachse verdeutlicht, welche Schritte sofort und welche zu einem späteren Zeitpunkt zu realisieren sind. Auf der Objektachse bilden wir die zur Umsetzung einer Option beziehungsweise einer Spielidee notwendigen Aspekte Spielfeld, Spielregeln, Spieler und Spielerbeziehungen ab. Eine Roadmap visualisiert so:

- die Arbeitsschritte, die aus dem präferierten Blickwinkel auf ein bestimmtes Ziel hin zu erledigen sind;
- die bestehenden Zusammenhänge und Abhängigkeiten;
- die Schwierigkeiten, mit denen wir zu rechnen haben, und wie wir diese überwinden können;
- den zu erwartenden Zeitaufwand für die vollständige Umsetzung wie für die Erreichung einzelner Meilensteine.

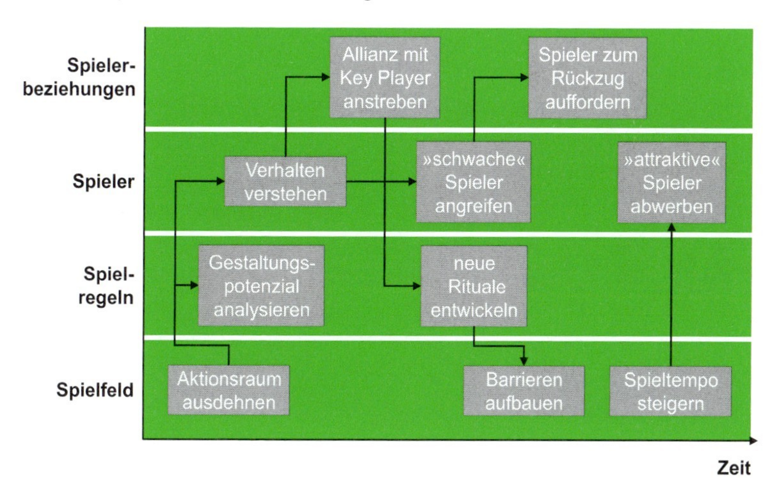

Abb. 3.10: Beispiel: Roadmap zur Plausibilität von Entwicklungspfaden

Mit dem Optionenbaum haben wir das Gestaltungsfeld in seiner Breite ausgelotet. Mit der Roadmap konzentrieren wir uns auf einen bestimmten Bereich und leuchten diesen in seiner Tiefe aus.

3.5 Fazit: Denkimpulse für Spielmacher

Spielmacher denken immer wieder darüber nach, neue Wege zu gehen. Dies erzeugt Spannung, es entsteht Bewegung und Motivation. Hierzu analysieren, interpretieren, entwerfen, durchdenken und evaluieren sie mögliche strategische Verhaltensweisen und relevante Entwicklungen von Spielstrukturen.

Vernetzt denken

Spielmacher besitzen eine Antenne für die herrschenden »alten« und »neuen«, die »konkurrierenden« und »kooperierenden« Spielenergien auf ihren Spielfeldern. Als »Spinne im Netz« wissen sie diese zu bewerten, mit ihrer eigenen Spielidee abzugleichen und für ihre Ziele zu nutzen.

In Szenarien denken

Spielmacher überlegen, wo es in Zukunft zu Strukturbrüchen kommen könnte, welche gewohnten Spielstrukturen sich drastisch verändern können. Die Schlüsselfaktoren, die diesen Wandel begünstigen, haben sie im Blick und erarbeiten sich hierzu immer wieder mögliche Bilder, wie künftige Spielsituationen aussehen könnten.

Vorausschauend denken

Spielmacher fürchten nicht den Wandel, sondern begrüßen und forcieren ihn. Sie formulieren und kommunizieren strategische Ziele, die sie in den kommenden zwei bis fünf Jahren mit ihrem Geschäft, ihrer Abteilung, in ihrem Beruf erreichen wollen und richten daran ihr unternehmerisches Handeln aus.

In Optionen denken

Spielmacher leuchten ihren unternehmerischen Gestaltungsraum aus. Sie suchen nach Freiräumen, um ihre Ziele zu realisieren. Im Mittelpunkt ihres Denkens stehen nicht mögliche Verluste, sondern sie suchen die Chancen, die sich aus Veränderungen, aus der Gestaltung und Entwicklung von Neuem, ergeben können.

Unternehmerisches Gespür entwickeln, unternehmerisches Denken trainieren und Instrumente hierzu anwenden, gelingt uns am besten, wenn wir Spielzüge entwickeln und diese auch ausführen, also unternehmerisches Verhalten zeigen. Wir setzen dem unternehmerischen Handeln zwei Schritte voran. Zunächst bestimmen wir unsere unternehmerische Position auf dem Spielfeld. Darauf aufsetzend entwickeln wir Optionen für ein Erfolg versprechendes unternehmerisches Verhalten in unseren jeweiligen Spielsituationen.

4 Unternehmerische Positionen klären

Unternehmerisches Agieren ist ein Spiel mit hohem Einsatz, sowohl aus der Sicht eines Mitarbeiters, der seine Arbeitsleistung unternehmerisch vermarktet, als auch aus der Sicht eines Unternehmers, der seine Ressourcen in eine Geschäftstätigkeit investiert. Um ein erfolgreiches unternehmerisches Verhalten zu entwickeln, ist es erforderlich, die eigene Position im Spiel – den Startpunkt – genau zu kennen. Eine Positionsbestimmung wiederum ist nur möglich, wenn Klarheit über die wesentlichen Aspekte des Spiels besteht. Hierzu werden wir folgende Fragen behandeln:

- Was ist die Spielidee, was sind die grundlegenden Spielgedanken?
- Wie sieht das Spielfeld aus und wie ist es segmentiert?
- Was für Spielregeln gelten auf dem Spielfeld?
- Welche Spieler nehmen am Spiel teil?
- Welche Ziele verfolgen die Spieler?
- Welche Rollen nehmen die Spieler ein?
- Welche Beziehungen bestehen zwischen den Spielern?

Um diese Fragen zu klären, ist es sinnvoll, wieder die Bausteine unseres 5-S-Konzeptes heranzuziehen:

- Spielidee klären,
- Spielfeld abstecken,
- Spielregeln erfassen,
- Spieler verstehen,
- Spielerbeziehungen berücksichtigen.

Alle fünf Bausteine zusammen ermöglichen es, systematisch die Struktur eines Spiels zu begreifen und damit Klarheit über die eigene Spielposition zu gewinnen.

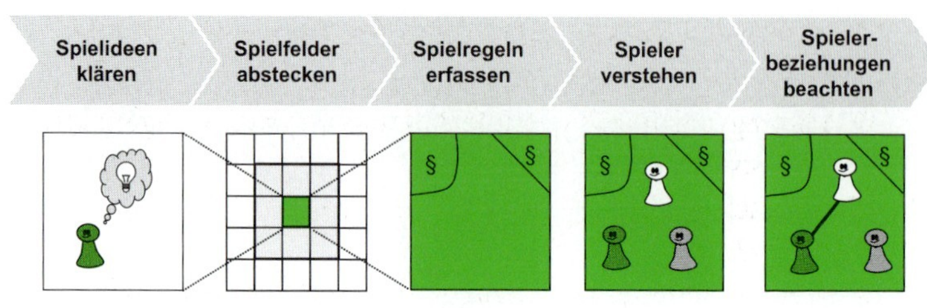

Abb. 4.1: Unternehmerische Positionen klären

4.1 Spielideen klären

Unternehmerisches Handeln beginnt unserer Erfahrung nach mit einer unternehmerischen Idee, einem »zündenden Funken«, der unser unternehmerisches Gespür, Denken und Handeln auslöst oder beeinflusst. Eine unternehmerische Idee, in unserem Ansatz die Spielidee, beschreibt, welches praktische Tun uns angesichts einer bestimmten Situation sinnvoll, nützlich und aussichtsreich erscheint. Sie bringt im besten Fall auf den Punkt, was wir wie angesichts bestimmter Umstände tun und erreichen könnten. Je mehr unsere Begeisterung für eine Spielidee wächst, desto eher sind wir bereit, ihr in unserem Alltag nachzugehen und eine Priorität einzuräumen. Je stärker wir für eine Spielidee »brennen«, desto größer werden unsere Energiereserven. Spüren wir genügend innere Energie und Kraft, genügend Drive, so legen wir Hand an und beginnen, die Idee zu realisieren. Das Motto dieses Kapitels lautet deshalb:

»Brenne für das, was Du wirklich willst!«

Im Verlauf von Spielen ertappen wir uns allerdings auch immer wieder dabei, dass wir nur eher passiv teilnehmen. Die Spielenergie nimmt ab. Spielfantasie und -freude bleiben aus. Wir spüren, wie unser Antrieb nachlässt. Wie zu Beginn des Spiels ist es in diesen Momenten besonders wichtig, klärende Fragen zur Spielidee zu stellen:

- Was ist für mich das Attraktive und Faszinierende an diesem Spiel?
- Was bewegt mich teilzunehmen und mehr oder weniger aktiv oder passiv zu sein?
- Was will ich konkret in diesem Spiel erreichen? Wie will ich es erreichen?
- Wie sehen meine Erfolgschancen im Vergleich zu vorhandenen Risiken aus?
- Was lässt mich hoffen und glauben, erfolgreich sein zu können?

Die Antworten auf diese Fragen helfen, uns zu erklären und nicht zu verstecken. Sie animieren uns, wach zu sein, uns zu zeigen und in der für uns passenden Form aktiv einzubringen. Sie stimulieren uns, neue Ideen zu entwickeln sowie unsere Fähigkeiten und Potenziale zu entfalten. Aus dem Gefühl und Bewusstsein für unsere Spielideen gewinnen wir zudem wichtige Energien und Impulse, um in unseren Spielen Ausdauer zu generieren und sie immer wieder neu und spannend zu gestalten.

Eine Spielidee kann aus unserem Inneren heraus entspringen, etwa wenn Stille und Muße einkehren, innere Stimmen hörbar und Stimmungen spürbar werden. Um einer Inspiration wirklich nach oder gar auf den Grund zu gehen, braucht es manchmal sehr viel Zeit, Geduld, Mut und Überwindung. »Gut Ding will Weile haben« sagen wir dann. Ferner kann sich eine Spielidee aus unserem unternehmerischen Gespür heraus ergeben, dann wenn wir mit Lust und Neugier auf neue Spielsituationen zugehen und uns auf sie einlassen. Sie kann das Ergebnis des Beobachtens anderer oder des gezielten Einsatzes von Kreativitätstechniken sein. Auch kann sie aus unseren rational-analytischen Erfahrungen, Fähigkeiten und Potenzialen resultieren, Spielsituationen zu analysieren, zu begreifen und Fehlendes zu ergänzen. Mit Offenheit lassen wir uns auf unsichere Situationen eines Spiels ein. Wir entdecken Erfolgspotenziale durch perspektivisches Zoomen. Durch achtsames Vorfühlen und vorausschauendes Denken loten wir unsere unternehmerischen Freiheitsgrade, Chancen-Risiken- wie Kosten-Nutzen-Salden aus. Eine aus unserer Sehnsucht und unseren Träumen sich ergebende Vision und ein klares strategisches Zielsystem konkretisieren schließlich die Inhalte einer Spielidee und richten unser Handeln aus.

Alle genannten Aspekte eines unternehmerischen Spürens und Denkens bilden in ihrer Verknüpfung die Basis dafür, eine Spielidee zu identifizieren und zu entwickeln. Vom Sinn und Nutzen, sprich der einer Spielidee zugeschriebenen Bedeutung und Priorität, hängt es ab, inwieweit wir die jeweilige Idee weiter vorantreiben. Unser Spüren und Denken helfen uns, die erforderlichen unternehmerischen Energien freizusetzen und so zu lenken, dass sie zur erfolgreichen Realisierung unserer Spielidee beitragen. Für den langfristigen Erfolg einer Spielidee ist dann maßgeblich, ob und wie es gelingt, immer wieder neue Erfolgspotenziale zu entdecken und diese auf dem Spielfeld in Wettbewerbsvorteile umzusetzen.

Unsere Spielideen zu klären und ihre Verwirklichung anzustreben, ist in unserem Konzept der erste Schritt, um unsere Position im Spiel zu bestimmen. Bevor wir uns den Themen Spielregeln, Spieler und Spielerbeziehungen widmen, wollen wir nun den zweiten Schritt machen und das Spielfeld abstecken.

4.2 Spielfelder abstecken

Unternehmerisches Handeln ist im Prinzip grenzenlos. Doch ein Spiel ohne Grenzen erscheint uns oftmals als zu komplex, um es erfolgreich zu spielen. Daher ziehen wir in unseren Vorstellungen Grenzen ein. Auf dem Spielfeld setzen wir uns diese Grenzen mit den Dimensionen Raum und Zeit. Ein klar abgegrenzter Raum und ein Denken in Zeiteinheiten fokussiert unser Handeln. Unser Raum- und Zeitgefühl tritt ergänzend hinzu. Durch das Setzen von Grenzen kann die Fiktion entstehen, dass es viele scheinbar getrennte Spiele gibt. Das Motto dieses Kapitels lautet:

»Fokussiere Dein Handeln!«

Spielfelder festlegen

Zunächst möchten wir Sie zu einem kleinen Test einladen. Bitte betrachten Sie die nachstehenden Kreise und entscheiden Sie spontan, welcher Kreis Ihnen besser gefällt.

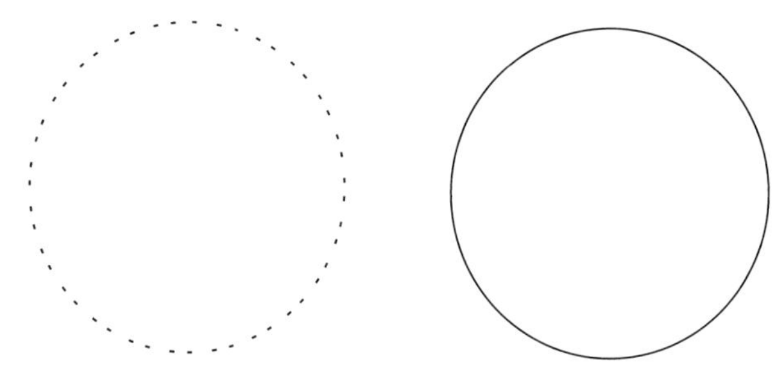

Abb. 4.2: Selbsttest zu Spielfeldgrenzen

Haben Sie sich für den rechten, geschlossenen Kreis entschieden, dann neigen Sie vermutlich eher dazu, deutliche Grenzen zu ziehen. Sie mögen klare Abgrenzungen. Haben Sie sich für den gestrichelten Kreis entschieden, dann bevorzugen Sie womöglich eher unscharfe Abgrenzungen, Grauzonen und Durchlässigkeit. In unseren Tests mit dieser Aufgabe entscheidet sich die Mehrzahl der Menschen spontan für den geschlossenen Kreis, für klar gezogene Grenzen.

Vielfach können wir selbst entscheiden, wo und in welcher Art wir Grenzen ziehen und wie diese aussehen. Oftmals versuchen aber auch andere Spieler, uns Grenzen zu setzen. Einerseits können Grenzen helfen, Komplexität zu reduzieren, sodass unser Analysieren, Planen und Handeln vereinfacht wird. Andererseits bringen sie die Gefahr mit sich, dass Vorhandenes eventuell nur unvollständig oder nicht richtig eingegrenzt, gesehen und verstanden wird. Einen nahezu grenzenlos, ja unendlich erscheinenden Spielraum bietet uns das Internet. An seiner virtuellen Realität kann jeder Spieler teilnehmen und mit anderen Spielern in vielfältige Interaktionen treten. Abgesehen vom Internet neigen wir allerdings häufig eher dazu, angesichts möglicher Chancen einer Komplexitätsreduktion die Grenzen unserer Spielfelder sehr eng zu ziehen und überschaubar zu halten. Mögliche Beziehungen und Abhängigkeiten zwischen den unterschiedlichen Spielfeldern, auf denen wir unterwegs sind, dürfen nicht übersehen und außer Acht gelassen werden. Vor diesem Hintergrund wollen wir zwischen den »bespielten Spielfeldern«, den »beobachteten Spielfeldern« sowie »denkbaren Spielfeldern« unterscheiden:

Bespielte Spielfelder

Die bespielten Spielfelder sind jene, die momentan von zentraler Bedeutung für uns sind. Sie stehen im Mittelpunkt unseres Handelns, hierauf konzentrieren wir im Alltag vorwiegend unsere Zeit und Energie.

Berufliche Spielfelder sind zum Beispiel mit Ausbildungs- und Tätigkeitsfeldern sowie mit Arbeitsmärkten vergleichbar. Wir unterscheiden nicht nur zwischen einem unternehmensinternen und -externen Arbeitsmarkt. Wir unterscheiden auch zwischen einem ersten und zweiten Arbeitsmarkt, wobei Letzterer alle staatlich subventionierten Arbeitsverhältnisse umfasst. Obendrein kennen wir alle das Phänomen der Schwarzarbeit. Arbeitsmärkte lassen sich nach geografischen Regionen und Branchen differenzieren. Für jedes Handwerk lässt sich ein spezieller Arbeitsmarkt definieren. Es gibt unterschiedliche Studienrichtungen und dementsprechend unterschiedliche Arbeitsmärkte für Akademiker, zum Beispiel für Natur- und Geisteswissenschaftler. Jeder, der sich auf einem Markt oder Tätigkeitsfeld behaupten will, hat sich zu entscheiden, wie breit er sich auf seinem Spielfeld ausrichtet, ob er stärker die Strategie eines Universalisten beziehungsweise Generalisten oder die eines Fokussierers beziehungsweise Spezialisten verfolgen will.

Im geschäftlichen Spiel ist der adressierte Markt beziehungsweise sind dessen Marktsegmente das Spielfeld. Wie im beruflichen Spiel kann auch im geschäftlichen Spiel eine enge oder breite Abdeckung des Spielfeldes angestrebt werden. Das bedeutet, der Spieler kann im Markt sehr breit oder segmentbezogen agieren. Zur Abgrenzung des Spielfeldes helfen die Kriterien Kundengruppen, Produkt- und/ oder Dienstleistungsspektrum, Umfang der Wertschöpfungsaktivitäten und Breite der geographischen Abdeckung. Eine im Vergleich zu anderen Spielern breite Abdeckung des Spielfeldes wird als Universalstrategie bezeichnet. Segmentspezifische Strategien, auch als Fokus- oder Nischenstrategien bezeichnet, beschränken sich hingegen auf eine bestimmte Abnehmergruppe, auf eine Produktlinie, auf bestimmte Wertschöpfungsaktivitäten und/oder eine geographische Region. Ob im geschäftlichen Spiel eine breite oder eher fokussierte Marktausrichtung gewählt wird, hängt von den zur Verfügung stehenden Ressourcen ab. So ist für kleine und mittelständisch geprägte Geschäfte mit beschränkten Ressourcen eine Fokusstrategie häufig der einzig gangbare Weg (Abbildung 4.3).

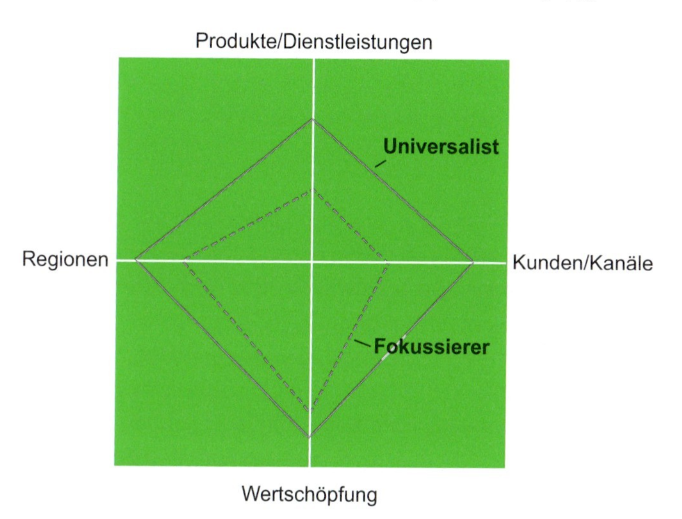

Abb. 4.3: Fokussierer versus Universalist

Beobachtete Spielfelder

Die beobachteten Spielfelder sind in der Regel weiter und breiter abgesteckt, sie beziehen benachbarte Spielfelder, aber auch entfernter gelegene Spielfelder mit ein. In unseren unternehmerischen Spielen können dies zum Beispiel benachbarte Abteilungen, Marktsegmente und Regionen beziehungsweise Länder sein, deren Strukturen und Entwicklungen uns wichtige Impulse für die Entwicklung unseres Spiels geben können. Die Ausweitung des Blickfeldes über den Rand unserer bespielten Spielfelder hinaus hilft uns, Verbindungen zu erkennen und Analogien zu ziehen. So lassen sich zum einen drohende Gefahren und mögliche Chancen frühzeitiger erkennen und zum anderen Anregungen und Ideen quasi von außen für die eigene Spielgestaltung integrieren.

Aus geschäftlichen Spielen kennen wir die komplementäre Vernetzung von Wertschöpfungsketten. Zwei Produkte oder Dienstleistungen unterschiedlicher Branchen werden dabei zu einer Gesamtlösung verknüpft. Beispiele hierfür sind die Durchführung von Sprachkursen und Kurangeboten in Urlaubshotels und der Verkauf von Fahrzeugen mit einer Finanzierung und Versicherung. TV-Gerätehersteller kooperieren mit Möbelherstellern, um ihre Geräte in Multimedia-Möbel zu integrieren. Mit einer Systemlösung wollen sie die individuelle Wohnqualität erhöhen. Die Ideen für solche Konzepte kommen nur zustande, wenn das beobachtete Spielfeld breiter abgesteckt ist als das eigentlich bespielte Spielfeld.

Denkbare Spielfelder

Mit denkbaren Spielfeldern meinen wir Spielfelder, die es zurzeit noch gar nicht gibt, die aber mit Fantasie und Mut, vielleicht auch einem Schuss Verrücktheit und Spielwitz kreiert und erfunden werden können. Ein in diesem Sinne denkbares Spielfeld ist zum Beispiel ein ganz neuer, bisher nicht existierender Markt, etwa ein neuer interner Arbeitsmarkt, der durch die Fusion zweier Unternehmen zustande kommt und viele neue Karriereoptionen eröffnet. Ein denkbares Spielfeld spiegelt sich beispielsweise im Wunsch, schwere Lasten mit Hilfe von Luftschiffen sehr wirtschaftlich zu transportieren und darüber hinaus diese an schwer zugänglichen Stellen aufzunehmen und abzusetzen. Innovative Denk- und Geschäftsmodelle sind wichtige Treiber, die neue Spielfelder entstehen lassen.

Verbindungen mit anderen Spielfeldern erkennen

Wenn wir Spielfelder abstecken, kann es gefährlich und trügerisch sein, nur ein einzelnes Spielfeld zu betrachten. Zumeist ist das selbst bespielte Spielfeld mit anderen Spielfeldern verbunden. Es können Abhängigkeiten bestehen, deren Kenntnis von Vorteil sein kann. Durch perspektivisches Zoomen lässt sich erkennen, aus welchen Sub-Spielfeldern sich das eigene Spielfeld zusammensetzt oder umkehrt, auf welchem Sub-Spielfeld eines größeren, übergeordneten Spielfeldes wir uns bewegen. Mit Blick auf unsere beruflichen

Spielfelder lassen sich Verbindungen zwischen einzelnen Spielfeldern beispielsweise anhand der Abhängigkeiten zwischen den Arbeitsgebieten einer Abteilung, den Beziehungen zu anderen Abteilungen und der Rolle(n) der eigenen Abteilung im Rahmen des Geschäfts oder des Unternehmens erkennen.

Das Spielfeld beschreibt die räumliche Dimension des Spiels. Neben dieser räumlichen Dimension ist die Zeit die zweite wichtige Dimension eines strategischen Spiels. Die Zeit spielt in den unterschiedlichsten Gestaltungsformen im Spiel eine wichtige Rolle, beispielsweise als Dauer, Phase, Zyklus, Zeitpunkt und Auszeit. Auch in Rhythmen sowie Formen und Variationen des Spieltempos kommt sie zum Tragen. Durch ihre Gestaltungsformen wird die Zeit zu einer außerordentlich wichtigen strategischen Größe. Sie nimmt Einfluss auf die Spielidee, die Spielregeln, das Verhalten der Spieler, deren Beziehungen und Spielzüge. Die Spieler selbst können die Gestaltungsformen der Zeit in ihrem Spiel häufig nur sehr bedingt beeinflussen, aber sie tun gut daran, sie sehr wohl in ihre strategischen Überlegungen einzubeziehen.

Spieldauer festlegen

In strategischen Spielen unterscheiden wir nach der Anzahl der Spielrunden zwischen begrenzt und unbegrenzt oft wiederholten Spielen. Geschäftsspiele, wenn sie nicht als Projekte durchgeführt werden, sind in der Regel in ihrer Dauer nicht befristet. Berufliche Spiele können hingegen sehr wohl zeitlich befristet sein, etwa in Form eines zeitlich befristeten Arbeitsvertrages, einer befristeten Mitarbeit in einem Projekt oder einer Abteilung. Befristet ist in der Regel auch die Entsendung von Mitarbeitenden ins Ausland. Transfers ins Ausland werden zum Beispiel oft für zwei oder drei Jahre geplant. Durch die zeitlich befristete Teilnahme am Spiel im Ausland wird es für den Spieler zum »Gast- oder Auswärtsspiel«. Nimmt ein Spieler hingegen über viele Perioden hinweg an einem Spiel am Heimatstandort teil, so bezeichnen wir es als »Heimspiel«. Das Spielfeld ist ihm vertraut und berechenbarer als wenn er »auswärts« spielt. Auch kann er zum Beispiel von einer größeren Nähe und Unterstützung durch eine größere Anzahl von Fans profitieren.

Spielphasen kennen

Spiele durchlaufen eine Startphase, Veränderungsphasen und eine Ziel- oder Schlussphase. In geschäftlichen Spielen sprechen wir hinsichtlich dieser zeitlichen Dimension von Lebensphasen, der Gründungs-, Wachstums-, Reife- und Erntephase. Stets wird die Art der »Spielgestaltung« davon beeinflusst, ob das Spiel von jungen Geschäften mit einem hohen Wachstum oder eher von reifen Geschäften in gesättigten Märkten mit einem hohen Rationalisierungsdruck geprägt ist. Je nach Phase, in der sich ein Spiel befindet, werden der Fokus und die Energie der Spieler ganz unterschiedlich beansprucht.

In der Startphase eines Spiels richten sich Fokus und Energie eher auf das Neue, auf das Abenteuer. Innerlich und äußerlich konzentrieren wir uns mit all unseren Sinnen auf das Spiel, das Vorantreiben unserer Spielidee und eventuell das Einbinden weiterer Energien und Partner. In geschäftlichen Spielen ist diese Phase durch einen hohen Investitionsbedarf gekennzeichnet. In der Wachstumsphase richtet sich die Energie oft eher auf die Sicherstellung und Pflege der Ressourcen. Im Fokus ist der weitere, möglichst kontinuierliche Ausbau der eigenen Spielposition. In der Reifephase geht es vorrangig um ein Durchhalten zugunsten eines erfolgreichen Abschlusses. In der Erntephase wird der Erfolg realisiert und gefeiert. Geschäftlich gesehen bedeutet dies beispielsweise das Erzielen hoher Renditen mit so genannten »Cash Cows«.

Als Spezialfall betrachten wir in der Reifephase die »Spielverlängerung« oder »Nachspielzeit«. Im geschäftlichen Kontext ist sie anzutreffen, wenn etwa angesichts besonderer Wetter- oder Verkehrsverhältnisse Lieferungen nicht pünktlich ankommen oder wenn Verkaufsverhandlungen länger dauern als erwartet. Im Rahmen von Fusionsprozessen ergeben sich Verlängerungen, wenn Integrationsprozesse langsamer als ursprünglich angedacht verlaufen. Auch ein Streik, der nach ersten Versuchen eines Schlichters nicht beigelegt werden kann, geht in die Verlängerung. In Projekten tritt sie auf, wenn im wahrsten Sinne »nachgearbeitet werden muss«, weil zum Beispiel qualitative Mängel vorliegen oder schon in der Planungsphase der notwendige Zeitbedarf unterschätzt und zu niedrig angesetzt wurde. Im beruflichen Kontext entsprechen Überstunden Spielverlängerungen. Können sich Entscheider bei Personalauswahlprozessen nicht auf einen Kandidaten einigen, so gehen diese Auswahlprozesse in der Regel in eine zweite beziehungsweise nächste Runde. Über den erfolgreichen Spielabschluss hinaus rückt in der Reife- und Erntephase häufig auch die Entdeckung weiterer Neuerungen in den Fokus. In der Regel kommt es dann auch zur Planung und Vorbereitung des nächsten Spiels.

Spielzyklen berücksichtigen

Neben Phasen durchlaufen Spiele auch bestimmte Zyklen. Wenn zum Beispiel die Spieler ihre Spielzüge in jeder Spielrunde in einer bestimmten Reihenfolge tätigen. Geschäftsspiele besitzen solche Zyklen zum Beispiel in Form von saisonalen Schwankungen. Handygeschäfte sind hierfür ein typisches Beispiel. Mehr als 60 % des Umsatzes mit Handys werden erfahrungsgemäß in Europa mit dem Weihnachtsgeschäft erzielt. Das bedeutet, dass für einen unternehmerischen Erfolg neue Produktgenerationen zeit- und mengengerecht zur Verfügung zu stellen sind. Saisonale Schwankungen kennen wir auch auf anderen Spielfeldern. Harte Winter beeinflussen die Arbeitsbedingungen in der Baubranche. Aus Eisdielen werden im Winter Geschäfte, die Lebkuchen und Spekulatius verkaufen. Auch bei einzelnen beruflichen Tätigkeiten lassen sich immer wiederkehrende Zyklen ausmachen. Hierzu gehören die jährliche Budgetplanung und der Geschäftsjahresabschluss. Wer sich beruflich auf Schwankungen und Zyklen einstellen, mit ihnen rechnen und umgehen kann, wird sicherlich eher zu den Gewinnern eines Spiels zählen als jemand, der solcherlei besondere Zeiten nicht erwägt und in seiner Spielgestaltung berücksichtigt.

Spielzeitpunkte festlegen

Eng verknüpft mit der Frage nach den Spielphasen ist die Frage nach dem Spielzeitpunkt, zu dem ein Spieler am Spiel teilnimmt. In vielen Spielen sind wir nicht vom Beginn bis zum Ende dabei. Vielmehr definieren wir ganz bewusst einen Zeitraum oder abgegrenzte

Zeiträume, in denen wir am Spiel teilnehmen. Dies vereinfacht es uns auch, gleichzeitig an mehreren Spielen teilzunehmen. Der Begriff »Window of Opportunity« beschreibt als strategisches Zeitfenster den Zeitraum, in dem die spezifischen Ressourcen und Fähigkeiten des Spielers mit den Erfordernissen und vor allem den Chancen im Spiel möglichst optimal übereinstimmen. Der richtige Zeitpunkt des Spieleintritts kann dabei wichtig für die weitere Spielgestaltung sein. Genauso kann die Wahl des richtigen Termins für den Ausstieg aus einem Spiel entscheidend für den eigenen Spielerfolg sein.

So hat Al Gore, der ehemalige US-Vizepräsident in der Regierung von Bill Clinton, die sich verstärkende öffentliche Diskussion um Nachhaltigkeit im Handeln – »sustainable Development« – frühzeitig genutzt, um ein Finanzspiel zu starten und über seine Strategie einer Forcierung der Nachhaltigkeit zu den künftigen Gewinnern zu gehören. Im Jahr 2004 gründete er zusammen mit Partnern eine Fondsgesellschaft und legte einen Aktienfonds auf, dessen Ziel darin besteht, hohe Renditen aus der Verbindung von klassischer Finanzanalyse mit Nachhaltigkeitskriterien zu erreichen. Auch auf dem gesellschaftlichen Spielfeld setzt sich Al Gore für eine weltweite Mobilisierung gegen den Klimawandel ein, wofür er im Jahr 2007 mit dem Friedensnobelpreis ausgezeichnet wurde.

Venture Capital Unternehmen suchen sich ganz gezielt ihre »Windows of Opportunity«. Sie halten beispielsweise nach jungen, viel versprechenden Unternehmen mit neuen Technologien Ausschau, deren Wachstumsphase sie finanzieren und mit fachlicher Unterstützung begleiten. Das Ziel, sich nach fünf bis sieben Jahren über einen Verkauf oder Börsengang mit einer guten Rendite des investierten Kapitals wieder aus dem Engagement zurückzuziehen, ist allen beteiligten Spielern bekannt.

Spielauszeiten nehmen

Eine Spielauszeit ist ein bewusster, temporärer Rückzug aus dem Spielgeschehen, um Kräfte zu bündeln, Energie zu tanken, neue Spielzüge zu entwickeln und zu koordinieren. Zu Spielauszeiten in geschäftlichen Spielen gehören beispielsweise Betriebsferien, Trainingszeiten und Retreats. In einem Retreat zieht sich ein Team oder eine Abteilung beispielsweise für einen mehrtägigen Workshop bewusst aus dem Alltagsgeschäft zurück, um mehr Klarheit hinsichtlich der eigenen Ziele, Strukturen und Vorgehensweisen zu gewinnen. In unseren beruflichen Spielen finden wir ebenfalls Auszeiten in Form von Weiterbildungen, Retreats, Urlaubszeiten oder längeren Sabbaticals. Auch Krankheitszeiten und Kuren zählen zu den Auszeiten. Jeder von uns hat schon einmal die Erfahrung gemacht, mit welch neuen Sichtweisen und Energien ein Spielfeld nach einer Auszeit wieder betreten wird.

Spielrhythmus finden

Erfolgreichen Spielern und Spielmachern wird nachgesagt, dass sie ein besseres Gefühl für den jeweils passenden Spielrhythmus haben, dass sie ihn leichter verlangsamen und beschleunigen können. Sie spüren achtsamer in sich hinein, um den optimalen Rhythmus zu finden beziehungsweise umzusetzen. Wir bezeichnen als Spielrhythmus die Folge von Spielzeiten und Spielpausen, den wiederkehrenden Wechsel zwischen einer Phase der Anspannung und einer Phase der Entspannung. Je komplexer unsere unternehmerischen Spiele sind, umso wichtiger wird die orientierende Kraft des Rhythmus.

In unseren beruflichen Spielen prägen vordergründig die Arbeitszeitmodelle mit ihren Taktfrequenzen unseren Spielrhythmus. Innerhalb unseres jeweiligen Arbeitszeitmodells suchen wir immer wieder nach dem Rhythmus, der zu uns und unserem Spiel passt. Neue Aufgaben, bisher nicht erlebte berufliche Situationen oder zusätzliche Projekte verlangsamen oder beschleunigen unsere Spielrhythmen, definieren sie neu. Die von uns gelebte Spielkultur prägt den Rhythmus. So können beispielsweise zu unserem Arbeitsrhythmus das regelmäßige Frühstück mit Kollegen und das längere Mittagessen mit Geschäftspartnern gehören. Andere bevorzugen ein konsequentes »durcharbeiten« und die daran anschließende Entspannungsphase im Fitness-Studio oder in der Pflege von Kontakten zu Freunden.

In geschäftlichen Spielen durchbrechen wir immer wieder Rhythmen, um neue Impulse ins Spiel zu bringen. Verkaufsoffene Sonntage oder ganztägige Ladenöffnungszeiten, eine globale Vernetzung zur kontinuierlichen Nutzung von Tageszeiten verändern beispielsweise die »Marktrhythmen« auf geschäftlichen Spielfeldern. Diese zeitlichen Vorgaben des Marktes nehmen dann wiederum auch Einfluss auf unsere persönlichen Lebens- und Arbeitsrhythmen.

Spieltempo festlegen

Unsere Spielfelder, auf denen wir uns bewegen, zeugen von einem ganz unterschiedlichen Spieltempo. Ein hohes Tempo zu spielen oder mitzugehen, kann unter Umständen bedeuten, Zeit zu sparen, unentwegt nach Zeitvorteilen zu suchen. Manche Spielfelder signalisieren uns bereits das Thema Zeitvorteile, etwa die »Fast Lane« auf Autobahnen oder das »Fast Food«-Restaurant. Ein langsames Spieltempo wird vielfach eher mit innerer und äußerer Sorgfalt und Achtsamkeit in Verbindung gebracht. Ein langsameres Spieltempo ist obendrein häufig mit mehr Beständigkeit im unternehmerischen Verhalten verbunden. Unser Spielgeschick hilft uns, das Spiel situationsgerecht zu beschleunigen oder abzubremsen. In unseren Spielen kann sowohl das »Gasgeben« als auch das »genießerische Bummeln« je nach Situation passend sein und Spaß machen.

4.3 Spielregeln erfassen

Spielregeln geben dem Spiel eine gewisse Ordnung. Sie begrenzen die im Spiel vorhandenen Möglichkeiten zur Spielgestaltung. Wer die Spielregeln kennt, verfügt über Klarheit seines Handlungsrahmens. Spielregeln lassen sich in Zugangsregeln zum Spiel, Regeln für den Spielverlauf und das Ausscheiden gliedern. Zudem gibt es häufig Regeln auf der Meta-Ebene, einer dem Spiel selbst übergeordneten Ebene. Auf dieser Ebene wird geregelt, wer über Spielregeln entscheiden darf und wie das geschieht. Aus Sicht eines unmittelbar am Spielgeschehen beteiligten Spielers werden Spielregeln häufig von außen gesetzt, zum Beispiel in Form von Gesetzen, rechtlichen Vorschriften und unternehmensinternen Richtlinien. Innere Spielregeln sind für uns jene Regeln, die ein Spieler sich selbst setzt und bewusst befolgt, wie auch jene Muster, nach denen er mehr oder weniger unbewusst »tickt«. Das Bemühen, ganz bewusst bestimmte innere Werte zu realisieren und zu leben, beeinflusst massiv das persönliche Handeln eines jeden Spielers und damit den gesamten Spielverlauf. Das Motto dieses Kapitels lautet:

»Kläre Deinen Handlungsrahmen!«

Zugangsregeln zum Spiel erfüllen

Für eine Teilnahme an beruflichen und geschäftlichen Spielen sind oft bestimmte Voraussetzungen zu erfüllen. Wer gute »Eintrittskarten« hat, kommt leichter ins Spiel. Berufs- und Studienabschlüsse, Zulassungsverfahren für technische Produkte oder Medikamente und Ausbildungsvorschriften sind hier typische Beispiele. Dies können auch Schutzrechte wie Patente sein, die den Erwerb einer Lizenz zur Aufnahme einer Geschäftstätigkeit erfordern. Hierzu gehört beispielsweise auch der Gebietsschutz bei Schornsteinfegern und Notariaten. Länder schützen beispielsweise ihre Schlüsselindustrien vor ungewollten Investoren. So schützt Norwegen seine Öl- und Gasförderung durch staatliche Beteiligungen vor Übernahmeversuchen ausländischer Investoren. Unterschiedliche arbeitsrechtliche Regelungen, Visa und Greencards spielen auf internationalen beruflichen Spielfeldern eine besondere Rolle. Einkommensteuerrechtliche Regelungen machen Grenzgängern den Arbeitseinsatz im Nachbarland attraktiv.

Spielregeln für den Spielverlauf verstehen

Mit vorgegebenen Spielregeln meinen wir hier rechtliche Regelungen und Verträge, aber auch soziale Normen, die dem Spielablauf einen Rahmen setzen.

- *Gesetze*: Gesetze sind formal festgelegte Spielregeln. Ein Gesetz gegen Wettbewerbsbeschränkung kann beispielsweise wettbewerbliche Strukturen der Märkte sowie die leistungssteigernde Kooperation kleiner und mittlerer Geschäfte und dadurch deren Wettbewerbsfähigkeit gegenüber großen Konkurrenten sichern. Gesetzliche Regelungen gegen den unlauteren Wettbewerb richten sich gegen Handlungen, die gegen die guten Sitten im Wettbewerb verstoßen. Ein Verstoß wäre zum Beispiel die Werbung mit einem Räumungsverkauf, wenn das Geschäft anschließend gar nicht aufgegeben wird. Die Preisbindung für Bücher ist in Deutschland durch ein Gesetz geregelt. Danach sind alle Verlage verpflichtet, für die von ihnen verlegten Bücher die Ladenpreise festzusetzen. Gesetzlich fixierte Regeln im beruflichen Bereich finden sich in vielfacher Form in den Arbeits- und Mitbestimmungsgesetzen.
- *Soziale Normen*: Neben Gesetzen nehmen soziale Normen, von den Spielern allgemein als verbindlich anerkannte Regeln, für das Handeln auf dem Spielfeld die wichtige Rolle einer »Richtschnur« ein. Sie definieren mögliche Handlungsformen in Spielsituationen. Zum Beispiel erwarten wir von unseren Mitspielern bestimmte Umgangsformen oder das Tragen von berufsbezogener Kleidung. Die Einhaltung der Normen unterliegt der sozialen Kontrolle der Spielergemeinschaft. Diese reagieren auf Normabweichungen beispielsweise durch Ermahnung, Isolation oder Bestrafung des »Abweichlers«.
- *Verträge*: Verträge koordinieren und regeln das soziale Verhalten durch gegenseitige Selbstverpflichtungen der Spieler. Sie werden freiwillig zwischen zwei oder mehreren Spielern geschlossen. Verträge sind Ausdruck einer gegenseitigen Kooperation. Hierzu zählen etwa Arbeits- und Tarifverträge, in denen beispielsweise Aufgabengebiete im Sinne von »Spielfeldern« und

Arbeit- und Urlaubszeiten im Sinne von »Spielzeiten« und »Spielpausen« vereinbart werden.
- *Widerrufsmöglichkeit*: Über eine wichtige Spielregel machen wir uns häufig keine Gedanken, ob wir nämlich ein Recht besitzen, unsere Spielzüge zu widerrufen, das heißt, sie rückgängig, ja ungeschehen zu machen. In unseren unternehmerischen Spielen besteht häufig die implizite, selbstverständliche Regel, dass wir einen strategischen Spielzug nicht oder nur sehr schwer ungeschehen machen können. Eine einmal getroffene Aussage oder eine Entscheidung zu widerrufen, kann unsere Glaubwürdigkeit und Verlässlichkeit im Spiel in Frage stellen. Eine fehlende Widerrufsmöglichkeit unterstreicht, wie wichtig unsere strategische Vorarbeit ist. In unseren Spielsituationen müssen wir uns auf unser unternehmerisches Gespür und Denken verlassen können, um jeweils Erfolg versprechende Spielzüge zu entwickeln und diese sehr gezielt umzusetzen.

Selbst gesetzte Spielregeln erkennen

Spieler können sich aber auch selber Spielregeln setzen. Wir wollen hier beispielhaft vier Arten von Spielregeln unterscheiden: Leitbilder und Verhaltensregeln, Verhaltensmuster und Rituale:

Leitbilder

Leitbilder sind heute bereits eine klassische Form, um in Unternehmen Grundsätze unternehmerischen Handelns zu beschreiben. Ein Leitbild bringt die grundlegenden Werte der Spielphilosophie eines Spielers auf den Punkt. Als eine Art »Kompass«, gibt es in den täglichen Spielsituationen Orientierung, allerdings findet es nie für sich alleine das Ziel. Das Leitbild gibt inneren Halt, schafft eine gemeinsame Vertrauensbasis und ist eine Leitlinie zur Orientierung. »Good help for those in need« lautet beispielsweise das Leitbild von Bon Secours Health Systems, einem gemeinnützigen Betreiber von Krankenhäusern und Pflegeeinrichtungen mit Sitz in Marriottsville, Maryland. Das auf Gase- und Engineering spezialisierte Unternehmen Linde Group überschreibt mit dem »Linde Spirit« sein Unternehmensleitbild, das seine Vision, Werte und Grundprinzipien umfasst: die Vision »We will be the leading global industrial gases and engineering group, admired for our people, who provide innovative solutions that make a difference to the world.«; die Werte »passion to excel, innovating for customers, empowering people, thriving through diversity« und die Grundprinzipien »safety, integrity, sustainability, respect«.

Neben dem Zweck und Tätigkeitsbereich des Unternehmens umfasst das Leitbild häufig auch die Verhaltensregeln für die Austauschbeziehungen mit den wichtigsten Stakeholdern. Ein Leitbild, das »gelebt« wird, schafft eine starke Identität für ein Unternehmen. Es bringt viele Vorteile mit sich:

- Es gibt einem Unternehmen einen unverwechselbaren Charakter und macht es damit für Mitarbeiter/innen und Externe greifbarer, einschätzbarer und erkennbarer. Dies wirkt sich positiv auf das Selbstbewusstsein der Mitarbeitenden aus, macht das Unternehmen stärker sowie attraktiver und kalkulierbarer. Es erleichtert die Positionierung auf den unterschiedlichsten Märkten.
- Das Leitbild gibt inneren Halt, schafft eine gemeinsame Vertrauensbasis und ist eine langfristige Leitlinie zur Orientierung. Diese Funktion sichert in Zeiten permanenter Änderungen, wie wir sie erleben, ein Grundmaß an Stabilität und Kontinuität. Sie ermöglicht eine grobe und schnelle Orientierung in unklaren Fällen und gewährleistet damit auch die Verfolgung gemeinsamer Ziele. Wird das Leitbild im täglichen Geschäftsalltag beachtet und gelebt, sinkt das Risiko, dass es zu einem wesentlichen Fehlverhalten einzelner kommt.
- Das Leitbild ist die gemeinsame Basis, die für alle gleichermaßen gilt. Sie bildet somit die gemeinsame »Heimat« der Menschen, die weltweit und oftmals nur virtuell verbunden, in großen wie kleineren weltweit vernetzten Unternehmensstrukturen arbeiten.
- Schließlich verbessert das Leitbild das gegenseitige Verstehen und senkt so die Gefahr interner Reibungsverluste. Bei gleichen grundsätzlichen Wertvorstellungen werden ähnliche Sachverhalte auch ähnlich beurteilt werden. Diese Eigenschaft erhöht die Klarheit in der Kommunikation wie die Effizienz von

Teams, fördert das gemeinsame Lernen in wissensbasierten Organisationen und sorgt für schnellere und qualitativ hochwertigere Prozesse.

Verhaltensregeln

Verhaltensregeln signalisieren die Bereitschaft zu transparentem Handeln, den Willen, Verantwortung für das eigene Handeln nach innen, das heißt innerhalb der eigenen Organisation wie auch nach außen gegenüber Spielern außerhalb der Unternehmensgrenzen zu übernehmen. Das eigene Verhalten bestimmten Regeln zu unterwerfen, gewinnt zunehmend an Bedeutung:

- Mit dem Begriff *Corporate Responsibility* wird zum Beispiel eine breite unternehmerische Verantwortung umschrieben, kulturelle, soziale, ökologische und ethische Belange in die Ausgestaltung der unternehmerischen Tätigkeit einzubeziehen. Über dementsprechend besonders ausgerichtete Entscheidungen und Handlungen im Arbeitsalltag hinaus, zeigt sich die Ausgestaltung oftmals in Spenden, Stiftungen oder einem außerordentlichen Sponsorentum.
- Ein *Code of Conduct* ist eine Selbstverpflichtung von Spielern, bestimmte Verhaltensregeln gegenüber Spielern außerhalb der Unternehmensgrenzen einzuhalten. Zum Teil sind solche Regeln bereits Bestandteil von Arbeitsverträgen, um Bestechungen und Vorteilsnahme von Beschäftigten vorzubeugen. Der US-amerikanische Billigflieger Jetblue hat beispielsweise eine eigene »Customer Bill of Rights« veröffentlicht, in der das Verhalten des Unternehmens gegenüber seinen Kunden im Falle von Stornierungen, Verspätungen und Überbuchungen von Flügen dokumentiert wird.
- Ein *Corporate Governance Kodex* umfasst Regeln für eine gute und transparente Unternehmensführung auf dem Spielfeld eines Landes. Deutschland hat einen Corporate Governance Kodex seit 2001 und Österreich seit 2006. Ein solcher Kodex enthält Standards für Manager und Aufsichtsräte, um deren Arbeit und Verhaltensweise für die Stakeholder eines Unternehmens überprüfbar und mit anderen Unternehmen auch vergleichbar zu machen. Damit soll das Vertrauen in die Unter-

nehmensführung von Gesellschaften gestärkt werden. Ein Corporate Governance Kodex bildet »Soll-Regeln« ab. Die Spieler sollen dem Kodex folgen und auf Abweichungen davon öffentlich hinweisen. Damit ist der Kodex ein soft law, ein sanfter Druck, hin zu einer besseren Unternehmensführung.
- Der *United Nations Global Compact* ist seit 1999 ein Angebot zur Zusammenarbeit seitens der Vereinten Nationen an Unternehmen, gemeinsam für die Einhaltung sozialer und ökologischer Prinzipien und Mindeststandards einzutreten. Im Vordergrund stehen die Förderung der Einhaltung der Menschenrechte, das Recht zu gewerkschaftlicher Betätigung, die Abschaffung von Zwangs- und Kinderarbeit, die Bekämpfung von Diskriminierung und Korruption sowie Initiativen zur Förderung eines größeren Umweltbewusstseins und -schutzes. Weit über 2 000 Unternehmen und Organisationen haben sich inzwischen dieser Initiative angeschlossen. Jedes Mitglied, unabhängig von der Unternehmensgröße und Bedeutung, verpflichtet sich, nachzuweisen, dass in der eigenen Organisation entsprechende Grundsätze gelten, Wirkungen und Ergebnisse gemessen sowie Fortschritte realisiert werden. Die beteiligten Unternehmen sind aufgefordert, jährlich einen Bericht über ihr Engagement einzubringen und sich regelmäßig, Jahr für Jahr, mit ihrem Umfeld, ihren Stakeholdern, über ihre Aktivitäten und Fortschritte auszutauschen. Diese jährlichen Fortschrittsmitteilungen »Communication on Progress« (COP) können als Bestandteil jährlicher Finanzberichte, Nachhaltigkeitsberichte oder sonstiger Veröffentlichungen vorgelegt werden. Sie können über das Internet und/oder andere Kanäle verbreitet werden. Erwartet wird, das die COP über die Datenbank des Global Compact zugänglich gemacht wird. Das Handeln und die Glaubwürdigkeit einer Organisation werden so einer Überprüfung durch die Öffentlichkeit ausgesetzt.

Natürlich gibt es in Unternehmen und Teams viele weitere abgesprochene Spielregeln und Verabredungen, zum Beispiel wann in welcher Form welche Meetings stattfinden oder auch wann in welcher Form bestimmte Daten ausgetauscht werden. Solcherlei Spielregeln finden sich natürlich auch zwischen Unternehmen und Teams.

Verhaltensmuster

Verhaltensmuster bestehen in der zeitlichen oder räumlichen Wiederholung von bestimmten Verhaltensweisen. Dabei zeigen Spieler über die Zeit hinweg entweder immer wieder gleiche oder ähnliche Verhaltensweisen oder mehrere Spieler zeigen die gleichen Verhaltensmuster. In geschäftlichen und beruflichen Spielen erleben wir zeitliche Wiederholungen, so genannte Routinen dann, wenn zum Beispiel Anbieter und Nachfrager in einer Branche oder Führungskräfte und Mitarbeitende in einem Unternehmen zu bestimmten Themen immer wieder ein gleiches oder ähnliches wiederkehrendes Verhalten zeigen. Zu den Routinen von Führungskräften zählen zum Beispiel das morgendliche Erscheinen im Büro zu einer ganz bestimmten Uhrzeit oder auch bestimmte Praktiken im persönlichen Arbeits-, Gesprächs- und Meetingverhalten. Finden lassen sich räumliche Verhaltensmuster etwa bei Deutschen Automobilherstellern, die alle ihre Fahrzeuge im Direktvertrieb vermarkten, oder bei Laboren zur Herstellung von Zahnersatz, die jeweils ihr unternehmerisches Engagement auf eine klar abgegrenzte Region ausrichten.

Rituale

Rituale sind bewusst regelmäßig wiederholte Handlungsabläufe eines oder mehrer Spieler, die immer gleich oder ähnlich durchgeführt werden und eine ausdrucksvolle Inszenierung darstellen können. Rituale werden in Szene gesetzt und zelebriert. Zu den Ritualen gehört beispielsweise das Feiern eines Spielerfolgs oder die bewusst gezeigte Trauer nach einer misslungenen Spielaktion. Rituale können mit spezifischen Symbolen unterstützt, gar zelebriert werden. Bei Lloyd's, einem der ältesten Versicherungsunternehmen der Welt, wurde früher die Glocke der 1799 mit einer Silberladung gesunkenen Fregatte »Lutine« bei schlechten Nachrichten einmal und bei guten Nachrichten zweimal geschlagen. Rituale finden wir auf unternehmensinternen Spielfeldern, wo sie unseren Alltag zum Beispiel in Form von regelmäßigen Besprechungen, Budgetrunden, einem besonderen Procedere bei Einstellungen, etwa Assessment Centern, bei Einführungstagen für neue Mitarbeitende, Jubiläen und Betriebsfeiern begleiten. Auf externen Spielfeldern finden wir sie in der Form von besonders intensiv vorbereiteten Pressekonferenzen und Produktpräsentationen[1].

Spielkultur erkennen

Die von den Spielenden er- und gelebte Spielkultur basiert ganz wesentlich auf ihren persönlichen Wahrnehmungen, Gedanken, Interpretationen, Gefühlen und Handlungen angesichts bestimmter Rahmenbedingungen. Sie wird stark durch die dynamischen Interaktionen der Spieler sowie deren Umgang mit den vorgegebenen und selbst gesetzten Spielregeln in Form von Leitbildern, Verhaltensregeln, Verhaltensmustern und Ritualen geprägt. Hinsichtlich dieses Umgangs mit den Spielregeln differenzieren wir zwischen unterschiedlichen Fällen: Werden Spielregeln den Spielern aufgezwungen, dann erleben die Spieler den disziplinierenden Charakter oft als Beschränkung und Einengung ihrer Spielfreiheit und ihres Spiels. Sie können dann in die innere Immigration gehen und dieser auch äußerlich Ausdruck verleihen, in dem sie zum Beispiel das Feld verlassen. Sie können die Regeln auch ignorieren, sprich offen oder verdeckt unterlaufen.

Der Widerstand gegen einzelne Spielregeln beziehungsweise der Wille, sie zu überschreiten, gar zu brechen, wird in der Regel stark beeinflusst von den erwarteten Aussichten bei Nicht-Einhaltung der Spielregeln. Beginnen Spieler ihr eigenes Spiel, allein oder in Koalitionen mit anderen, zu spielen, so wird für Beobachter das Spiel immer schwerer durch- und überschaubar. Erscheint ein Spiel schließlich immer ungeordneter, ja chaotischer, so wächst beim Betrachter entweder das Interesse, sich länger und mehr einzulassen, immer gebannter zuzuschauen, vielleicht sogar forschend tätig zu werden und sich einzumischen, oder sich eher abzuwenden.

Werden die Spielregeln hingegen von den Spielern akzeptiert und gar mit einer inneren Überzeugung gelebt, dann können sie massiv das Spielverhalten einzelner wie das gesamte Spiel beeinflussen, es steuern helfen und in einem positiven Sinne prägen. Spielregeln besitzen die Kraft zur Nagelprobe: Im Bekenntnis zu ihnen und im Umgang mit ihnen zeigt sich der Charakter des Spiels, der Spielenden wie der von Spielergruppen. In diesem Sinne können Spielregeln einen identitäts-, authentizitäts- und gemeinschaftsfördernden Charakter erhalten. In Summe zeigt sich, dass eine Spielkultur folgende wichtige Funktionen erfüllen kann:

- Sie vermittelt ein Gefühl von Identität, Zugehörigkeit, ja gegebenenfalls »Heimat«.
- Sie reduziert Komplexität, indem sie Klarheit schafft, was im Spiel gut oder nicht gut ist, was erlaubt oder nicht erlaubt ist und was belohnt oder bestraft wird.
- Sie trägt zur Stabilität des Spiels als sozialem System bei.
- Sie beinhaltet gestaltbare und überschreitbare Richtlinien für das Verhalten eines jeden Spielers und liefert einen Bezugsrahmen, der den eigenen Handlungen Sinn verleiht.
- Sie manifestiert sich nicht nur in ideellen, sondern auch in materiellen Bereichen und Gegebenheiten, zum Beispiel in Artefakten wie einer bestimmten Architektur oder Kleidung. Diese Artefakte stiften nach innen Sicherheit und Orientierung. Nach außen können sie – je nach Symbolkraft – eine eminente Attraktivität und Werbewirkung entfalten.

Von großer Bedeutung ist, dass ein Übermaß an Spielregeln ein Spiel lähmt, erstickt und unattraktiv macht. Das gilt für den Sport wie für die Wirtschaft. Bei einer wachsenden Anzahl von Regeln und Vorschriften werden einerseits immer mehr Schiedsrichter benötigt, die wir in unseren beruflichen und geschäftlichen Spielen in den unterschiedlichsten Formen von Kontrollgremien vorfinden. Andererseits – und das ist aus unserer unternehmerischen Sicht dramatisch – werden Spieler vor diesem Hintergrund systematisch entmutigt, ihre Initiative, Kreativität und Energie zu entfalten und sich am Spiel zu beteiligen. Risikobereitschaft wird gehemmt, was die innovative Weiterentwicklung eines Spiels deutlich verlangsamen kann. Für alle am Spiel Beteiligten, vom Spiel Betroffenen und am Spiel Interessierten lautet deshalb unsere Maxime: Trage dazu bei, dass unsere Spiele auf einfachen und fairen Regelwerken beruhen, dass sich auch diese Regelwerke gesund weiterentwickeln und eine Kultur gefördert wird, die für möglichst einfache und einladende Prozesse und Strukturen sorgt und so möglichst vielen Mut macht, unternehmerisch mitzuspielen!

4.4 Spieler verstehen

Nachdem wir das Spielfeld abgesteckt und die Spielregeln erfasst haben, wollen wir im nächsten Schritt danach fragen, welche Spieler auf dem Spielfeld agieren und wie sie sich verhalten. Um die Spieler zu verstehen, ist es wichtig, die eigene Position zu verlassen und sich in die Köpfe und Herzen der anderen Spieler hineinzuversetzen, also einen Perspektivwechsel zu vollziehen. Es geht dabei nicht nur darum, die Ziele und Verhaltensweisen der anderen zu verstehen, sondern darüber hinaus ganz wesentlich auch darum, wie Sie selbst als Spieler mit all Ihren Qualitäten von den anderen Spielern wahrgenommen beziehungsweise eingeschätzt werden. Je mehr Fakten über die Interessen, Potenziale, Ziele und Verhaltensweisen der Spieler bekannt sind, desto besser ist es möglich, sie leistungs- und rollenorientiert genauer zu identifizieren und einzuordnen. Im nächsten Schritt fällt es dann auch leichter, den potenziellen Erfolg der eigenen strategischen Optionen auszumachen und zu bewerten. Das Motto dieses Kapitels lautet von daher:

»Mache Dir ein Bild von den Spielern!«

Spieler identifizieren

Im strategischen Spiel sind die wichtigsten »anderen« Spieler die Mitspieler, Gegenspieler oder Wettbewerber. In unseren beruflichen und geschäftlichen Spielen haben wir es mit ganz unterschiedlichen Spielern zu tun. Sie alle nehmen aus ganz unterschiedlichen Motiven mit ganz unterschiedlichen Zielen am Spiel teil. Zur Beschreibung der Spieler in Geschäftsspielen wollen wir hier in Erweiterung des »Wertenetzes« von Barry Nalebuff und Adam Brandenburger[2] von einem Stakeholder-Modell ausgehen, das folgende Spieler unterscheidet:

- Kunden,
- Mitarbeitende,
- Kapitalgeber,
- Wettbewerber,

- Lieferanten,
- Gesellschaft,
- Politik,
- Medien.

Während wir die Spieler der fünf zuerst genannten Spielergruppen zu den direkt einflussnehmenden Spielern rechnen, zählen wir die Gesellschaft, Politik und die Medien zu den indirekt beteiligten Spielern. Sie nehmen eher nur temporär oder punktuell auf das Spielgeschehen Einfluss. Allerdings kann ihr Einfluss ganz erheblich sein. Politik und Staat beeinflussen die Spielregeln über die Gesetzgebung und Verordnungen. Die Medien legen fest, über welche Geschehnisse sie in welcher Form berichten, was sie in den Fokus rücken beziehungsweise für berichtenswert halten. In ganz entscheidender Weise prägen sie mit, was ins Bewusstsein der Öffentlichkeit und der Spieler rückt. Die Medien sind somit wichtige indirekte Spieler, deren Rolle und Bedeutung in geschäftlichen wie beruflichen Spielen jedoch vielfach unterschätzt wird. Der Zugang zu wichtigen Medien und damit die Art und Weise, wie ausführlich und vorteilhaft Informationen dargestellt werden, kann die strategischen Spielzüge eines Spielers massiv unterstützen.

Ein Aufsichtsrat eines Unternehmens kann in der Presse eine gezielte Indiskretion lancieren, dass er Gespräche mit möglichen Kandidaten über die Neubesetzung des Vorstandsvorsitzes führt. Mit diesem Flankenangriff fordert er den gegenwärtigen Vorsitzenden indirekt dazu auf, seine Position zur Verfügung zu stellen. Politiker überlassen im Umgang mit den Medien oftmals nichts dem Zufall. Bei ihnen ist die Unterstützung durch Kommunikationsberater – auch Spin Doctors genannt – weit verbreitet. Dieses Vorgehen blieb der Wirtschaft nicht verborgen. In zunehmendem Maße werden Spin Doctors auch von Unternehmern und Führungskräften zu Rate gezogen. Nichts wird dann mehr dem Zufall überlassen. Durch eine geschickte Wortwahl, die passende Mimik und Gestik wird versucht, die Glaubwürdigkeit des Unternehmens, seiner handelnden Personen und ihrer Vorhaben zu unterstreichen. Trainiert wird dies allein oder in Gruppen. Im Spitzensport werden kamerabasierte Spielanalysesysteme eingesetzt, die beispielsweise wertvolle Einblicke in Spielgeschwindigkeit, Laufwege, Pässe und Ballkontakte geben. Wie im Sport können Video-Aufzeichnungen und deren ausführliche Analysen ein sehr hilfreiches Instrument im Training von Führungskräften sein.

In unseren beruflichen Spielen sind es insbesondere die internen Spieler, die es zu verstehen gilt. Zu ihnen rechnen wir hier:

- Führungskräfte,
- Mitarbeitende,
- Kollegen,
- interne Kunden (Prozesskunden),
- interne Lieferanten (Prozesslieferanten).

Als Spieler bezeichnen wir hier sowohl Personengruppen als auch Einzelpersonen, die Interessen oder Ansprüche im Spiel haben, sich am Spiel beteiligen oder vom Spiel betroffen sind. Die Zusammensetzung der Spieler kann im Zeitablauf stabil oder instabil sein. Ein Spiel wird immer dann instabil, wenn in kurzer Zeitfolge viele Spieler allein oder in Gruppen das Spielfeld verlassen und/oder neue Spieler hinzutreten.

Ein sehr instabiles geschäftliches Spiel lag zum Beispiel vor, als in den Jahren vor der Jahrtausendwende im Bereich der Informationstechnologie viele neue junge Unternehmen das Spielfeld betraten und diese zum Teil auch relativ schnell wieder vom Markt verschwanden. Zunächst wurde angesichts großer Gewinnaussichten begeistert von der New Economy gesprochen. Viele Menschen investierten ihr Geld in Aktien. Am Ende, nach dem Zusammenbruch vieler Unternehmen und dem Absturz vieler Aktienkurse, wendete sich eine große Schar von Kapitalgebern schnell vom Aktienmarkt ab.

Im beruflichen Kontext führt oft der Zukauf eines Unternehmens beziehungsweise die Verschmelzung zweier Unternehmen zu einer sehr instabilen unternehmensinternen Spielsituation und Spielerzusammensetzung. Neue Karriereaussichten, neu geschaffene Positionen, Versetzungsmöglichkeiten wie die Angst um den Abbau bisher angestammter Arbeitsplätze mitsamt deren Privilegien fördern die Instabilität des Spiels wie die der Zusammensetzung der Spieler. Angesichts einer zunehmenden beruflichen Mobilität der Spielbeteiligten ist anzunehmen, dass die Instabilität der Spielerzusammensetzungen in allen Funktionsbereichen wie Hierarchiestufen tendenziell weiter steigen wird.

Kulturen der Spieler verstehen

In unternehmerischen Spielen ist ein Spielfeld häufig nicht auf lokale und regionale Räume, einzelne Länder oder Kontinente begrenzt. Immer mehr und schneller stehen globale Spielfelder im Vordergrund der Betrachtung. In unserer Positionsbestimmung gehen wir ganz selbstverständlich davon aus, dass die jeweils beteiligten Spieler ganz unterschiedliche kulturelle Wurzeln besitzen und in ein Spiel einbringen. Im Zusammenhang mit unserem Ansatz wollen wir hier unter Kultur die Gesamtheit des individuellen wie kollektiven menschlichen Seins, Habens und Wirkens wie deren Ergebnisse bezeichnen. Sprechen wir von den persönlichen kulturellen Wurzeln eines Spielers, so meinen wir damit all jene Erfahrungen und Einflüsse, die ihn, seine Individualität und ganze Haltung, geprägt haben und ausmachen. Dies sind Erlebnisse und Bräuche der Kindheit und Jugend, Einstellungen und Glaubensvorstellungen, Rituale und Verhaltensmuster, der Besitz von Kulturgütern wie kulturelle Errungenschaften.

Die Kultur, die sich in einem Menschen widerspiegelt, prägt sein aktuelles und zukünftiges Fühlen, Denken und Handeln. In der persönlichen Kultur eines Spielers wurzeln seine Absichten, Rollenverständnisse und Handlungsmuster. Aus dem Verständnis der kulturellen Wurzeln eines Spielers heraus wird häufig das Verständnis für die aktuellen Ziele, Rollen und Verhaltensweisen eines einzelnen Spielers erleichtert. Für jeden Spieler geht es stets darum, nicht nur die eigene Prägung sehr gut zu kennen, sondern auch die kulturellen Prägungen der anderen Spieler zu erkennen und »richtig« zu interpretieren. Wer die kulturelle Prägung eines einzelnen Mitspielers im beruflichen Umfeld oder die Ausprägung der Unternehmenskultur des wichtigsten Wettbewerbers kennt, verfügt strategisch gesehen über entscheidende Positionsvorteile. Entscheidend für die Entwicklung unternehmerischer Verhaltensweisen ist dann, ob eine kulturelle Prägung eher zur Wahrung der Spielposition, einer Festigung des Status quo, beiträgt oder eher eine Planung und Durchführung von Veränderungen anregt, etwa eine mutige Bewegung mit hohem Tempo, die einen Wandel forciert.

Ziele der Spieler erkennen

In unternehmerischen Spielen sind die Zielsysteme der Spieler ganz unterschiedlich gestaltet, je nachdem zu welcher Spielergruppe sie gehören. Die Zielsysteme innerhalb einer Spielergruppe ähneln sich häufig hinsichtlich ihrer Struktur. So sind die Zielstrukturen in geschäftlichen Spielen häufig gekennzeichnet von Ertrags-, Wachstums-, Produktivitäts- und Innovationszielen. Die Zielsysteme unterscheiden sich jedoch hinsichtlich ihrer Zielausprägungen und Prioritätensetzung. Besonders spannend wird es, wenn zu diesen rational-ökonomischen Zielsetzungen vordergründig weniger ökonomische Ziele hinzukommen, zum Beispiel das Streben nach Vorherrschaft beziehungsweise nach Macht.

Für ein erfolgreiches Geschäftsspiel ist es insbesondere erforderlich, die Ziele der Kunden, das heißt deren Präferenzstrukturen genau zu kennen. Die Ziele der Kapitalgeber sind meist sehr eindeutig auf die Erzielung einer dauerhaft hohen Rendite mit vertretbarer Schwankungsbreite und überschaubaren Risiken ausgerichtet. Die Ziele der Wettbewerber können beispielsweise zum Kampf um junge Talente, zu Verdrängungs- oder Übernahmeabsichten oder auch Kooperationsangeboten führen.

Auch in beruflichen Spielen können die Zielstrukturen beteiligter Spieler sehr unterschiedlich sein. Für jeden Berufstätigen sind zumeist eine Sinn stiftende und erfüllende Tätigkeit, Wertschätzung und Anerkennung, ein gutes Arbeitsklima, ein attraktives Einkommen und möglichst sichere und gute Entwicklungsperspektiven erstrebenswert. Die spezielle Gruppe der Führungskräfte hingegen dehnt ihr Zielsystem in der Regel weiter aus. Führungskräfte sind verantwortlich für die Erreichung von Kollektivzielen, von Gruppen-, Abteilungs-, Bereichs- und Unternehmenszielen. Persönlich streben sie oft zusätzlich nach mehr Verantwortung, Einflussnahmemöglichkeiten und Macht, nach mehr Status und den damit verbundenen Statussymbolen. Auch Zugehörigkeiten zu ausgewählten Kreisen und Netzwerken spielen für sie eine größere Rolle. Außerordentlich wichtig ist ihnen ferner ihr eigenes internes und externes Image. Gute Führungskräfte nehmen Anteil am Leben jener, mit denen sie zusammenarbeiten. Sie kennen deren aktuelle berufliche Interessen und Ziele und fördern deren Zielerreichungs- und Entwicklungsprozesse. Sie schaffen es, ihre eigenen Ziele, die der eigenen Mitarbeitenden, des gesamten Unternehmens wie des relevanten Umfeldes besonders gut aufeinander abzustimmen und immer wieder die wichtigsten Prioritäten dieses Bündels von Zielen unterschiedlichster Spieler erfolgreich zu realisieren.

Insbesondere von den Zielen der besonders wichtigen Spieler, der Key Player, hängt es ab, wie leistungsfordernd und -fördernd sich die Beziehungen zwischen den Spielern gestalten. Wer die Ziele der anderen Spieler kennt und studiert, sie geschickt ins eigene Zielsystem integriert, investiert dabei merklich in die Verbesserung seines Profils und seiner unternehmerischen Positionierung.

Einstellungen und Energien der Spieler wahrnehmen

Eng verknüpft mit den Interessen, Ansprüchen und Zielen der Spieler sind ihre Einstellungen beziehungsweise Grundhaltungen, ihr Energieeinsatz, Einsatzwille und Ehrgeiz im Spiel. Wir wollen hier zwischen einer eher offensiven und defensiven Einstellung sowie einem eher aktiven und passiven Energieeinsatz unterscheiden:

- *»Offensive Spieleinstellung«*: Eine offensive Einstellung ist gekennzeichnet durch Offenheit, Neugier, Veränderung und Bewegung nach vorn. Sie fordert heraus, sucht Abenteuer und will Neuland besetzen. Sie erkennt und nutzt günstige Gelegenheiten. Ihre Schwäche kann darin liegen, dass sie zu einem zu ungeduldigen Verhalten führt. In wettbewerbsorientierten Spielen ist sie es, warum ein Spieler eher schnell gewinnen will und zuerst angreift. Geht es um Kooperation, ist sie es, die einen Spieler veranlasst, zuerst auf andere zuzugehen, sich Verabredungen zu wünschen und ein gemeinsames Handeln voranzutreiben. In Konfliktfällen neigen offensiv eingestellte Spieler als erste dazu, sich zu entschuldigen und neue gemeinsame Wege zu suchen. Der klassischen Rolle des »Stürmers« entspricht eine offensive Haltung zum Spiel am ehesten. Auch die Rollen eines »Spielmachers« und »Jokers« werden idealerweise von offensiv eingestellten Spielern besetzt. Selbst von ihrer Rolle her als »Verteidiger« bezeichnete Spieler sind oft von einem enormen Offensivdrang gekennzeichnet.

- *»Defensive Spieleinstellung«*: Defensiv eingestellte Spieler sind eher an der Bewahrung ihres Terrains und der bestehenden Verhältnisse interessiert. Für sie steht Sicherheit und die Vermeidung von Rückschlägen im Vordergrund. Sie agieren lieber aus einer geschlossenen Deckung heraus. Sie wollen und können Räume sichern. Sie bauen Schutzgräben und -zäune, schaffen Sicherheitszonen. Ihr Sicherheitsstreben kann in einer besonderen Versicherungs- und Silomentalität gipfeln. Letztere fördert es, dass günstige Gelegenheiten nicht erkannt, sondern verschlafen werden. Sie hindert daran, dass sinnvolle Austauschbeziehungen zu anderen Spielern entwickelt werden. Ihre verhaltene, abwartende Grundhaltung bietet defensiv eingestellten Spielern den Schutz vor zu schnellen Entschlüssen und Handlungen. In der klassischen Rolle des »Verteidigers« fühlen sich defensiv eingestellte Spieler am ehesten wohl.
- *»Aktiver Energieeinsatz«*: Aktive Spieler sind in der Regel während eines Spielverlaufes sehr wach, engagiert, einsatz- und risikofreudig. Sie zeigen ein hohes Leistungsinteresse, eine hohe Anstrengungsbereitschaft und ein hohen Energieeinsatz. Je stärker sie vom Sinn und Nutzen ihres Engagements überzeugt sind, umso mehr »strotzen« sie deshalb oft vor Energie und umso leichter sind sie vielfach identifizierbar. Sie verfügen über eine Gewinnermentalität, wollen das jeweilige Spiel gewinnen und beeinflussen das Spielgeschehen durch immer wieder neue Spielzüge. Im Geschäfts- und Berufsleben sind die aktiven Spieler jene, die unternehmerische Qualitäten zeigen und leben. Offensiv eingestellte aktive Spieler sind zum Beispiel Führungskräfte, die in hohem Maße Leistung fordern, Vertriebsmitarbeiter und Jungunternehmer, die sich auf unbekannte oder neue Märkte wagen und ein neues Geschäft aufbauen. Aktive Defensivspieler sind oftmals ältere Unternehmer, die alles tun, um die Marktposition ihres Unternehmens zu halten und abzusichern bis sie ihr Unternehmen gesund an die nächste Generation weitergeben können.

Einen aktiven Energieeinsatz ganz besonderer Art erleben wir in aggressiven Verhaltensweisen. Sie zeichnen sich durch eine

rasche und plötzliche Entladung angesammelter oder angestauter Energie aus, greifen andere Spieler direkt an und verengen deren Spielraum massiv. Wer aggressiv ist, will sich auf seinem Spielfeld durchsetzen. Ihm fehlen die Bereitschaft, Kompetenz und Geduld zu einem inspirierenden und überzeugenden Verhalten. Aggressives Verhalten entsteht häufig aus Angriffslust, Anerkennungs- und Dominanzstreben. Genauso gut kann es resultieren aus Ängsten, Verletzungen, Niederlagen, Erniedrigungen und Ausgrenzungen. In unseren geschäftlichen Spielen erleben wir aggressives Verhalten zum Beispiel im Preis-Dumping und bei feindlichen Übernahmen anderer Unternehmen. In beruflichen Spielen zeigt sich aggressives Verhalten etwa im übermäßig strengen, unnötigen und unerwünschten Kontrollverhalten einer Führungskraft und in Besprechungen, wenn Mitarbeitende aufgrund von Fehlern bloßgestellt und vorgeführt werden.
- *»Passiver Energieeinsatz«*: Passive Spieler zeigen einen verhaltenen oder kaum spürbaren Energieeinsatz, wenig oder keine Spiel- und Risikofreude. Von ihnen gehen kaum beziehungsweise keine bedeutenden Impulse zur Beeinflussung der Spielgestaltung aus. Sie warten auf die Impulse der anderen Spieler. Sie sind diejenigen, die sich darauf beschränken, »einfach nur mitzuspielen«. Viele von ihnen »sitzen etwas aus« und sind froh, je näher das Spielende rückt. Wie Schwimmer, die nicht schwimmen, gehen Spieler mit passivem Energieeinsatz in geschäftlichen und beruflichen Situationen früher oder später unter. Sei es, dass sie sich selbst aus einem Markt oder einer beruflichen Position verabschieden, oder sei es, dass sie von anderen aus ihrer geschäftlichen oder beruflichen Position vertrieben werden.

In einem Zeitalter, in dem es weltweit um Wirtschaftswachstum, Wohlstandsmehrung und die Entwicklung unternehmerischer Stärke geht, haben passive Spieler immer weniger Chancen. Gefragt sind Spieler, die bereit sind, sinnvoll ihre Energien zu investieren, die mitfühlen, mit- und vorausdenken und somit aktiv mitspielen.

Wie eine offensive Spieleinstellung sich in offensiven Spielzügen zeigt, fördert eine defensive Spieleinstellung das Ausführen von defensiven Zügen. Ideal für ein Unternehmen oder Team ist es natürlich, über Spieler zu verfügen, die nicht nur unternehmerisch aktiv sind, sondern sich auch bestmöglich auf die Erfordernisse einer Situation und die Ansprüche einer Rolle einlassen können. Die Zukunft gehört jenen Spielern, die in der Lage sind, bewusst ihre Einstellungen zu wählen und auch flexibel anzupassen, die zwischen einer offensiven und einer defensiven Haltung variieren können. Erfolgsorientierte Spieler sollten zudem auch das Wechselspiel von aktiver Spannung und defensiver Entspannung im Sinne von notwendiger Erholung beherrschen.

Erfahrungen der Spieler berücksichtigen

Stets geht es in unserer heutigen Zeit um möglichst schnelle und außergewöhnlich gute Leistungen. Wer sie bringt, steigt auf, wer sie nicht bringt steigt ab[3]. Angesichts unterschiedlicher Leistungsniveaus wird immer mehr dazu übergegangen, nahezu überall Rankings aufzustellen und Ligen zu bilden. Wessen Stern in einem Ranking sinkt, wer in einer Liga immer weniger mithalten kann, der gerät schnell in die Gefahr, dort seine Chancen zum Mitspielen sogar ganz zu verlieren. Was früher als sicherer Stammplatz galt, ist heute keineswegs mehr sicher. Stammplätze und -positionen werden immer seltener vergeben. Um des stärkeren Leistungsstrebens willen, sind Rotation und Wettbewerb angesagt. Trotz allem lässt sich beobachten, dass es immer noch und immer wieder Spieler gibt, die sich relativ lange auf einem Spielfeld bewegen. Den Grund dafür sehen wir in ihrem relativ konstant hohen Leistungsniveau gepaart mit einem großen Know-how- und Erfahrungsschatz. Gerade vor dem Hintergrund der zu berücksichtigenden Erfahrungen wollen wir hier insbesondere zwischen zwei Spielergruppen, den Stamm- und Nachwuchsspielern, differenzieren:

»Stammspieler«

Das ist ein Spieler mit relativ konstant hohen Leistungen, einer langen Spielerfahrung und großer Routine. Von diesen Spielern geht häufig eine Aura aus, die durch Kontinuität, ein Image der Stabilität und oft auch durch eine Vorbildfunktion geprägt ist. Zudem verfügen Stammspieler zumeist über ein ausgeprägtes Beziehungs-Know-how. In geschäftlichen Spielen sind Stammspieler zum Beispiel mittelständische Unternehmer mit einer über viele Jahrzehnte aufgebauten Unternehmenstradition und Geschäftserfahrung.

In beruflichen Spielen blicken Stammspieler oft auf eine lange Unternehmens- oder Abteilungszugehörigkeit zurück. In günstigen Fällen verfügen sie auch über ein besonderes Gespür im Umgang mit Kollegen und eine besondere Art der Gelassenheit im Umgang mit kritischen Situationen, Konflikten und Krisen. Angesichts ihres großen Erfahrungsschatzes spielen Stammspieler manchmal auch die Rolle der »grauen Eminenz« oder im Extremfall die eines »Gegenpapstes« gegenüber einer Führungskraft. Hierbei denken wir an langjährige Mitarbeiter, die sich »innenpolitisch« über Jahre hinweg eine bedeutende Position aufgebaut haben und die aktuellen Geschicke des Unternehmens eher verdeckt mitbestimmen wollen. Sie scheuen gegebenenfalls die ständige Verantwortung in einer konkreten Führungsposition an vorderster Front. Wir denken hier auch an Nachfolgesituationen in Familienbetrieben: Der ausscheidende geschäftsführende Gesellschafter überträgt seinem Erben ganz offiziell die Rolle der Geschäftsführung, ohne sich allerdings gänzlich aus dem Betrieb zurückzuziehen. Um dem Jungunternehmer beratend zur Seite zu stehen, verfügt er weiterhin über ein Büro auf dem Geschäftsleitungsflur. Die Versuchung, von dort aus die Politik des Hauses, insbesondere in schwierigen Situationen, entscheidend mitbestimmen zu wollen, ist enorm groß. Zugleich wird nach außen einerseits die Rolle der nicht loslassenden grauen Eminenz wie andererseits die des in Streitfällen Schutz und Unterstützung bietenden Gegenpapstes oder Mediators offenbar.

»Nachwuchsspieler«

Ein Nachwuchsspieler ist ein zumeist eher junger Spieler mit noch wenig Spielerfahrung. Von Nachwuchsspielern gehen häufig neue Spielimpulse und Spielideen aus. Nachwuchsspieler kennen vielfach verdeckte Zusammenhänge, Netzwerke und Spielregeln noch nicht. Sie treten offener und unkonventioneller auf. Auch zeigen sie oft mehr Neugier und Toleranz gegenüber zunächst chaotisch erscheinenden Situationen. Tendenziell unterstellen wir Nachwuchsspielern, dass sie in ihren Weg investieren und vorankommen wollen.

Auf der weltpolitischen Bühne gehören zum Beispiel die Mega Cities angesichts ihrer stark wachsenden Einwohnerzahlen zu den »jungen Spielern« einer globalisierten Wirtschaft. Zu ihnen gehören Städte wie Tokio, Seoul-Inchon, Mumbai, Sao Paulo und Shanghai. Sie sind Knotenpunkte für Finanzströme und Konzernzentralen international agierender Unternehmen. Mit ihren Ballungsräumen erwirtschaften sie bedeutende Beiträge zum Bruttosozialprodukt des jeweiligen Landes. Im Großraum Tokio werden zum Beispiel rund 80 Prozent der japanischen Wertschöpfung erwirtschaftet[4]. Während die Mega Cities auf dem wirtschaftlichen und politischen Spielfeld an Bedeutung gewinnen, führen gleichzeitig immer durchlässigere Staatsgrenzen und feinere Netze ökonomischer Verflechtungen zu einem Machtverlust der Nationalstaaten. Das Resultat ist, dass sich Mega Cities mit ihrem Potenzial über Standortpolitik und Infrastrukturinvestitionen neben Staaten und global agierenden Großunternehmen zu einflussreichen politischen Spielern entwickeln[5].

Als Nachwuchsspieler auf dem geschäftlichen Spielfeld sehen wir junge Unternehmen, insbesondere natürlich jene, die ihre Gründungsphase mit Erfolg bewältigen und beginnen, sich in ihrem Markt zu etablieren. Im beruflichen Spiel sind klassischer Weise junge ambitionierte Auszubildende, neu eingestellte Mitarbeiter/innen, Trainees und High Potentials die Nachwuchsspieler.

Rollen und Einfluss der Spieler verstehen

In der Betrachtung von Rollen der Spieler geht es uns vorrangig um deren Einfluss auf die Spielgestaltung. Hierbei lassen sich eine ganze Reihe unterschiedlicher Rollen und Einflussgrößen aufzählen. Sie reichen vom Spielmacher und Impulsgeber über den Trittbrettfahrer und Spielverderber bis hin zum Scout und Coach (Abbildung 4.4).

Wir wollen unterstellen, dass jeder Spieler fachlich sein »Handwerk« versteht, das heißt, dass jeder sich um eine adäquate Weiterentwicklung seiner spezifischen Kompetenzen und Potenziale bemüht. Warnen wollen wir allerdings an dieser Stelle auch davor, dass Spieler versuchen, ihre Qualitäten nach außen deutlich besser darzustellen als sie es de facto sind. Mit Hilfe fragwürdiger Berater

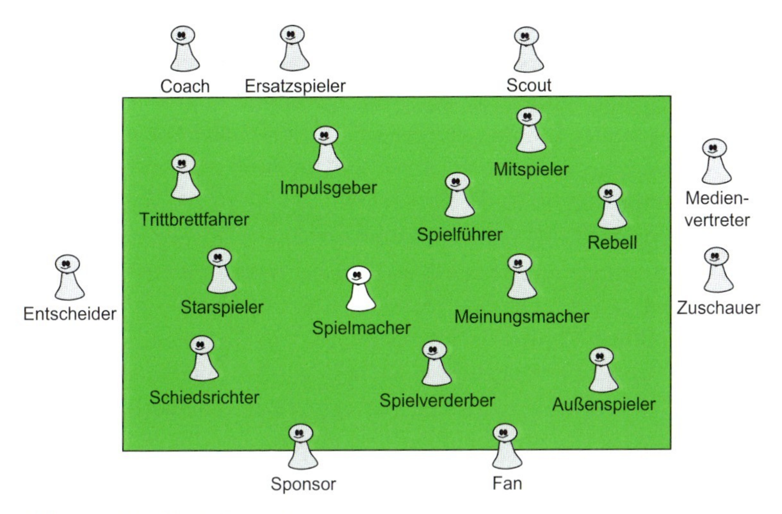

Abb. 4.4: Mögliche Rollen der Spieler

und Vermittler gelingt es ihnen, die äußere »Fassade« im wahrsten Sinne zu »schönen«. Geschickt werden Materialien, Berichte und Zeugnisse »aufgebessert« sowie Aussagen und Verhaltensweisen geübt, die der besseren Vermarktung der eigenen Leistungen oder der des Unternehmens dienen sollen. Dieses Verhalten, nach außen dick aufzutragen und mit viel Unterstützung eine eindrucksvolle »Kulisse« aufzubauen, die im Ernstfall nur kurzzeitig stand hält und schnell zu bröckeln beginnt, wenn fachlich kaum oder kein Fundament vorhanden ist, bezeichnen wir als »Hollywood-Phänomen«. Stets ist dieser Effekt in beruflichen und geschäftlichen Spielen beim Besetzen von Rollen und Positionen im Auge zu behalten. Nur Spieler, die wirklich etwas »drauf haben«, können ein Spiel nachhaltig beeinflussen und gestalten. Lassen Sie uns nun die unterschiedlichsten Rollen genauer betrachten:

»Spielmacher«

Die Spielerrolle, die das Spielgeschehen maßgeblich prägt, ihm »seinen Stempel aufdrückt«, ist für uns der Spielmacher. Idealerweise besitzt ein Spielmacher sowohl sehr gute fachliche Qualitäten als auch besonders große menschliche und zwischenmenschliche

Qualitäten, sprich Führungs- und Teamqualitäten. Ein Spielmacher ist stets ein anerkannter Führungsspieler, dem es gelingt, andere zu inspirieren und zum zielorientierten Mitmachen zu begeistern. Er erzeugt bei anderen Spielern die beabsichtigten Wirkungen und vermag diese in angemessener Form anzutreiben. Unabdingbare Voraussetzung dafür ist sein Wahrnehmungs- und Kommunikationsgeschick. Sowohl die verbale als auch die non verbale Kommunikation auf und neben dem Spielfeld sind für ihn von eminent großer Bedeutung. Je besser es ihm in seiner Kommunikation gelingt, sich ohne Vorbehalte authentisch und integer einzubringen, andere zu berühren und zu erspüren, was sie bewegt, desto größer sind seine Chancen, sie zu ihrem Einsatz zu bewegen. Ein Spielmacher verfügt darüber hinaus über strategisches Gespür und Know-how. Sein Handeln zeugt von großem Spielverständnis, von Über- und Weitsicht. Traditionell wechselt er seine Positionen schwerpunktmäßig in der Mitte des Spielfeldes. Er kann das Spiel beschleunigen oder verlangsamen, es mit präzisen Spielzügen nach vorn treiben, phantasievoll und je nach Gelegenheit die Breite und Tiefe des Spielraumes nutzen und dementsprechend seine Mitspieler einsetzen. Er ist es, der die Hauptverantwortung für die Spielgestaltung, die Ansage und Einleitung von Spielzügen übernimmt.

In unternehmerischen Spielen bezeichnen wir Spielmacher auch häufig als Key Player. In geschäftlichen Spielen sind sie die Spieler mit einer hohen Marktmacht, gemessen in hohen Marktanteilen, oder einer starken Finanzkraft. In beruflichen Spielen sind Key Player beispielsweise Führungskräfte und Mitarbeitende, die aufgrund ihrer Berufserfahrung, ihrer Kreativität und ihres Drives laufend in ihren Bereichen die Richtung des Spiels stark beeinflussen und einen entscheidenden Mehrwert generieren. Zudem sind sie es, die in geschäftlichen Problemsituationen verantwortungsbewusst schnell praktikable Lösungsvorschläge und Vorgehensweisen entwickeln und deren Realisierung vorantreiben. Spielmacher in beruflichen Spielen überschauen komplexe Zusammenhänge und greifen gern gestaltend ein. Sie sehen, schaffen und nutzen freie Räume. Ihr Talent bei der Prioritätensetzung und Delegation hilft ihnen, ihre Kollegen durch herausfordernde Aktionen einzubinden, zum Zuge und zur Geltung zu bringen.

»Impulsgeber«

Dies ist eine Rolle, aus der heraus ein Spieler eher gelegentlich mit neuen, wenngleich entscheidenden Spielideen in das Spielgeschehen eingreift und so zu neuen Denk- und Handlungsweisen im Spiel beiträgt. Impulsgeber inspirieren durch ihre Ideen und Aktionen. Sie sind allein in der Lage, durch besondere Akzentsetzungen ein Spiel kreativ zu verändern, zu »kippen« beziehungsweise »anzuschrägen«. In geschäftlichen und beruflichen Spielen sind sie jene Spieler, die immer wieder mit neuen Spielideen und Spielzügen die übrigen Spieler überraschen. Oft sind es hoch qualifizierte Fachleute und Experten, Forschungsinstitute oder Beratungsunternehmen, unternehmensexterne wie -interne Berater, die die Rolle eines Impulsgebers ausüben.

»Außenspieler«

Sie sind dadurch charakterisierbar, dass sie sich vorrangig an den Rändern eines Spielfeldes bewegen und von dort aus eine ganz andere umfassendere Perspektive auf das Spielgeschehen haben. Traditionell warten Außenspieler darauf, von ihren Mitspielern, insbesondere den Spielmachern, ins Spiel einbezogen zu werden. Heute, da das hohe Ausmaß von Vernetzung die Räume im Zentrum, das Biotop des klassischen Spielmachers, immer mehr verengt, bieten sich vor allem den Außenspielern mehr und mehr Chancen auch eine Spielmacherrolle zu übernehmen. Für defensive Außenspieler, sprich Verteidiger in einem Spiel, gilt dies besonders. Begünstigt wird dies dadurch, dass auch sie häufig über wichtige Kontakte verfügen, diese aber in einem anderen Licht sehen. In dem sie ihre verteidigende Position blitzschnell aufgeben und die Offensive personell verstärken, sind gerade sie es, die ein Spiel deutlich mitgestalten können. Ein Spieltempo kann entscheidend von den Außenpositionen her forciert werden. Voraussetzung dafür ist, dass die Außenspieler nicht nur fachliche und beziehungsmäßige, sondern ebenso an Tempo und Kondition orientierte Qualitäten mit- und einbringen. Vor diesem Hintergrund lassen sich manchmal Mittelfeldspieler gut zu Außenspielern und Außenspieler gut zu Mittelfeldspielern »umschulen«. Zusammenfassend gilt: perfekte Außenspieler fühlen sich wohl in einem langen Korridor an Spielfeldrändern. Sie brillieren in diesem Korridor nicht nur, in dem sie ihr eigenes Spiel gestalten, sondern auch im Mittelfeld defensiv wie offensiv das Spiel der anderen maßgeblich beeinflussen.

In geschäftlichen wie beruflichen Spielen zählen wir zu den Außenspielern all jene, die als Organisationen oder Einzelpersonen auf ihren Spielfeldern ein gutes Gefühl für die Tiefe eines Gestaltungsraumes in der Nähe einer Spielfeldgrenze entwickeln. Oftmals sind dies Organisationen oder Personen, die mutig, mit Weitblick, Geschick, Geschwindigkeit und Ausdauer aus ihrer Nische, das heißt ihrer Position in der Branche oder im Unternehmen, heraustreten, Neues kreieren, dann einen langen Spielkorridor zielgerichtet gestalten und so einen massiven Einfluss auf das gesamte Geschehen ausüben. Nicht selten handelt es sich dabei zum Beispiel um Unternehmen, die stark und erfolgreich in Forschung und Entwicklung investieren oder deren Außendienstmitarbeiter es in besonderer Weise verstehen, immer wieder neue Produkte »an den Mann oder die Frau zu bringen« beziehungsweise am Markt durchzusetzen.

»Spielführer«

Wer die Spielführer- beziehungsweise die Kapitänsrolle übernimmt, ist Stammspieler und Leistungsträger in einem Team. Er fühlt sich in der Regel als Erster sowohl formal als auch informell für die gute Kommunikation und Fürsorge in seinem Team, seiner Organisation, verantwortlich. Als Führungsspieler vertritt er die Interessen seines Teams vor allem gegenüber Schiedsrichtern und anderen Teams sowie gegenüber dem eigenen Coach, Verein und dessen Funktionären. In der Regel wird Spielführer, wer das Vertrauen möglichst aller Spieler im Team genießt, von diesen gewählt wird und einen guten »Draht« zum Coach des Teams hat oder wer von diesem bestimmt wird. Offiziell ist der Kapitän der Chef des Teams, der »Primus inter Pares«. Er ist es, von dem am meisten »Charakter« oder »Charakterstärke« erwartet wird, dessen Verhalten stets verantwortungsbewusst und vorbildlich zu sein hat. Oft hat ein Kapitän zusätzlich andere Rollen inne: die des Meinungsmachers und/oder die des Spielmachers. Mal ist er auf dem Spielfeld der »Kummerkasten« oder »Seelsorger« seiner Kollegen, mal ihr Moderator und Antreiber sowie als Stratege der »verlängerte Arm« des Coaches.

Stets verleiht die Kapitänsrolle ihrem Inhaber einen besonderen Einfluss. In der Wirtschaft gelten die Mitglieder von Aufsichtsräten, Vorständen und Geschäftsleitungen und nicht zuletzt alle Führungskräfte als »Kapitäne«. Sie sind es, denen zugeschrieben wird, dass sie formal letztlich »das Sagen haben«, »das Kommando führen« und im Ernstfall »am längeren Hebel« sitzen. Manchmal »mischen sie an vorderster Front mit«, manchmal gleicht ihre Position einem sicheren Feldherrenhügel oder einer unsicheren Kapitänsbrücke, von der sie sich im Notfall »rechtzeitig« verabschieden. Institutionell gesehen agieren Unternehmensvertreter ebenfalls in einer Kapitänsrolle, wenn sie als Führungskräfte Verantwortung in Verbänden und Vereinigungen von Wirtschaft, Gesellschaft und Politik übernehmen und sie dort ihren Einfluss ausüben.

»Mitspieler«

Die Rolle des »einfachen« Mitspielers nimmt jener ein, der zwar am Spiel teilnimmt, jedoch kaum oder keine bedeutenden Impulse für die Spielgestaltung einbringt. Er nimmt Spielregeln als gegeben an. Diese dürfen und können aus seiner Sicht auch nicht verändert werden. Er wartet die offensiven Spielzüge anderer Spieler ab und lässt sich darauf ein. Er läuft mit und spielt mit. Sein Dasein und Mittun ist wichtig, wenngleich sein Spielverhalten selten von ganz besonderer Klasse zeugt. In allen geschäftlichen und beruflichen Spielen finden wir gute wie weniger gute Mitspieler. Sie sind da, machen mehr oder weniger aktiv mit und sind unternehmerisch nicht besonders ambitioniert. Mangels besonderer innovativer und unternehmerischer Leistungen und Erfolge fallen sie auf unternehmensexternen wie -internen Märkten nicht besonders auf. Beruflich spielen sie oftmals »Dienst nach Vorschrift«, insbesondere dann, wenn sie sich innerlich bereits für ein anderes Spielfeld entschieden oder den Schwerpunkt ihres Interesses außerhalb ihres Berufslebens gesetzt haben. Für Mitspieler gilt die Maxime nach Friedrich Nietzsche: »Willst du das Leben leicht haben, so bleibe immer bei der Herde.«

»Rebell«

Ein Spieler geht in die Rolle beziehungsweise erhält den Ruf eines Rebellen, wenn er sich den herrschenden Spielverhältnissen und

-strukturen widersetzt. Der Rebell versucht in der Regel, etwas ganz Anderes und/oder Neues zu etablieren. Ihm geht es oftmals darum, über neue Strategien das Spielgeschehen drastisch und mit hohem Tempo zu verändern. Er stellt vor allem grundsätzliche Themen in Frage: die Spielideen, die räumlichen und zeitlichen Grenzen des Spiels, die Spielregeln, die Spieler wie deren Rollen und Beziehungen. Von vielen wird er als provokant und polarisierend empfunden, da sich an ihm und seiner Haltung alle anderen »reiben« und selbst klären können. Schnell kann es dann zu Auseinandersetzungen kommen zwischen jenen Spielern, die seinen Ideen und Ansätzen folgen und diese unterstützen, und jenen Spielern, die auf den bestehenden Prozessen und Strukturen beharren.

Auf Kapitalmärkten sind Rebellen zum Beispiel aggressive Minderheitsaktionäre, so genannte »Activist Shareholders«, die aggressive Forderungen, etwa nach einem Unternehmensverkauf oder nach einer feindlichen Übernahme stellen. Unternehmensintern sind Rebellen vielfach jene mutigen Führungskräfte und Mitarbeitende, die für das »Abschneiden alter Zöpfe«, für die Einführung besonders innovativer Neuerungen entschlossen und konsequent eintreten, ja kämpfen. Beispiele gibt es viele: Führungskräfte, die ein neues zeitgemäßes Leitbild oder eine noch nicht vorhandene Kapitalbeteiligung für Mitarbeitende fordern, Controller und Berater, die ein neues Budgetierungssystem einführen wollen, Personalentwickler, die ein überkommenes Beurteilungssystem für Mitarbeiter durch ein zukunftsorientiertes Zielvereinbarungs- und Coachingsystem ersetzen wollen, Organisationsentwickler und Logistiker, die den Sinn von veralteten Prozessabläufen und Organisationsstrukturen hinterfragen und auf effektivitäts- und effizienzsteigernde Reorganisation drängen.

»Spielverderber«

Diese Rolle übernimmt, wer für sich keine Möglichkeit sieht, sich in positiver Form ins Spiel einzubringen und daran zu beteiligen beziehungsweise das Spiel zu Gunsten aller mitzugestalten. Wer zum Spielverderber wird, nimmt nicht die nahe liegende Rolle eines Mitspielers wahr, sondern agiert destruktiv, gar zerstörerisch. Er zieht seinen Nutzen im Spiel daraus, die anderen Spieler zu ärgern und zu bekämpfen, ihre Spielpositionen zu verschlechtern, manchmal sogar, wenn dies zum eigenen Nachteil gereicht. Das extreme Motto eines Spielverderbers lautet: »Andere Spieler in das eigene Verderben mit einbeziehen.« Spielverderber neigen zu Sabotage und Korruption. Mitarbeitende, die kündigen oder gerade jene, denen gekündigt wird, entwickeln sich häufig während ihrer verbleibenden Spielzeit aus Rachemotiven heraus zu Spielverderbern. Der letzte Satz gegenüber einem solchen Spielverderber auf dem beruflichen Spielfeld lautet dann regelmäßig: »Bitte geben Sie umgehend alle Ihre Schlüssel ab und verlassen Sie unverzüglich unser Haus!« Korruption gilt als gezielter Missbrauch einer Vertrauensstellung. Spielverderber nutzen das ihnen entgegengebrachte Vertrauen und verschaffen sich ihnen nicht zustehende materielle oder immaterielle Vorteile zu lasten anderer Spieler. Sie bestechen oder lassen sich bestechen, nehmen unberechtigt Vorteile an oder gewähren diese.

»Trittbrettfahrer«

Dieser Spieler versucht, möglichst lange möglichst große Vorteile aus einem Spiel zu ziehen, ohne eigene Leistungen einzubringen, die er zugesagt hat oder zu denen er verpflichtet ist. Vereinfacht heißt das: Er hält sich bei der Produktion »eines Kuchens« so weit wie möglich zurück, nimmt sich aber nach der Fertigstellung schnell ein möglichst großes Stück. Kurz- und langfristig schadet ein Trittbrettfahrer jedem Spiel. Unternehmen wie Einzelne, die die Vorteile eines Staatswesens in Anspruch nehmen, zugleich sich aber nicht adäquat an dessen Finanzierung beteiligen, etwa durch die Entrichtung vorgeschriebener Steuerzahlungen, werden zu Trittbrettfahrern. Mitarbeitende, die ihre im Arbeitsvertrag vereinbarten Leistungen zurückhalten und nicht ins Unternehmen einbringen, die »blau machen« oder »krank feiern«, rechnen wir zu dieser Spezies von Spielern.

»Starspieler«

Diese Rolle ist für besonders viele Spieler sehr attraktiv und äußerst erstrebenswert. Der Starspieler wird von den anderen Beteiligten auf und neben dem Spielfeld wegen bestimmter Einzigartigkeiten, etwa besonders mutiger Aktionen und fachlicher Qualitäten, zum Beispiel »Vollstrecker-Qualitäten«, oder wegen besonders schneller Leistungsfortschritte hoch geschätzt. Starspieler stehen ständig im Rampenlicht. Ihren Leistungen und ihrem Auftritt wird eine hohe Aufmerksamkeit geschenkt. Aus der ihnen entgegengebrachten besonderen Aufmerksamkeit heraus resultiert ihr Status. Dieser wiederum verleiht ihnen enorme Einflussmöglichkeiten insbesondere bei denen, die ihre Nähe suchen und schätzen. Oft »sonnen« sich andere Spieler in der Nähe eines Stars oder brüsten sich mit dem Kontakt zu ihm, um selbst schneller zu Vorteilen zu gelangen, das eigene Image zu erhöhen oder anderen Spielern Zugänge zum Star zu verschaffen. Immer wieder haftet einem einzelnen Starspieler oder einem ganzen Star-Ensemble auch das Image einer »launenhaften Diva« an. Dies bedeutet dann, dass die Leistungen stark schwanken und oftmals zusätzliche Extravaganzen auf unterschiedlichen Spielfeldern gezeigt werden.

Stars im geschäftlichen Umfeld sind zum Beispiel Unternehmen, die seit ihrer Gründung unentwegt mit großem Tempo wachsen, ständig auf der Erfolgs- beziehungsweise Überholspur sind und ein großes Medieninteresse genießen. Starspieler im Berufsleben sind zum Beispiel besonders bewährte oder spektakulär neu eingekaufte Vorstandsmitglieder, Führungs- und Fachkräfte. Auch die intern besonders geschätzten jüngeren Talente, die High Potentials, kurz: Hipots oder Hipos, wollen wir zum Kreis der Starspieler hinzurechnen. Werden sie für unternehmenswichtige Projekte nominiert, so gleicht ihr Status dem von Auswahlspielern. Der Einfluss eines Hipots wird zum Beispiel dann deutlich, wenn ein Vorgesetzter der Meinung eines Hipots nur selten widerspricht, da er damit rechnet, dass sich über kurz oder lang die Machtverhältnisse umkehren können und er selbst dann Mitarbeiter dieses Hipots sein könnte. Aus Sorge vor möglichen Retourkutschen wird dann lieber geschwiegen.

»Ersatzspieler oder Auswechselspieler«

Wer für ein Spiel nominiert ist und neben dem Spielfeld auf seinen Einsatz wartet, gilt als Ersatzspieler. Er hat in der Regel zunächst einen geringen unmittelbaren Einfluss auf das Spielgeschehen. Betritt er das Spielfeld, kommen stets neue frische Kräfte ins Spiel. Oftmals geht mit seiner Einwechselung auch eine Gewichtsverlagerung in der Spielstrategie einher. Der Ersatz eines offensiven Spielers durch einen Defensivspieler bezweckt eine Verstärkung der verteidigenden Kräfte. Ersatzspieler werden zum

»Joker«, wenn sie quasi als »Feuerwehrmann« auf das Spielfeld kommen, um in einer ganz bestimmten Situation für Rettung zu sorgen, besondere Probleme zu lösen, eine ganz bestimmte positive Wirkung zu erzielen, neue Hoffnungen zu wecken und zu motivieren. Als Joker gelten häufig besonders erfahrene ältere Spieler. Ihnen fehlt zwar manchmal die Fitness für eine Teilnahme am gesamten Spiel, weshalb sie auch nicht von Beginn an auf dem Spielfeld sind, aber sie können bei Betreten des Spielfeldes oft mit einer dann vergleichsweise großen Frische und hohen Antrittsgeschwindigkeit glänzen. Damit üben sie einen bedeutenden fachlichen oder stimmungsmäßigen Einfluss auf das Spielgeschehen aus.

Im Geschäfts- und Berufsalltag sehen sich vielfach gerade in Familienunternehmen ehemalige geschäftsführende Familiengesellschafter in einer Jokerrolle. Hat etwa ein Mitglied der jüngeren weniger erfahrenen Generation das Geschäft in eine Krise oder »Schräglage« gebracht, so bleibt es häufig nicht aus, dass ein »Joker« der älteren Generation wieder auf die Bühne kommt, das Zepter fest in die Hand nimmt und die Situation bereinigt. Auch übergangsweise befristet eingestellte Führungskräfte, Interimsmanager, zählen wir klassischer Weise zu den Auswechselspielern.

»Schiedsrichter«

Im Sport ist ein Schiedsrichter in der Regel die ranghöchste Person auf dem oder in direkter Nähe zum Spielfeld. Für jedes Spiel und seine Kultur macht es einen Unterschied, ob mit oder ohne Schiedsrichter gespielt wird. A priori gilt der Schiedsrichter als unparteiische Person, die das Spiel leitet und gegebenenfalls für Ordnung sorgt. Er überwacht den regelgerechten Spielverlauf und die Zeit, er entscheidet offiziell über Nachspielzeiten. Oft sind bei einem Spiel auch mehrere Personen mit Schiedsfunktionen beteiligt. Sie unterstützen sich gegenseitig ganz nach dem Motto: Vier oder mehr Augen sehen mehr als zwei. Zunehmend zu beobachten ist auch der Einsatz von Technik, durch die Schiedsrichter bei ihren Entscheidungen unterstützt werden.

Auch in beruflichen und geschäftlichen Spielen gibt es die Rolle des »Unparteiischen«. Wenngleich wir unternehmensintern Aufsichts- und Betriebsräte in bestimmten Momenten vielleicht einmal als Schiedsrichter bezeichnen würden, so sind sie es generell eher selten, da sie vorrangig Interessenvertreter einzelner Stakeholder, die der Kapitalgeber oder Arbeitnehmer sind. In jüngerer Zeit suchen sich Spieler bei wirtschaftlichen Streitigkeiten vermehrt private Streitschlichter, so genannte Mediatoren. Zusammen mit ihnen wird versucht, den vorliegenden Konflikt zu lösen. Eine solchermaßen vorgerichtliche Einigung gilt als attraktiver als sofort den Weg zum Gericht einzuschlagen. Um zu passenden Kontakten zu kommen, werden beispielsweise Industrie- und Handelskammern angerufen. Streitschlichter werden bei Kaufpreisstreitigkeiten im Anschluss an einen Unternehmensverkauf ebenso gerufen wie bei Streitigkeiten um das Nachschießen von Kapital in ein Joint Venture. Private Streitschlichter, zumeist Juristen, haben Hochkonjunktur bei lokalen wie globalen Auseinandersetzungen um kniffelige Passagen in komplexen Wirtschaftsverträgen. So wird im Bereich des internationalen Wirtschaftsrechts kaum noch ein Fall von ordentlichen Gerichten entschieden[6].

»Coach«

Mit der Rolle eines Coaches geht stets ein sehr hohes Gewinninteresse und ein außerordentlich großer Einfluss einher. Ein Coach ist derjenige, der einen Spieler oder ein Team, für eine festgesetzte Zeit aufstellt, begleitet und trainiert, um erstrebenswerte Entwicklungen, Verhaltensweisen und gesetzte Ziele besser zu realisieren. Ein Coach vertieft sich intensiv in Spiel-, Spieler- und Trainingsanalysen, sowohl in Analysen des Spiels, Verhaltens und Trainings der eigenen Spieler, sprich Coachees, als auch in die des Spiels, Verhaltens und wenn möglich auch Trainings anderer Spieler. Er erstellt individuelle Profile von Spielern und kollektive Profile von Teams. Auch behält er ständig die Eigenheiten, Vorlieben und Experimente anderer Coaches im Auge. Maßgeblich beteiligt ist er bei der Zusammenstellung des Teams, sei es für eine Spielzeit oder für ein einzelnes Spiel. Er unterstützt bei der Definition von Visionen und Zielen, entwirft Strategien, begleitet deren Umsetzung und sorgt für ein adäquates und abwechselungsreiches Training. Vor, während und nach einer Saison beziehungsweise einem Spiel, berät und stärkt der Coach in Gruppen- und Einzelgesprächen die Mitglieder seines Teams in ihrer Entwicklung. Er inspiriert zur Selbstreflexion, Selbstmotivation, Selbststeuerung und vor allem Selbstverbesserung. Er lockt verborgene Ressourcen, Talente und Potenziale hervor und hilft, aus diesen wirkliche Stärken zu machen und sie sinnvoll einzusetzen. Er animiert dazu, das Beste aus sich herauszuholen und zu geben.

Ein guter Coach ist stets ein guter Kommunikator. Für Bernhard Peters, der als einer der erfolgreichsten Hockeytrainer der Welt gilt und als Coach fünfmal mit einem deutschen Hockeyteam den Weltmeistertitel errang, ist Kommunikation stets permanent, individuell und sinnlich[7]. Permanente Kommunikation bedeutet für ihn, 365 Tage unter Nutzung aller Kommunikationsmöglichkeiten im persönlichen Austausch mit seinen Spielern zu sein, von Sport bezogenen bis hin zu persönlichen Themen. Individuelle Kommunikation heißt für ihn, jede Chance zum persönlichen Austausch zu suchen und Sensibilität für den Einzelnen zu gewinnen, um ihn besser verstehen und unterstützen zu können. Unter dem Aspekt der sinnlichen Kommunikation fokussiert er besonders die so wichtige nonverbale Kommunikation, den Augen- und Körperkontakt sowie die Mimik und Gestik. Sowohl die Wahrnehmung seiner Spieler und ihrer Stimmungen als auch die Gestaltung des eigenen Verhaltens und dessen Wirkung stehen dabei im Vordergrund. Hinsichtlich der einsetzbaren Tools unterscheidet er zwischen der Gruppen-Kommunikation und der individuellen Kommunikation. Bei der Gruppen-Kommunikation mit Spielern hebt er hervor: das Teamgespräch zur langfristig orientierten Ziel- und Fahrplanklärung, das langfristig orientierte Auswertungsgespräch zur Bilanzierung von Maßnahmen, Turnieren und Spielperioden, das Feedbackgespräch zur Zusammenarbeit und zum eigenen Verhalten insbesondere mit Führungsspielern, das kurz- und mittelfristig orientierte Analysegespräch zu Spiel- und Trainingsverläufen, das kurzfristig orientierte Spielvorbereitungsgespräch und das punktuell orientierte Halbzeitgespräch. Bei der individuellen Kommunikation setzt er auf folgende Tools: das persönliche Feedbackgespräch mit jedem einzelnen Spieler zu dessen sportlichen Leistungen wie auch beruflichen und persönlichen Entwicklungen, das Nominierungsgespräch mit der Nachricht, ob ein Spieler zum Einsatz kommt oder nicht, das Kritikgespräch, in dem offen und ehrlich Defizite angesprochen werden, den empathischen Dialog, der strategisch und spontan eingesetzt werden kann, um mit

Empathie, mit Händen, Füßen und Worten Gefühle hervorzurufen und Energien zu erzeugen.

Besonders günstig ist es, wenn ein Coach selbst ein hohes Maß an so genannter Feldkompetenz besitzt, das heißt auf eigene relevante und seine Coachees herausfordernde Spiel- und Beratungserfahrungen zurückgreifen kann. Ein guter Coach prüft und hinterfragt dabei stets seine eigenen Ideen und Verhaltensweisen. Für ihn ist es wichtig, sein gesamtes Know-how ständig zu aktualisieren und auch selbst Neues einzuüben und zu trainieren. Seine Art zu lernen ist oftmals Vorbild für andere. Von seinem Talent, selbst neue Ideen und Innovationen zu entwickeln oder diese von anderen zu übernehmen und ins Spiel einzubringen, hängt längerfristig ganz entscheidend der Spielerfolg des Einzelnen wie des Teams ab.

Zunehmend lässt sich in Hochleistungs-Bereichen beobachten, dass sich die traditionelle Rolle des Coaches oder Trainers mehr und mehr ausdifferenziert, dies insbesondere je akribischer »just in time« Höchstleistungen angestrebt werden. Im Spitzensport gibt es heute vielfach einen Trainerstab. Wir unterscheiden zwischen dem Chef-Trainer, Co-Trainer und Spezialtrainer, zum Beispiel Defense- und Offense-Trainer, Konditions-, Kraft- wie auch Mentaltrainer. Im beruflichen Kontext kennen wir gerade in Großunternehmen neben den in der Linie verantwortlichen Führungskräften interne Coaches, Berater und Trainer, die die Mitarbeitenden hinsichtlich einer speziellen optimalen Aufgabenerledigung ausbilden und fördern. In mittelständischen Unternehmen treffen wir häufig auf Führungskräfte, die sich als »Spieler-Trainer« verstehen. Sie versuchen zumeist, zugleich den Anforderungen eines Spielmachers, Führungsspielers, Meinungsmachers wie Coaches gerecht zu werden. Im geschäftlichen Kontext gibt es mittlerweile eine nahezu unüberschaubar große Anzahl von Unternehmen in den Bereichen des Coachings, der Beratung und des Trainings, die sich zum Beispiel auf Unternehmens- und Organisationsentwicklungs-, Leadership-, Strategie-, Prozess-, Personal-, Steuer- und IT-Fragen spezialisiert haben und ihre Angebote am Markt anbieten. Die eingesetzten Gesprächsformen kommen dabei in ihrem Charakter denen im Spitzensport oft recht nahe. Stets geht es darum, die eigenen Mitarbeitenden, Kunden beziehungsweise Coachees in ihrem Leben, Lernen und Streben nach Verbesserung und Reifung zu unterstützen.

»Scout«

Die Rolle eines Scouts besteht darin, andernorts für seinen Auftraggeber wichtige neue zum Spiel und den Spielern gehörende Fakten und Tendenzen ausfindig zu machen und »unter die Lupe« zu nehmen.

- *»Talentscout«*: Die Aufgaben eines Talentscouts erstrecken sich etwa darauf, talentierte Spieler zu entdecken und zu beobachten, ein genaueres Bild von deren aktuellem wie zukünftigem Leistungsvermögen zu entwerfen und dieses dem Auftraggeber zu kommunizieren. In Kenntnis der aktuellen wie künftigen personellen Bedarfssituation seines Auftraggebers sucht ein Talentscout stets nach jenen Talenten, die diese Bedarfe möglichst optimal decken. Indirekt kann ein Scout auf diesem Wege einen großen Einfluss auf das Spiel und die strategische Aufstellung seines Auftraggebers nehmen. Der Rolle des Talentscouts nehmen sich im beruflichen Umfeld insbesondere vorausschauende Führungskräfte und Personaler an. Headhunting-Unternehmen, Künstler- und Model-Agenturen wie Arbeitsagenturen widmen sich dem Scouting-Geschäft auf externen Arbeitsmärkten. Die Kerntätigkeiten des Talentscouts gleichen im Grunde jenen des Trendscouts.
- *»Trendscout«*: Auch der Trendscout erhebt und handelt Informationen. Er hat sein Ohr »ganz nah am Puls der Zeit«. Er hat einen guten »Riecher« für Trends, spürt diesen nach, ist beteiligt am Trendsetting und arbeitet eventuell daran mit, einen Trend zu erfinden. Er sucht dabei nach den Cutting Edges, jenen Menschen, die einen Trend schon heute leben. Die Modebranche ist ohne die Tätigkeit des Trendscouts heute nicht mehr denkbar. Ein Trend ist wie ein großer Fluss, der alles mitreißt. Daher arbeiten inzwischen überall in der Welt Trendbüros, Institute für Zukunftsforschung und Think Tanks, die ein Trendscouting hinsichtlich der unterschiedlichsten Lebensbereiche betreiben.

»Zuschauer«

Das Grundmerkmal eines Zuschauers ist, das er einem Geschehen für eine bestimmte oder unbestimmte Zeit seine Aufmerksamkeit widmet. Sein Interesse kann dabei einzelnen oder mehreren Spielern, spezifischen Situationen und Prozessen oder dem ganzen Spiel gelten. In der Regel halten sich Zuschauer eher am Rand des Geschehens auf. Sie beobachten das Spielgeschehen von einem angenehmen Platz, einer Tribüne, einer Loge oder vor dem heimischen TV sitzend aus. Je nach eingenommenem Platz genießen sie den Vorteil der Adlerperspektive auf ein Spiel als auch die Chance, ihre Aufmerksamkeit schnell auf einen bestimmten Teil des Spielfeldes fokussieren zu können. Ihre Aufmerksamkeit wandert dorthin, wo das Spiel für sie besonders spannend oder brisant ist. Durch ihr Zuschauen lernen sie etwas über das Spiel. Selbst im Spiel zu brillieren, lernen sie nicht. Ihr Lernen bleibt eher theoretisch. Praktische eigene Spielerfahrungen sammelt nur, wer sich aufs Spielfeld wagt, selbst Schritte macht und mitspielt.

Drei Gruppen von Zuschauern wollen wir unterscheiden: Zuschauer, die einem Spiel zuschauen, ohne dafür Geld zu zahlen; Zuschauer, die für die Gelegenheit des Zuschauens Geld zahlen; Zuschauer, die nicht nur für die Zeit ihres Zuschauens zahlen, sondern darüber hinaus bereit sind, weitere Ressourcen einzubringen. Hinsichtlich der ersten Gruppe stellt sich aus betriebswirtschaftlicher Sicht vor allem die Frage: Was ist zu tun, sodass auch diese Zuschauer bereit sind, für das, was ihnen auf dem Spielfeld geboten wird, zu zahlen? Oder konkreter und persönlicher: Wie schaffe ich es, dass aus einem Zuschauer mein begeisterter Stammkunde wird? Das Streben nach immer größerer Beachtung und Aufmerksamkeit führt heute bei vielen Spielern zu immer größeren Marketing- und Werbeanstrengungen. Sind Zuschauer bereit, für etwas zu Sehendes oder – noch besser – für ein Erlebnis zu zahlen, so sind sie im Berufs- und Geschäftsleben vergleichbar mit Kunden. Diese lassen sich je nach Bedeutung, etwa nach Umsatz- und Gewinnvolumen, in unterschiedliche Segmente klassifizieren. Vielfach wird heute zwischen A-, B- und C-Kunden differenziert. Die wichtigsten Kunden, die A-Kunden, genießen stets eine strategische Bedeutung. Jemand, der sich beruflich speziell um ihre Belange und Interessen kümmert, wird zum Key Account Manager. Eine besondere Bedeutung kommt schließlich jenen Zuschauern zu, die bereit sind, neben Aufmerksamkeit und Eintrittsgeld zusätzlich vor allem eigene Energien und Zeiten einzubringen, den Fans.

»Fan«

Zum Fan wird jemand, wenn er von einer Person, Personengruppe oder Sache, dem gesamten Spiel, nicht nur überzeugt, sondern begeistert ist. Ein Fan oder Anhänger schaut nicht einfach nur zu. Er ist voll und ganz mit Leidenschaft dabei. Er fühlt mit, fiebert mit, feiert mit und leidet mit. Während ein einzelner Fan eher selten über einen großen Einfluss auf das Spielgeschehen verfügt, können große, lautstarke und aktive Fangemeinden durchaus einen bedeutenden Einfluss auf ein Spiel ausüben, ja entscheidend dazu beitragen, ein Spiel zu gewinnen. Durch die Erwartungshaltung und Stimmung, die sie verbreiten, insbesondere durch ihre Rituale, wie zum Beispiel Fangesänge, können sie Spieler zur weiteren Steigerung ihrer Leistungen anspornen. Wer im Berufs- und Geschäftsleben in seinem Umfeld Anhänger hat, die ihm zeigen, dass er nicht allein ist, und die ihn unterstützen, wird leichter und schneller vorankommen. Ein Unternehmensangehöriger, der begeistert von der Leistung seines Kollegen ist, wird sich verbal stärker für die Förderung und Promotion dieses Kollegen einsetzen als jemand, der diesen Kollegen beneidet und nicht mag. Fans verstärken die positive wie negative Mund-zu-Mund-Propaganda. Zu Werbezwecken werden in der Geschäftwelt häufig bekannte und beliebte Sport- und Filmgrößen eingesetzt. Unternehmen versuchen so, durch Sympathieträger eine größere Fangemeinde für die Leistungen ihres Hauses zu generieren.

»Sponsor«

Dies ist eine Rolle, aus der heraus jemand andere, insbesondere jüngere Potenzialträger gezielt beim Auf- und Ausbau ihrer Position, ihres Netzwerkes und ihrer Machtbasis unterstützt und sich dafür eine adäquate Gegenleistung erhofft. Ein Sponsor ist bereit, eigene Ressourcen, insbesondere Zeit und Finanzen, zu investieren sowie eigene Beziehungen spielen zu lassen, um dadurch eigene Ziele, zum Beispiel die Verbesserung des eigenen Images, besser zu erreichen. Wie mit den Rollen des Coaches und Fans ist mit der Rolle des Sponsors eher ein unterstützender Charakter und indirekter Einfluss verbunden. Im Geschäftsleben ist hierunter zum Beispiel die finanzielle Beteiligung eines am Markt etablierten Unternehmens an einem Start-up-Unternehmen zum »Aufpäppeln« des jungen

Geschäftes einzuordnen. Erfahrene Führungskräfte treten als Sponsoren junger Talente auf, wenn sie als »interne Paten« oder »Mentoren« deren Karriereweg gezielt begleiten und so auch selbst einen Imagegewinn verzeichnen.

»Entscheider«

Die Rolle des Entscheiders kann vielfältige Ausprägungen haben. Als Entscheider wollen wir all jene Spieler bezeichnen, die mit ihren Entscheidungen den Fortgang des Spiels maßgeblich beeinflussen. Auf den nahe liegenden Begriff des »Funktionärs« wollen wir an dieser Stelle bewusst verzichten. Angesichts des großen Einflusses, den Entscheider heutzutage ausüben, halten wir ihn für nicht mehr passend und zeitgemäß. Entscheider tragen dazu bei, dass und wie ein Spiel ausgetragen wird, ohne dass sie selbst unmittelbar auf dem Spielfeld stehen. Sie sorgen dafür, dass der gesamte Spielbetrieb reibungslos funktioniert und fortentwickelt wird. Zu den Entscheidern zählen zum Beispiel Mitglieder in Präsidien oder auch Teammanager, zudem Vertreter in übergeordneten Gremien, die für die Aufrechterhaltung und Weiterentwicklung des Spieles und Spielbetriebes Sorge tragen. Im Berufs- und Geschäftsleben sind es vor allem die Mitglieder der obersten Entscheidungsgremien, der Aufsichtsräte, Vorstände, Geschäftsleitungen. Hinzu zu rechnen sind hier selbstverständlich auch unternehmensexterne Spieler, etwa politische und juristische Spieler, die durch ihre Entscheidungen und Kommentare, etwa im Bereich des Arbeits-, Kartell- oder Steuerrechts, massiv Einfluss auf berufliche und geschäftliche Spiele nehmen können.

»Meinungsmacher«

Wer eine bestimmte Meinung zum Beispiel zu Spielsituationen und -zügen oder zum Klima im Team hat und diese in den Köpfen anderer Spieler verankern kann, ist ein Meinungsmacher. Meinungsmacher sind »Schwergewichte« auf dem Feld der Kommunikation, sei es, dass sie ihre eigenen Meinungen mit Gewicht und Nachdruck zum Ausdruck bringen oder dass sie Informationen und Meinungen anderer filtern und diesen dann ein besonderes Gewicht verleihen. Meinungsmacher verfügen oft über Macht aufgrund ihrer Positionen und Beziehungen, die ihnen helfen zu wichtigen Informationen zu gelangen. Sie können »zwischen den Zeilen und auch das non verbale Verhalten lesen«. Sie »hören das Gras wachsen«. Es liegt ihnen, Informationen und Meinungen zu priorisieren, ihnen mehr oder weniger Gewicht zu verleihen, um sie dann mit Autorität durchzusetzen oder mit Nachdruck überzeugend und schnell in die Runde, in ihre Netzwerke, weiter zu tragen. Meinungsmacher sind Meister auf der Klaviatur der formellen wie informellen Kommunikation. »Guerilla-Kommunikation« und der Umgang mit »Buschtrommeln« ist ihnen vertraut. Meinungsmacher in beruflichen Spielsituationen sind oft unter den erfahrenen, älteren Arbeitskollegen/innen oder unter den besonders engagierten kommunikationsstarken jüngeren Spielern zu finden. Ein wichtiger innerbetrieblicher Meinungsmacher und zum Teil auch Mitentscheider ist stets der Betriebs- oder Personalrat. Meinungsmacher auf geschäftlichen Spielfeldern sind vor allem Vereinigungen und Verbände, Gewerkschaften und die Medien.

»Medienvertreter«

Je stärker ein Spielgeschehen wie seine Hintergründe auch für viele andere nicht direkt Spielbeteiligte von Interesse sein könnte, desto eher rückt ein Spiel in den Fokus der Vertreter von Presse, Funk und Fernsehen. Wird viel in ein Spiel investiert, »steht viel auf dem Spiel«, sind besondere oder extreme Spielergebnisse oder Konsequenzen erwartbar oder vorhanden, so wird durch die Medien die Kommunikation über ein Spiel in vielfältiger Form gesteigert. Zunehmend finden zum Beispiel heute wichtige Personalangelegenheiten aus der Geschäftswelt durch die Medien eine breite Resonanz in der Öffentlichkeit. Berichtet wird über die aussichtsreichsten Kandidaten für eine bestimmte Vorstandsposition, über den Auf- oder Abstieg von Vorständen, nicht nur in einem Manager-Ranking, oder über eine Werksschließung in Verbindung mit einer Massenentlassung. Medienberichte tragen zur erhöhten öffentlichen Aufmerksamkeit für ein Thema bei. Medienvertreter berichten allerdings nicht nur über Geschehnisse. Durch ihre Aussagen, Interpretationen und Bewertungen vor, während und nach einem Spiel können sie auch einen enormen Einfluss auf die Spieler, Spiele und entsprechenden Rahmenbedingungen ausüben.

Im Zeitalter wachsender Transparenz wird heute kaum noch jemand zum Star ohne ein entsprechendes Medienecho und persönliche Kontakte zu Medienvertretern. Schon im 19. Jahrhundert bemerkt der Schriftsteller Oscar Wilde »Leben ist eine Bühne«. Der Künstler Andy Warhol behauptet in den sechziger Jahren des vergangenen Jahrhunderts in seinem berühmt gewordenen Satz: »In the future, everyone will be famous for 15 minutes.« Wir gehen davon aus, dass in unseren Zeiten mehr denn je Menschen versuchen, ihr Leben als medienwirksames Bühnenereignis zu inszenieren, um zu mehr als »nur« 15 Minuten Berühmtheit zu gelangen. Je stärker ein Spieler in der Öffentlichkeit und im Fokus der Medien steht, desto mehr ist ihm an einem guten Auftritt und Image gelegen, desto härter trainiert er für seine Auftritte. Ziel ist die Etablierung einer persönlichen Marke. Die persönliche Authentizität, Natürlichkeit und Spontaneität können dabei durchaus in Gefahr geraten. Unterstützung im Umgang mit Medienvertretern bieten vielerorts Medienberater und -agenturen an. Beruflich wichtige Auftritte, Geschäftsveranstaltungen, Pressekonferenzen und Hauptversammlungen, werden mit ihrer Hilfe perfekt vorbereitet und gestylt. Oft werden sie damit zu spektakulären Events beziehungsweise medienwirksamen Werbeveranstaltungen. Wie Medien es durch die öffentlichkeitswirksame Begleitung von Personalauswahlprozessen sogar schaffen, ein eigenes Business zu generieren, zeigen darüber hinaus Casting Shows im TV.

Jeder Spieler, jedes Team und jede Organisation kann versuchen, nicht nur eine bestimmte Rolle, sondern zugleich mehrere Rollen in einem Spiel zu übernehmen. Ein Überleben in und gutes Ausfüllen von Rollen ist aus unserer Sicht nur dann möglich ist, wenn dafür entsprechende Qualitäten und Energien vorhanden sind, diese auch gezeigt und immer wieder bewiesen werden. Nicht jede Rolle und jeder Mix von Rollen passt zu jedem Menschen beziehungsweise jeder Organisation in einer bestimmten Situation. Unser Alltag zeigt immer wieder, dass Rollenüberlappungen, Rollenkonflikte und ganz einfach auch Überraschungen möglich sind. Diesen wollen wir im weiteren Verlauf unserer Gedanken nicht nachgehen, da für uns die strategisch unternehmerischen Überlegungen Priorität besitzen. Unternehmerisch ist stets abzuwägen, wo und wann welchen Rollen eine strategisch wichtige Bedeutung beizumessen ist und mit wem sie besetzt oder zu besetzen sind, welches Interesse Spieler zeigen und welchen Einfluss sie ausüben.

Beobachtungs-Cluster bilden

Oftmals ist es unmöglich, das Verhalten aller identifizierten Spieler einzeln zu analysieren und zu verstehen. Eine Klassifizierung hilft hier weiter und schafft Übersicht. Die Bedeutung der Spieler richtet sich einerseits nach ihrem Interesse am Spiel und andererseits nach ihrem Einfluss auf den Spielverlauf. Das Interesse richtet sich beispielsweise danach, ob ein Spieler gleichzeitig an mehreren Spielen teilnimmt, die für ihn von unterschiedlicher Bedeutung sind oder danach, ob er sich für das Spiel leicht oder nur schwer erreichbare Ziele setzt. Der Einfluss auf den Spielverlauf hängt ganz wesentlich von der Bedeutung des Spielers ab. Die Bedeutung kann zum Beispiel in beruflichen Spielen an der hierarchischen Position und am Ansehen einer Person im Unternehmen fest gemacht werden. In geschäftlichen Spielen kann sie anhand der Marktstellung oder des Images eines Geschäftes gemessen werden. Gemäß diesen beiden Kriterien »Interesse am Spiel« und »Einfluss auf den Spielverlauf« wollen wir vier Spielergruppen unterscheiden (Abbildung 4.5):

- A-Spieler haben sowohl starkes Interesse als auch einen großen Einfluss auf das Spielgeschehen. Oft sind sie die Spielmacher,

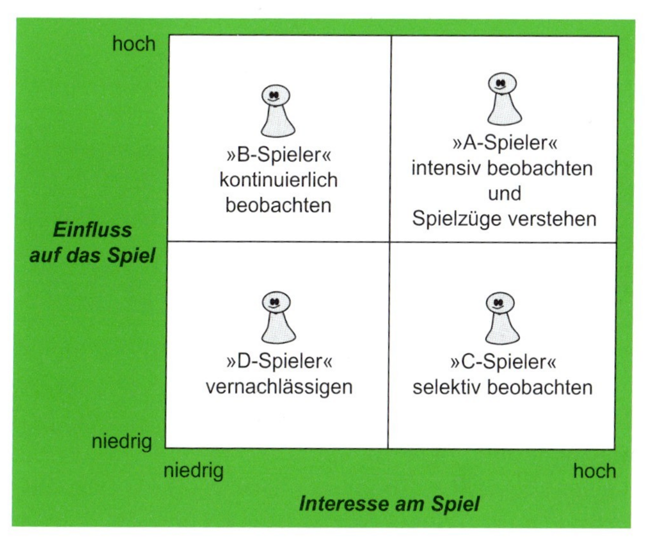

Abb. 4.5: Beobachtungs-Cluster für Spieler

Star- und Auswahlspieler, High Potentials und Coaches auf einem Spielfeld. Sie gilt es, sowohl im eigenen Team wie auch extern intensiv zu beobachten, zu analysieren und unbedingt zu verstehen. Gelingt es, gerade sie in ihrem Spielverhalten, ihren Spielgewohnheiten und ihrer Spielphilosophie immer besser zu verstehen, so lassen sich ihre Spielzüge leichter, frühzeitiger und mit größerer Sicherheit antizipieren, was zu enormen Spielvorteilen führen kann.

- B-Spielern unterstellen wir tendenziell ein geringeres Interesse am Spiel. Sie können allerdings fallweise einen durchaus großen Einfluss auf das Spielgeschehen ausüben. Wir zählen die Impulsgeber zu den B-Spielern. Auch ihr Verhalten ist intern wie extern kontinuierlich wahrzunehmen, um auf überraschende, innovative wie gefährliche Spielzüge schnell reagieren zu können.
- C-Spieler haben einen starkes Interesse, aber keinen großen Einfluss auf das Spielgeschehen. Zu den C-Spielern gehören vor allem die aktiven Mitspieler, die Nachwuchs- und Ersatzspieler. Hier ist eine selektive Beobachtung und Analyse von Nutzen. Das Spielinteresse kann sich von einem zum anderen Moment verändern. Es kann zum Beispiel ad hoc steigen, wenn ein unzufriedener junger Ersatzspieler erfährt, dass ein Scout, eines von ihm präferierten Clubs, das Spiel beobachtet.
- D-Spieler haben ein schwaches Interesse und geringen Einfluss auf das Spielgeschehen. Zur Gruppe der D-Spieler gehören die passiven Mitspieler. Ihr Verhalten kann aus strategischer Perspektive eher vernachlässigt werden.

Verhalten der Spieler verstehen

Im Spielverlauf kann die Ausrichtung und das Verhalten eines Spielers durch Kontinuität oder Diskontinuität geprägt sein. Kontinuität heißt, dass der Spieler während des Spiels seine einmal gewählte Rolle weitgehend beibehält und auch immer wieder gleiche oder ähnliche Spielzüge tätigt. Der Spieler besitzt eine klare strategische Stoßrichtung, die für andere Spieler klar erkennbar und damit für die Zukunft leichter berechenbar ist. Zeigen die Wahl der Rolle, das Rollenverhalten und die Spielzüge eines Spielers in der Vergangenheit hingegen kein einheitliches Muster, dann bedeutet dies, dass der Spieler kreativ, schnell und situationsbezogen seine Rollen und Ausrichtungen wechselt. Der Spieler ist damit unberechenbarer. Dem künftigen Verhalten gerade dieser Spieler ist eine ganz besondere Aufmerksamkeit zu schenken.

Neben einem kontinuierlichen oder diskontinuierlichen Verhalten, kann ein Spielgeschehen auch durch vorrangig rational oder irrational erscheinende Spielzüge geprägt sein. Bei einem rationalen Verhalten ist die Logik der Spielzüge nachvollziehbar. Bei irrationalem beziehungsweise quasi-irrationalem Verhalten scheint diese zu fehlen. Hierzu gehören Spielzüge, die stark auf Emotionen oder einer vermuteten Orientierungslosigkeit beruhen. Die nicht erkennbare Logik im Verhalten macht Spieler besonders gefährlich. Sie können nicht nur den eigenen »Spielerfolg«, sondern auch den aller anderen Spieler gefährden oder gar verhindern.

4.5 Spielerbeziehungen beachten

Die jeweiligen Rollen und Verhaltensweisen der Spieler werden von den Beziehungen geprägt, die Spieler untereinander aufbauen, intensivieren, pflegen und auch wieder abbrechen oder einschlafen lassen. Die Spielerbeziehungen sind uns in unserem Konzept so wichtig, dass wir Ihnen einen eigenen Baustein widmen. Insofern lautet das Motto jetzt:

»Mache Dir ein Bild von den Spielerbeziehungen!«

Im Rahmen einer Beziehungsanalyse ist klar zwischen den Interessen, Verhaltensweisen und Arten der Beziehungen der Spieler zu unterscheiden. Hinsichtlich der Interessen von Spielern können wir stark vereinfachend zwischen zwei Dimensionen unterscheiden: dem Interesse und der Sorge um das Eigene, die persönlichen Belange und eigenen Verhaltensergebnisse, und dem Interesse und der Sorge um das Nicht-Eigene, das heißt die Ergebnisse anderer auf einem Spielfeld. Dominiert das Interesse um das Eigene, so wollen wir von einem egoistischen Antrieb eines Spielers sprechen. Spieler, die sich dagegen verstärkt um die Ergebnisse der anderen kümmern und die eigenen mehr oder weniger vernachlässigen, zeigen einen eher altruistischen Antrieb. Gleichgültigkeit beziehungsweise Desinteresse demonstrieren Spieler, die sich weder groß um die eigenen Ergebnisse noch die der anderen kümmern. Hat ein Spieler dagegen sowohl die eigenen Ergebnisse wie die der anderen im Blick, signalisiert er Offenheit, Gesprächs- und Kompromissbereitschaft und setzt er sich für Fairness beim Erzielen und Verteilen von Ergebnissen ein, so wollen wir hier von einem Antrieb hin zum Fair Play sprechen. Fair Play ermöglicht und fördert, unter Einbeziehung der Umwelt, ein faireres Mit- und Füreinander (Abbildung 4.6).

Interesse an Ergebnissen anderer		
groß	Altruismus	Fair Play
gering	Gleichgültigkeit	Egoismus
	gering	groß
	Interesse an eigenen Ergebnissen	

Abb. 4.6: Interesse an Ergebnissen

Wir gehen davon aus, dass das Verhalten der meisten Spieler zum Teil sehr bewusst, zum Teil aber auch unbewusst von diesen vier Antriebsarten beeinflusst wird. Je nach Situation und Sozialisation, eigenem aktuellen Wollen, Können und Verantwortungsbewusstsein sind Spieler in der Lage, zwischen ihnen zu wählen und ihr Verhalten entsprechend auszurichten.

Jeder Antrieb hat seine »Sonnen- wie Schattenseiten«, seine Vorteile und Chancen sowie Nachteile und Risiken: Oftmals brauchen wir eine gesunde Portion Egoismus, um in bestimmten persönlichen, beruflichen und geschäftlichen Situationen überhaupt zu überleben. Gesunden Egoismus zeigt, wer in überlebenswichtigen Situationen seine Aggressionen angemessen und konstruktiv zu seinen Gunsten einsetzt, dabei seinen Gegenüber und das Umfeld respektiert und auch die Verhältnismäßigkeit der eingesetzten Mittel wahrt. Wer allerdings kontinuierlich ein rigoros unnachgiebiges egoistisches Verhalten zeigt, handelt sich längerfristig das Image des rücksichtslosen »Ellenbogenmenschen« oder einer nach schnellem Gewinn strebenden »Heuschrecke« ein. Rein egoistisches Agieren führt auf Dauer in die Sackgasse des unfreiwilligen Allein-Gelassen-Werdens. Es macht wider Willen einsam. Wer gut für sich selbst sorgen kann, dessen Chancen sind in der Regel auch größer, für andere gut mit sorgen zu können. Ein altruistischer Antrieb ist für uns die Basis, um soziale Qualitäten weiter auszubauen, sei es gegenüber Einzelnen oder gegenüber Teams und Gemeinschaften, deren Zielerreichung wir aktiv fördern wollen. Ein dauerhaftes Zuviel an Altruismus kann unter Umständen dazu führen, auch an andere immer höhere soziale Ansprüche zu stellen, ihr vielleicht nur schleppendes Mittun und ihre womöglich nur mangelnde Dankbarkeit als Leid zu empfinden, selbst unzufriedener zu werden und in eine krankmachende Opferhaltung und ein Burnout hineinzuwachsen.

Auch Gleichgültigkeit lässt sich ambivalent interpretieren und bewerten: Einerseits wird jener, dem alles gleichgültig ist, schnell in eine bestimmte Ecke geschoben, wenn nicht abgeschoben. Wer Desinteresse zeigt, sich für niemanden und nichts interessiert, der wird oft auch für andere immer uninteressanter, kann, schneller als es ihm lieb ist, vereinsamen und depressiv werden. Andererseits brauchen wir ein gewisses Maß an Gleichgültigkeit gegenüber Menschen und Situationen, sonst können wir gar nicht in dieser komplexen, so intensiv um unsere Aufmerksamkeit heischenden Welt überleben und entspannen. Es erscheint uns schlichtweg unmöglich, dass wir uns selbst um alles und jedes beziehungsweise jede/n kümmern. Im besten Fall kann Gleichgültigkeit dann sogar ein Ausgangspunkt für eine Haltung der Gelassenheit und des Gleichmutes sein. Gelassenheit und Gleichmut im Sinne eines Bewusstseins und Vertrauens, dass in jedem Augenblick alles, was wirklich gebraucht wird, zumeist auch da ist und zur Verfügung steht, sind oft wesentliche Stärken unternehmerisch geprägter Menschen. Ohne Gelassenheit und Gleichmut sind strategisch orientierte berufliche und geschäftliche Vorhaben in den seltensten Fällen über Jahre hinweg durchzuhalten und zum Erfolg zu führen.

Der Antrieb hin zum Fair Play spiegelt für uns ein ständiges Suchen und Finden eines fairen Ausgleichs oder Kompromisses zwischen den verschiedensten Ansprüchen unterschiedlichster Beteiligter und Betroffener wider. Fair Play strebt an, wem die Maxime wichtig ist: Entscheide und handle so, dass sich eine Situation für Dich, Dein Gegenüber, Euer Umfeld wie Euere Nachwelt fair/er gestaltet und positiv/er weiterentwickeln kann. Fair spielt, wer anderen in ihrem Sein, ihrer Einzigartigkeit und ihrem Verhalten mit Respekt begegnet. Wer wirklich Fair Play übt, versucht, dieses geduldig gegenüber möglichst allen direkt und indirekt am Spiel Teilnehmenden zu praktizieren.

Eine besondere Herausforderung stellt dabei das Verhalten gegenüber Wettbewerbern und den Schwächsten auf einem Spielfeld dar. Schnell kann zum Beispiel gerade unter Zeitdruck die Versuchung entstehen, die eigenen Vorstellungen und Interessen gegenüber Schwächeren rücksichtslos durchzusetzen und gegenüber Wettbewerbern zu unfairen Mitteln zu greifen. Dem Charakter von Bestechung, Doping, Foul und Revanchefoul im Sport entsprechen im beruflichen und geschäftlichen Kontext zum Beispiel Korruption, Mobbing und kartellartige Absprachen. Gerade solche Situationen verdeutlichen immer wieder die Notwendigkeit von Fair Play.

Eine besondere Bedeutung erfährt Fair Play auf Spielfeldern, die neu entstehen, auf denen es zunächst noch keine Absprachen und Spielregeln gibt. Fair Play kann dann bedeuten, auch ohne verabredete Spielregeln das Spiel mit anderen in respektvoller Form aufzunehmen und aus sich heraus fair zu spielen. Interessanterweise lässt sich ein solches Verhalten immer wieder bei Kindern auf Spiel- und Bolzplätzen beobachten. Oftmals gelingt es ihnen, in ihren kreativen Spielansätzen zugleich fair mit- und gegeneinander zu spielen, ohne vorab lange über Spielregeln zu debattieren. Über das Gespür für Fairness hinaus, beinhaltet Fair Play die partnerschaftliche Vereinbarung und Einhaltung von Spielregeln wie deren positive Weiterentwicklung. Ein zu großes und starres Beharren auf früher einmal abgesprochenen Spielregeln, die angesichts einer aktuellen Situation nicht mehr angemessen und förderlich erscheinen, entspricht nicht unserem Ansatz eines Fair Play. Spielregeln, die veraltet sind und nicht mehr passen, deren Anwendung und Auslegung ein Spiel und dessen Lebendigkeit ersticken, gehören für uns zur Schattenseite des Fair Play. Sie gilt es zu reduzieren.

Die in Spielsituationen jeweils zum Tragen kommenden Antriebe beziehungsweise bewusst und entschieden gelebten Haltungen von Spielern beeinflussen stark deren Spielverhalten und die Art der Beziehungsgestaltung. Hinsichtlich der Arten von Spielerbeziehungen rücken dann folgende Fragen in den Vordergrund:

- Welche Spielerbeziehungen bestehen?
- Welche Zielsetzungen werden in und mit den Beziehungen verfolgt?
- Welche Intensität besitzen die Beziehungen?
- Wie werden die Beziehungen gepflegt?
- Welche Offenheiten und Möglichkeiten für weitere, ergänzende Beziehungen bieten die bestehenden Beziehungen?
- Wie werden sich die Beziehungen in Zukunft verändern?

Die Antworten auf diese Fragen werden maßgeblich durch die Rolle bestimmt, den der Netzwerkgedanke für die Spieler besitzt. Auf unseren Spielfeldern können wir Spieler beobachten, die netzwerkorientiert sind, und solche, die keinem Netzwerk angehören, und dies vielleicht sogar bewusst meiden. Netzwerkorientiertes Spielerverhalten lässt sich durch Begriffe wie Kooperationen, Koalitionen und Freundschaften kennzeichnen. Die Spieler sind offen für einander, gehen aufeinander zu, suchen eine positive Resonanz und die gegenseitige Ergänzung. Alle diese Beziehungen werden durch Vertrauen, Wertschätzung, Wohlwollen, Partnerschaft, Abstimmung und gegenseitige Unterstützung geprägt. In der Regel werden die Ziele besprochen und abgestimmt, egal ob sie bewusst identisch, ähnlich oder bewusst verschiedenartig und sich ergänzend formuliert sind. Netzwerkaverses Verhalten hingegen finden wir in auf Distanz und Abgrenzung bedachten Beziehungen, in Konkurrenz- und Kriegsbeziehungen, offenen wie verdeckten Feindschaften. Diese Beziehungen sind eher durch übermäßige Vorsicht, Misstrauen, Neid, Hass, Kränkungen und Rachegelüste geprägt.

Bertrand Piccard unterscheidet aufgrund seiner Projekterfahrung vier Typen menschlichen Gruppenverhaltens in Netzwerken. Sie machen deutlich, dass Netzwerke nicht immer zu positiven Ergebnissen führen[8]:

- Im ersten Fall besteht eine Beziehung aus Spielern, die sich sehr ähnlich sind. Das Ziel der Spieler besteht darin, alle unterschiedlichen Ansichten und Konflikte zu vermeiden. Diese Konstellation ist ideenlos. Es gibt keinen geistigen Mehrwert. In diesem Beziehungsgeflecht ergibt 1 + 1 = 1.
- Im zweiten Fall besteht die Beziehung aus Spielern mit ganz unterschiedlicher Persönlichkeit, was durchaus zu einer größeren Kreativität führen kann. Doch die Beziehungen untereinander sind auf Macht und Kontrolle aufgebaut. Ständig wird versucht, den anderen Spielern zu beweisen, dass man selber Recht hat oder besser ist. Dieses Beziehungsgeflecht vernichtet Energie. Hier ergibt 1 + 1 = 0.
- Im dritten Fall besteht die Beziehung aus Spielern mit ganz unterschiedlicher Persönlichkeit, wie im zweiten Fall. Doch zwischen den Spielern gibt es wenig Austausch, wenig Interaktionen. Differenzen werden insofern nicht bedrohlich, aber es bilden sich auch keine Synergien. Es handelt sich um ein Beziehungsgeflecht, bei dem 1 + 1 = 2 ergibt.
- Im vierten Fall schaffen es die Spieler, aus ihrer Einzigartigkeit und Verschiedenheit heraus, gemeinsam einen Nutzen zu generieren. Durch ein abgestimmtes, sich ergänzendes Verhalten erzielen die Spieler Synergiepotenziale. In diesem als Ideal geltenden Netzwerk ergibt 1 + 1 = 3.

Es wird deutlich, dass Spieler in ihren jeweiligen Spielerbeziehungen ein ganz unterschiedliches Verhalten zeigen können. Um das Verhalten zu verstehen, sind folgende Fragen zu klären:

- Was ist das beobachtete Verhalten?
- Was ist das tatsächliche Verhalten?
- Wie wird sich das Verhalten in Zukunft verändern?

In strategischen Spielen wird das Verhalten auch durch die Wettbewerbs- und Kooperationsbereitschaft der Spieler geprägt. Tragen wir die Wettbewerbs- und Kooperationsbereitschaft auf den beiden Achsen einer Matrix ab, dann lassen sich vier Arten von Spielerbeziehungen unterscheiden:

- Wettbewerb,
- Koexistenz,
- Kooperation und
- Coopetition.

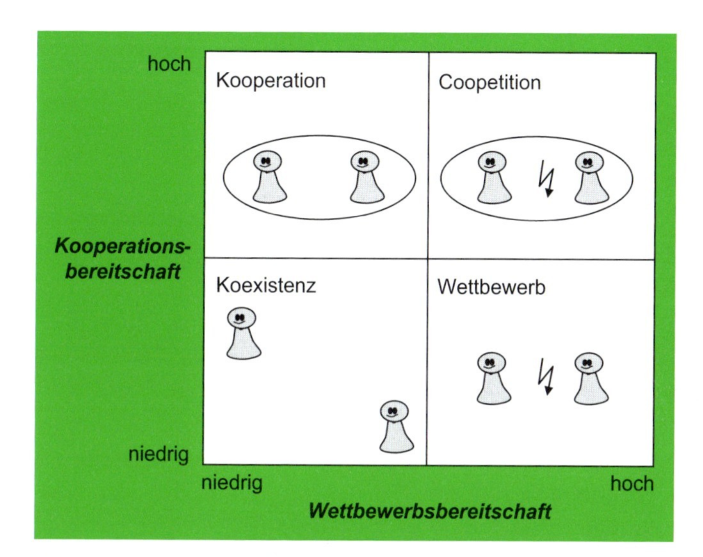

Abb. 4.7: Wettbewerbs- und/oder Kooperationsbereitschaft

Eine genauere Betrachtung dieser vier Spielerbeziehungen wird uns zeigen, dass mit ihnen ganz unterschiedliche Verhaltensweisen im Spiel verbunden sind. Wir betrachten zunächst jene Spielbeziehungen, Wettbewerb und Koexistenz, die sich durch eine geringe Kooperationsbereitschaft auszeichnen:

Wettbewerb

Im Wettbewerb findet ein »Kräftemessen« statt. In Geschäftsspielen messen wir die »Kräfte« üblicherweise anhand der Marktpositionen und der Profitabilität. Je standardisierter das Produkt- beziehungsweise Leistungsspektrum ist, umso intensiver erleben wir den Wettbewerb um die Gunst des Kunden. Die Kostenposition der einzelnen Spieler rückt dann in den Mittelpunkt des Spielerfolgs, das heißt wie günstig sie ihre unternehmerische Leistung erzeugen und auf dem Markt anbieten können. Verfolgt wird eine Kostenführerstrategie. Dies erfordert eine kostenorientierte Unternehmenskultur, die vom Management bis zum einzelnen Mitarbeiter reicht. In unseren beruflichen Spielen kann sich diese Spielsituation rasch in einer Erhöhung der Arbeitsintensität, im Kampf um Auf- und Abstieg und Streit um Versetzungen widerspiegeln.

Koexistenz

Bei Koexistenz weichen die Spieler einem direkten Wettbewerb aus. Das Spiel wird dabei auf ein Terrain, eine Nische – einen »toten Winkel« – des Spielfeldes verlegt, auf dem das eigene Geschäft einen Vorteil hat oder zumindest die anderen Spieler keinen besitzen oder besitzen wollen. Die Spieler verfolgen eine Differenzierungsstrategie. Im Gegensatz zur Kostenführerstrategie zielt eine Differenzierungsstrategie darauf ab, zum Beispiel durch Qualität, Technologie oder Image dem Kunden einen Zusatznutzen zu bieten. Das Ziel ist die optimale Befriedigung der Bedürfnisse der Kunden oder Vorgesetzten und die möglichst klare Abgrenzung des eigenen Leistungsangebotes von dem der anderen Spieler, um damit frontalen Auseinandersetzungen aus dem Weg zu gehen. Diese Strategie setzt voraus, dass der Spieler mindestens eine der nachfolgenden Erfolgspositionen besetzt hält:

- eine zielgruppenorientierte strategische Erfolgsposition auf Basis von Qualität, Service, Sortiment, Image, persönlichem Marketing, Erfahrung;
- eine innovationsorientierte strategische Erfolgsposition, die dem Spieler aufgrund seiner Auffassungsgabe, Kreativität und Praktikabilität eine Sonderstellung einräumt;
- eine zeitbezogene strategische Erfolgsposition, etwa aufgrund hoher Leistungsfähigkeit in Entwicklung, Nachahmung und Umsetzung.

Die Differenzierung bringt aber nur dann einen Wettbewerbsvorteil, wenn der Kunde oder unser Vorgesetzter sie wahrnimmt und bereit ist, die bessere Leistung anzuerkennen und in einer jeweils geeigneten Form zu honorieren.

Für den im Verborgenen handelnden, mittelständisch geprägten Nischen-Spieler in Geschäftsspielen, der auf seinem Spielfeld eine führende Position einnimmt, hat Hermann Simon den Begriff des »Hidden Champion« geprägt. Hierzu gehören beispielsweise Unternehmen wie Brainlab, ein Hersteller von Positionierungssystemen für chirurgische Eingriffe, Delo mit seinen Klebstoffen für Chipkarten und das Vorarlberger Unternehmen Blum mit seinen Möbelbeschlägen. Klassische Hidden Champions sind Einprodukt-Einmarkt-Unternehmen[9]. Die Hidden Champions in unseren beruflichen Spielen sind im Hintergrund wirkende Spezialisten, deren Fachwissen und Erfahrung unverzichtbar ist.

Kooperation

Kooperieren heißt, Beziehungen mit anderen Spielern eingehen, mehr oder weniger intensive Netzwerke bilden. Vor dem Hintergrund einer immer engmaschiger vernetzten Wirtschaft gewinnt die Fähigkeit, Netzwerke zu bilden, zu pflegen und zu stärken immens an Bedeutung. Vorgehensweisen werden nicht mehr von einem Unternehmen allein entwickelt und umgesetzt. Aufgaben werden vielmehr auf Basis von Verhandlungen auf eine Gemeinschaft übertragen. Zu kooperieren bedeutet nicht nur, miteinander gemeinsam an etwas zu arbeiten, sondern auch bewusst zu verzichten und zu teilen. Zu den wichtigsten Formen von Kooperation in der Wirtschaft gehören:

- langfristige Verträge, zum Beispiel Liefer-, Abnahme- oder Forschungs- und Entwicklungsabkommen;
- Lizenzen, wie Nutzungsrechte für Namen, Technologien, Produkte und Dienstleistungen;
- Joint Ventures zwischen Spielern, die nicht in direktem Wettbewerb zueinander stehen;
- Akquisitionen und natürlich
- virtuelle Formen der Zusammenarbeit im Internet.

Virtuelle Zusammenarbeit im Internet, langfristige Verträge, Lizenzen und die beschriebene Form von Joint Ventures sind in der Regel Formen von gegenseitiger Kooperation, in denen Win-Win-Situationen für alle Beteiligten angestrebt werden.

Ein Beispiel für eine virtuelle Zusammenarbeit im Internet ist die »Open-Source-Software-Gemeinde«. Das Betriebssystem Linux wurde auf diese Weise von einem, im Kern freiwilligen, sich selbst organisierenden Netzwerk von tausenden Programmierern und Unternehmen im Internet entwickelt. Die Mitglieder des Netzwerkes tauschen sich dabei freiwillig und ohne monetäre Anreize aus. Die Beteiligten kommunizieren öffentlich, in kleinen Schritten und in ständigem Abgleich mit den anderen Spielern[10]. Ein weiteres Beispiel ist die Online-Enzyklopädie Wikipedia, die von den Internet-Nutzern ständig eigeninitiativ weiterentwickelt wird. Beide Beispiele zeigen das Phänomen der Schwarmintelligenz, die Summe der im Kollektiv organisierten Interaktionen schafft den gewünschten Mehrwert.

Ein Joint Venture ist ein gemeinsames Drittunternehmen zweier Spieler. Anfang 2007 gründeten der Schweizer Konzern für Luxusgüter Richemont und der US-amerikanische Hersteller von Lifestyle-Produkten Polo Ralph Lauren ein Joint Venture für Design, Entwicklung, Herstellung und Vertrieb von Luxus und Schmuck. Richemont vertritt im Schwerpunkt Schmuck- und Uhrenmarken. Polo Ralph Lauren hat seinen Schwerpunkt im Bereich Kleidung, Accessoires für Inneneinrichtungen und Düfte mit ca. 300 Einzelhandelsgeschäften weltweit. Das Joint Venture eröffnet Richemont neue Vertriebswege und Polo Ralph Lauren neue Marktsegmente mit höheren Margen.

Akquisitionen sind in unserer Logik die engste Form der Kooperation. Dabei handelt es sich um den vollständigen Kauf oder Erwerb einer Mehrheitsbeteiligung eines Geschäftes. Akquisitionen können einen freundlichen oder feindlichen Charakter besitzen:

- Bei einer freundlichen Übernahme (»friendly takeover«) stimmt das Management des Unternehmens, das übernommen wird, nach konstruktiven Verhandlungen der Akquisition zu.
- Bei einer feindlichen Übernahme (»unfriendly takeover«) wird die Übernahme gegen den Willen des Managements des betroffenen Unternehmens durchgeführt. Eine feindliche Übernahme kann bildlich mit einem »Fang den Hut«-Spiel verglichen werden.

Eine feindliche Übernahme ist gemäß unserer Systematik eine einseitig bedingte Kooperation. Bei der Akquisition übernimmt ein Spieler eine führende Rolle. Zugleich verliert der »akquirierte« Spieler weitgehend seine spielerische Autonomie und Handlungsfreiheit. Integrieren die beiden Spieler ihre Geschäftsaktivitäten, dann nimmt die Zahl der Spieler auf dem Spielfeld ab. Die Marktmacht wird gebündelt. Das Kräfteverhältnis auf dem Spielfeld kann dadurch spürbar verschoben werden.

In geschäftlichen Spielen gehen feindliche Übernahmeversuche oft von großen börsennotierten Unternehmen und Finanzinvestoren aus. Auch Familienunternehmen können eine treibende Rolle übernehmen, wie es der Fall Schaeffler/Continental im Jahr 2008 zeigte. Zu den interessanten Beispielen strategischer Spielzüge im Bereich der feindlichen Übernahmen durch börsennotierte Unternehmen gehört der Übernahmeversuch von Scania durch MAN im Herbst 2006. Die Spielzüge fassen wir hier zusammen (Abbildung 4.8).

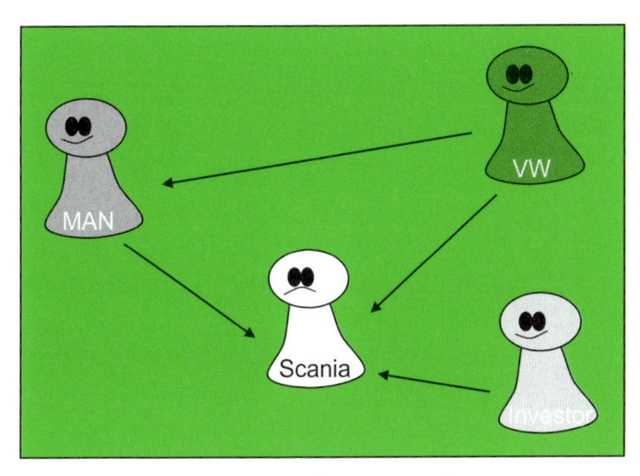

Abb. 4.8: Beispiel: Strategische Spielzüge im feindlichen Übernahmeversuch von Scania durch MAN

- *Strategische Ausgangssituation:* Der Automobilhersteller Volkswagen (VW) und Investor AB, eine schwedische Finanzholding, dominiert von der Familie Wallenberg, halten zum Zeitpunkt der Ankündigung der geplanten feindlichen Übernahme durch MAN bereits große Aktienpakete an Scania.
- *Chronik der strategischen Spielzüge:* Mitte September 2006 macht MAN ein feindliches Übernahmeangebot an Scania, um zur Nr. 1 im europäischen Nutzfahrzeugmarkt aufzusteigen. Kurze Zeit später tritt VW ins Spiel ein, erwirbt Anfang Oktober 15 % der Aktien von MAN und sichert sich im Falle einer Akqui-

sition eine Sperrminorität. Schnell wird der strategische Plan klar. VW könnte versuchen, unter Einschluss seiner brasilianischen Nutzfahrzeugsparte mittelfristig ein neues Nutzfahrzeugunternehmen zu gründen, um damit in der Konsolidierung der Nutzfahrzeugbranche eine aktive Rolle zu spielen und die Wachstumsmärkte Osteuropa, Indien und China erfolgreich bedienen zu können. Durch diesen Spielzug wird MAN nun selbst zum Kandidat einer feindlichen Übernahme. Wenige Tage später bekräftigt MAN seine Spielposition und kauft Scania-Aktien, die 14,8 % der Stimmrechte abbilden und wird damit nach VW und Investor AB zum drittgrößten Aktionär von Scania. Im November 2006 beginnt Investor AB mit umfangreichen Aktienkäufen, um sich ebenfalls eine Sperrminorität an Scania zu sichern. Ende Januar 2007 lehnen Investor AB und VW das Übernahmeangebot von MAN ab. MAN zieht daraufhin erfolglos sein Übernahmeangebot zurück. Anfang März 2008 erwirbt VW alle Anteile von Investor AB und sichert sich damit die Mehrheit der Stimmrechte an Scania. VW hat zwischenzeitlich auch seine Aktienbeteiligung an MAN auf etwa 30 % aufgestockt und damit eine Situation geschaffen, in der es alle Fäden in der Hand hält.

Coopetition

Coopetition beschreibt ein sehr dynamisches Beziehungsgeflecht. Ist ein Spieler auf bestimmten Feldern des Spieles kooperationsbereit, scheut aber zugleich in anderen Spielfeldern den Wettbewerb nicht, dann ist Coopetition ein Weg, um Wettbewerb (Competition) und Kooperation (Cooperation) zusammenzubringen. Coopetition, ein von Barry Nalebuff und Adam Brandenburger geprägter Begriff[11], bezeichnet eine Spielerbeziehung, nach der Spieler zugleich konkurrieren als auch vertrauensvoll kooperieren. Zu den Formen von Coopetition zählen in geschäftlichen Spielen beispielsweise die Verbandsarbeit, Konsortien zur gemeinsamen Abwicklung bestimmter Aufträge, strategische Netzwerke wie die Programme für Vielflieger von Fluggesellschaften, zum Beispiel der Star Alliance, oder Joint Ventures, etwa zur gemeinsamen Entwicklung einer neuen Produkt-Generation.

Bei einer Akquisition übernimmt ein Spieler die führende Rolle. Bei der Coopetition dagegen besteht eine ambivalente und eher paradoxe Situation. Einerseits pflegen die Spieler einen partnerschaftlichen Umgang und verfolgen gemeinsame strategische Vorhaben. Andererseits stehen sie zugleich auf einem anderen Spielfeld im Wettbewerb, in dem sie sich beispielsweise Marktanteile gegenseitig streitig machen.

Kooperation und Coopetition unterscheiden sich oft hinsichtlich der Ausgangssituation und Art der Spieler, die miteinander eine Spielerbeziehung eingehen. Coopetition kann zwischen Spielern entstehen, die sich auf dem gleichen Spielfeld im Wettbewerb miteinander sehen, also beispielsweise zwischen Automobilherstellern, zwischen Elektro- und Elektronikunternehmern oder Teilnehmenden in einem Bewerbungs-Assessment Center, die gemeinsam eine Aufgabenstellung lösen wollen. Spieler, die ursprünglich konkurrieren, beginnen, zugleich zu kooperieren. Auch der umgekehrte Fall, dass nämlich in einer ursprünglichen Kooperation Wettbewerb entsteht beziehungsweise gefördert wird, ist denkbar. Im Spitzensport ist dies zum Beispiel in Teams zu beobachten, in denen seitens des Trainers der Wettbewerb um bestimmte Positionen forciert wird. Damit sich niemand auf seiner Position ausruht und um der weiteren Leistungssteigerung willen, wird Kooperation mit Wettbewerb »angereichert«. Im beruflichen Kontext finden wir diese Gleichzeitigkeit von Kooperation und Wettbewerb in einem Projektteam, wenn dieses über die Verteilung von Ressourcen entscheidet: Wer bekommt welchen Anteil am Budget oder den zur Verfügung gestellten Dienstwagen? Wer erhält im zu beziehenden Teamraum den unattraktivsten Arbeitsplatz? Gegenseitige Kooperationen wachsen eher zwischen Spielern, die nicht oder nur in geringem Maße zueinander im Wettbewerb stehen oder diesen künftig ausschließen wollen. Dies ist beispielsweise bei Nischenanbietern der Fall oder bei einer Kooperation zwischen einem Hersteller und einem Lieferanten oder einem Großkunden.

4.6 Fazit: Analyseimpulse für Spielmacher

Seine unternehmerische Position klären, bedeutet für den Spielmacher zunächst, einen möglichst attraktiven Ausgangspunkt für sein Spiel zu finden. Eine Pole-Position, ein Startplatz in der ersten Reihe, verstärkt seine Möglichkeiten erheblich, ein ganz auf sich zugeschnittenes strategisches Verhalten zu entwickeln.

Spielidee klären

Ein Spielmacher »brennt« für seine Spielideen. Er ist fasziniert vom Spiel, von Sinn, Spaß, Stärke und Gewinn stiftenden Ideen. Ihn kennzeichnen Weitblick und Umsicht. Er weiß sehr genau, was er erreichen will. Auch verfügt er über genügend innere Energie, um ganz fokussiert »dranzubleiben« und an der Umsetzung seiner Ideen mit Ausdauer zu arbeiten.

Spielfelder abstecken

Ein Spielmacher hat sein Spielfeld sehr genau im Auge. Er nimmt seine Beschaffenheit, Rahmenbedingungen und Veränderungen achtsam wahr und entwickelt auf ihm ein gutes Raum- und Zeitgefühl. Er kennt und beeinflusst die Spielphasen und -zyklen, das Spieltempo und den Spielrhythmus. Er beobachtet zugleich benachbarte wie weiter entfernte Spielfelder, um sich von dort immer wieder wichtige neue Spielimpulse zu holen und/oder um auch dort aktiv zu werden. Vorausschauend denkt er auch über ganz neue Spielfelder nach.

Spielregeln erfassen

Ein Spielmacher weiß exakt, welche »Eintrittskarte« er für sein Spiel benötigt. Er kennt die Spielregeln und hat damit Klarheit über seinen generellen Handlungsrahmen. Während des Spiels entwickelt und pflegt er zudem eigene Spielregeln, beispielsweise sein Leitbild, Verhaltensregeln und Rituale. Sie verleihen seinem Handeln einen prägenden Charakter.

Spieler verstehen

Ein Spielmacher versetzt sich in die Köpfe und Herzen der anderen Spieler. Er versteht deren Kulturen, Ziele und Verhaltensweisen, kennt ihre Qualitäten und Potenziale. Leistungs- und rollenorientiert versteht er es, Spieler einzuordnen und passend ins Spiel einzubinden.

Spielerbeziehungen beachten

Ein Spielmacher kann einschätzen, welche Spielerbeziehungen durch Vertrauen, Wertschätzung, Wohlwollen, Partnerschaft, Abstimmung und gegenseitige Unterstützung geprägt und welche Beziehungen eher durch übermäßige Vorsicht, Misstrauen, Neid, Hass, Kränkungen und Rachegelüste geprägt sind. Er weiß, welche Beziehungen ihm nutzen, seine Spielideen erfolgsorientiert umzusetzen.

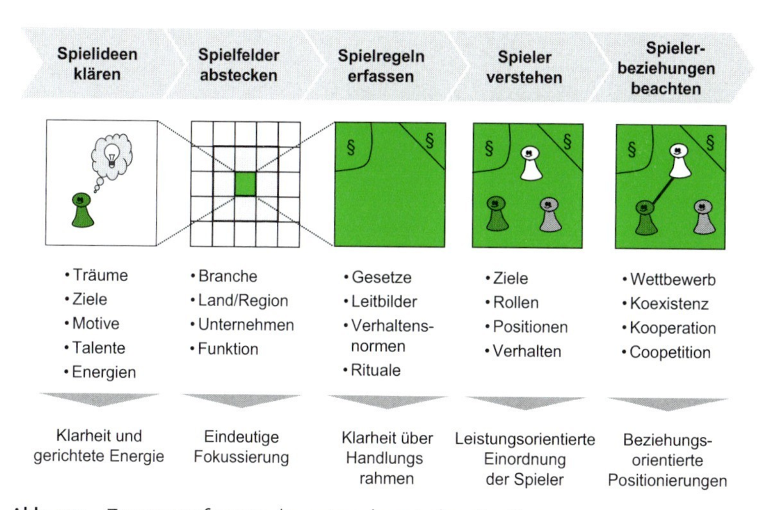

Abb. 4.9: Zusammenfassung der unternehmerischen Positionen

Die eigene Position im Spiel wird deutlich, wenn Maßstäbe zum Vergleich herangezogen werden. Die eigenen Ideen, Fokussierungen, Haltungen, Energien, Fähigkeiten, Ressourcen, Vorgehensweisen und Beziehungen können anhand der fünf dargestellten Bausteine besser und schneller geklärt und beschrieben werden. Angesichts des Fakts, dass unsere Spiele immer komplexer werden, an Schnelligkeit gewinnen und Situationen hervorbringen, die einander häufig kaum gleichen, lassen sich durch eine bewusste Bestimmung der eigenen Position große Spielvorteile erzielen. Stets gilt es, gelassen und achtsam neue Chancen und Risiken zu prüfen. Gleichen wir diese mit unseren Haltungen, Zielen und Möglichkeiten ab, so kommen wir unwillkürlich auch jenen strategisch orientierten Ideen näher, wie wir unsere Spielpositionen weiter absichern oder fortentwickeln können. Der systematischen Entwicklung von strategischen Optionen in unseren beruflichen und geschäftlichen Spielen werden wir uns im nächsten Kapitel widmen.

5
Unternehmerisches Verhalten entwickeln

Der Philosoph James P. Carse unterscheidet zwischen finiten (endlichen) und infiniten (unendlichen) Spielen[I]. In finiten Spielen versuchen wir, möglichst viele Eventualitäten zu kontrollieren. Je nach Ausgangssituation und Aussichten bemühen Spielmacher sich darum, das gesamte Spiel, dessen Regeln, die Spieler und das Ergebnis stark zu beeinflussen. Als Spieler erleben wir uns vielfach innerhalb von Grenzen, die uns von anderen gesetzt werden, die wir uns selbst in unserem Denken setzen und die uns auf die Dauer oft auch unveränderbar erscheinen. Eine solche Perspektive zum Spiel lässt uns schnell ernst, angespannt und verkrampft werden. Das Spielfeld wird für uns zum Gefängnis und wir fühlen uns unfrei. Grenzen und Mauern nehmen uns die Aussicht auf einen neuen Anfang und ein neues Ende. In infiniten Spielen dagegen ist die Zukunft offen. Unsere Offenheit ist gefordert, und wir haben die Chance, mit den Grenzen unseres Spiels strategisch zu spielen.

Wir betrachten unternehmerisches Spielverhalten hier als einen mehrstufigen Prozess. Zunächst klären wir unsere Ziele. Ziele können sowohl bestimmte messbare Resultate, Ergebnis- oder Zustandsziele sein, als auch die sie erzeugenden konkret messbaren Meilensteine oder Prozessziele. Dann suchen wir möglichst optimale Wege, wie wir die von uns angestrebten Ziele erreichen können. Stets leuchten wir unseren Raum der strategischen Optionen aus. Diese strategischen Optionen werden durch ihren Zuschnitt und die Anwendung auf unsere jeweilige Spielsituation zu Strategien. Diese Strategien wiederum sind unser Instrument für ein gezieltes strategisches Manövrieren. Von unserer Ausgangsposition im Spiel bewegen wir uns systematisch in Richtung der angestrebten Ziele.

Strategien – nach Wegen zu nachhaltigen Wettbewerbsvorteilen suchen

Wir wollen Strategien als Wege bezeichnen, die uns zu nachhaltigen Wettbewerbsvorteilen führen. Um uns diesen Zusammenhang klarzumachen, richten wir zunächst unseren Blick auf die Kriegskunst vergangener Tage. Im alten Athen wurden die militärischen Befehlshaber und Mitglieder des Kriegsrates als strategos bezeichnet. Die etymologische Herkunft dieser Bezeichnung beruht auf den griechischen Begriffen »stratos« = Heer und »agein« = führen[2]. Danach bedeutet Strategie soviel wie Kunst der Heerführung oder geschickte Kampfplanung. Der chinesische Philosoph und General Sunzi schrieb vor mehr als 2 500 Jahren: »Der General, der eine Schlacht gewinnt, stellt vor dem Kampf im Geiste viele Berechnungen an. So führen viele Berechnungen zum Sieg und wenig Berechnungen zur Niederlage«[3]. Carl von Clausewitz (1780 – 1831), einer der bedeutendsten strategischen Denker seiner Zeit, sah in der Strategie die intelligente Verknüpfung einzelner Schlachten zur Gestaltung eines nachhaltig erfolgreichen Feldzuges[4]. Taktik hingegen beschreibt den Einsatz der Streitkräfte im Gefecht, also ein operationales Handeln zur Umsetzung der Strategie[5]. Taktiken helfen, die Wahrnehmung der Mitspieler zu verändern und in der gerade herrschenden Spielsituation Zonen der Ungewissheit zu schaffen.

Unternehmerische Strategien gehen über kriegerisches Verhalten weit hinaus. Sie beziehen neben einem wettbewerbsorientierten auch ein kooperatives und ausweichendes Verhalten mit ein. Sie basieren auf vorhandenen Kompetenzen und Ressourcen. Sie beinhalten deren Einsatz und Verwendung zum Beispiel für eine zielgerichtete Lösung von anstehenden Aufgaben in unserem beruflichen oder geschäftlichen Alltag. Darüber hinaus berücksichtigen Strategien stets auch Umwelteinflüsse. Dabei geht es nicht nur um Wettbewerbssituationen, um die Stärken, Schwächen und Vorgehensweisen von Wettbewerbern, sondern auch um die Wünsche und das Verhalten anderer Spieler, etwa von sehr geschätzten Vorgesetzen und innovationsfreudigen Kunden. Strategien können sich erst dann besser entfalten, wenn das Spiel in seinen Charakteristika ein bestimmtes Maß an Komplexität erreicht.

Eine besondere Rolle bei der Suche nach nachhaltigen Wettbewerbsvorteilen spielen Innovationen in Form neuer Ideen zur Spielgestaltung oder zur Entwicklung neuer Spiele. Gerade neue Spielideen können die Gestaltungsmöglichkeiten in beruflichen und geschäftlichen Spielen nachhaltig beeinflussen. Strategien im Sinne dieses Ansatzes zeichnen sich durch drei wesentliche Merkmale aus:

- Strategien haben eine besondere Bedeutung, Tiefe oder Tragweite.
- Strategien beinhalten einen erheblichen Ressourceneinsatz.
- Strategien lassen sich nur schwer wieder rückgängig machen.

Strategien sind dann erfolgreich, wenn es mit ihrer Hilfe gelingt, vorhandene Kompetenzen, Potenziale und Ressourcen über das Spiel geschickt zu bündeln und in einzigartige Tätigkeiten und/oder Vorgehensweisen zur Realisierung gesetzter Ziele umzusetzen. Gelingt es einem Spieler, auf Dauer durch die Einzigartigkeit, das Wie, des eigenen Handelns einen Spielerfolg herbeizuführen oder maßgeblich zu ihm beizutragen, dann sind nachhaltige Wettbewerbsvorteile für ihn und sein Unternehmen zu erwarten. Dies ist immer dann der Fall, wenn es ein Spieler schafft, für die Einzigartigkeit des eigenen Seins und Tuns, für die Vorzüge seiner Produkte oder Dienstleistungen bei anderen Spielern eine gewünschte Nachfrage zu generieren und diese auszubauen.

Für eine systematische Entwicklung strategischer Optionen ziehen wir die im vorausgegangenen Kapitel behandelten fünf Bausteine zur Bestimmung der unternehmerischen Position heran und fragen, wie diese weiterentwickelt, verändert und beeinflusst werden können. Die Leitfragen zu den Bausteinen lauten im Einzelnen:

- Wie kann die Spielidee entwickelt und weiterentwickelt werden?
- Wie kann das Spielfeld gestaltet und verändert werden?
- Wie können die Spielregeln beeinflusst werden?
- Wie können die Spieler in ihrer Entwicklung gefördert werden?
- Wie können die Spielerbeziehungen verändert werden?

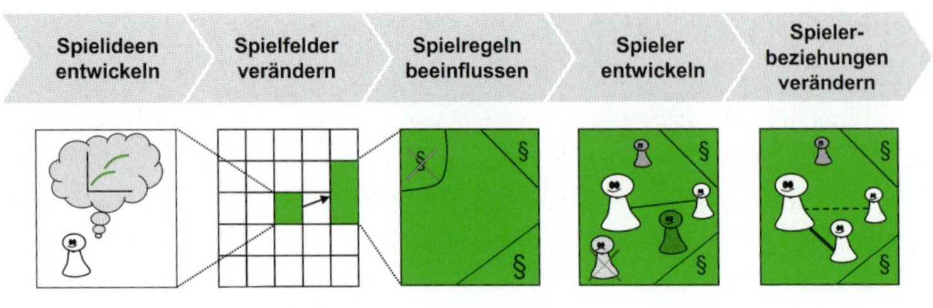

Abb. 5.1: Unternehmerische Optionen

5.1 Spielideen entwickeln

Eine Spielidee oder ein ganzes Spiel weiter oder neu zu entwickeln, bedeutet nicht nur, sich der eigenen erwünschten und gewollten Zukunft, sondern sich auch der gegenwärtigen Verhältnisse und Zustände bewusst zu werden. Oft ist dabei ebenfalls ein Blick auf die vergangenen Erkenntnisse, Erfahrungen, Entwicklungen und Resultate hilfreich. Persönliche Visionen, Ziele und Zielerreichungsprozesse sind zu formulieren, zu bewerten und gegebenenfalls zu verändern. Auch gilt es, Annahmen, Vorstellungen und Gewohnheiten mit ihrem Einfluss auf die angestrebten Resultate und Prozesse hin zu analysieren. Das Motto dieses Kapitels lautet:

»Erfinde Dein Spiel immer wieder neu!«

Generell wichtig für die Entwicklung und Weiterentwicklung von Spielideen ist unsere Einstellung zum Neuen und zum gestaltenden unternehmerischen Tun. Eine vorrangige Bedeutung hierfür haben unsere Bereitschaft, Fähigkeit und Selbsterlaubnis zur Potenzialerkennung und -entfaltung, zum Kreativsein, Lernen und Handeln. Hinzu kommen beim Umsetzen von Ideen natürlich unsere Spielfreude und Ausdauer. Sie erinnern sich, viele dieser Aspekte gehen einher mit unseren Überlegungen zum unternehmerischen Gespür.

Ein offenes Menschen- und Weltbild skizzieren

Wir gehen davon aus, dass egal in welcher persönlichen, beruflichen oder geschäftlichen Situation sich ein gesunder Mensch befindet, er auf jeden Fall mehr oder weniger gut in der Lage ist, sein momentanes Menschen- und Weltbild oder zumindest einige der wichtigsten Eckwerte dazu zu beschreiben. Jeder von uns hat bestimmte Annahmen und Vorstellungen darüber, was ein Mensch und menschliches Leben ist, was Menschen typischerweise wollen, können, dürfen und schließlich tun, wie sie »ticken« und »funktionieren«. Aufgrund unserer Erfahrungen verfügen wir über »innere Bilder und Landkarten«, die uns helfen, die Welt, in der wir leben, zu erkunden und zu verstehen, zu erklären und weiterzuentwickeln. Unsere inneren Bilder und Karten verschaffen uns im Alltag Klarheit, Ordnung und Sicherheit. Je überzeugender sie sind, je manifester und geschlossener sie werden, desto eher führen sie zugleich dazu, dass wir uns innerlich eine Komfortzone einrichten, meist ohne dass es uns besonders auffällt. Gehen wir allerdings davon aus, dass nichts in der Welt und im Leben konstant ist, dass sich alles bewegt, dass Polaritäten und Grenzen beachtet, überwunden und verändert werden können, so verführt das Gefühl der Komfortzone zu einer ausgesprochen trügerischen Sicherheit, zu einer Illusion. Realisieren wir dann in einer Situation, dass Annahmen und Landkarten nicht mit den aktuellen beziehungsweise realen Gegebenheiten übereinstimmen, so schätzen wir eine Situation schnell als gefährlich und beängstigend ein.

Vor diesem Hintergrund halten wir es für einen guten ersten Schritt bei der Entwicklung und Weiterentwicklung unternehmerischer Spielideen, sich zunächst eine zumindest ausreichende Klarheit über die Aktualität und Angemessenheit der persönlichen Annahmen über das eigene Menschen- und Weltbild zu verschaffen. Unsere Erfahrungen zeigen, dass schon allein die Beschäftigung mit der Entwicklung des eigenen Menschen- und Weltbildes sowie ein offenes Gespräch darüber, dazu führen kann, dass sich der eigene Horizont erweitert und sich neue Ideen und attraktive Perspektiven für die eigene Fortentwicklung ergeben. Fragen, die hier inspirieren und weiterführen können, sind zum Beispiel:

- Was kennzeichnet heute und in Zukunft das Menschsein?
- Was sind die größten Nöte und Hoffnungen der Menschen auf unserem Planeten? Was sind die wichtigsten Trends?
- Was lässt Menschen Sinn, Glück, Freude und Erfüllung erfahren?
- Was bedeutet es, dass Menschen zum Teil einander ähnlich und zum Teil einander nicht ähnlich sind?
- Was heißt es, als Mensch die persönliche Einzigartigkeit weiter zu entwickeln?
- Was heißt, mit-menschlich zu leben und Mit-Verantwortung für die Gestaltung dieser Welt zu übernehmen?
- Was bedeutet Menschenwürde, sie zu achten und ihr gemäß zu leben?
- Was und wie hat jede/r Einzelne mit all dem zu tun?

In einem zweiten Schritt macht es Sinn, persönlicher und konkreter hinzuschauen, hinzuhören und zu spüren, welche Bilder der eigenen Person und des eigenen Lebens zurzeit vorhanden sind. Für die berufliche Entwicklung eines jeden von uns ist es von entscheidender Bedeutung, sich selbst mehr und mehr zu entdecken und sowohl mit sich als auch den Bildern von sich immer souveräner umzugehen.

Sich selbst besser kennen und wertschätzen lernen

Die Herausforderung besteht darin, mit Wohlwollen und Neugier von sich ein Selbstbild zu erstellen und Fremdbilder einzuholen. Sich selbst immer mehr entdecken, annehmen, respektieren, wertschätzen, ja lieben zu lernen, ist wohl eine der wichtigsten Herausforderungen im Leben eines jeden von uns. Liebe zu leben, Selbst- und Nächstenliebe zu praktizieren, dürfte bei vielen von uns ganz oben auf der persönlichen Bedürfnis- und Sehnsuchtsskala stehen. Dies zu realisieren gelingt dem leichter, der es mit sich selbst gut meint, dem in seinem bisherigen Leben viel Liebevolles widerfahren ist. Wer Liebe erfahren hat und erfährt, kann sie leichter weitergeben. Wer mit sich selbst befreundet ist[6] und achtsam für das Seine Sorge trägt, kann sich auch eher um andere und anderes in der Welt kümmern. Für uns ist an dieser Stelle wichtig, die persönlichen Bedürfnisse und Ressourcen, Talente, Kompetenzen und Potenziale zu diagnostizieren, zu priorisieren und so zu einem stimmigen Selbstbild zu kommen. Besonders hilfreich ist es, sich eigene größere Erfolgserlebnisse zu vergegenwärtigen und sich zu fragen, welche Qualitäten die Realisierung dieser Erfolge ermöglicht haben. Jene Qualitäten, die sich immer wieder und in Verbindung mit besonderer Leichtigkeit und Freude zeigen, unsere Kerntalente beziehungsweise Kernkompetenzen, sind von besonderer Bedeutung. Auch die ausführlichere Beschäftigung mit erlittenen Niederlagen und Misserfolgen kann das Selbstbild klären helfen. Gelingt es zum Beispiel, eine tiefe Verletzung, eine Kernverletzung, nochmals achtsam zu betrachten, sie in ein anderes Licht oder einen veränderten Bezugsrahmen zu setzen, sie womöglich zu heilen, so kann auch dieser Prozess weiter führen und Kernkompetenzen zu Tage fördern. Nicht zuletzt können auch Testverfahren dazu beitragen, sich selbst und den eigenen Mustern besser »auf die Schliche« zu kommen.

Warnen möchten wir allerdings auch vor einem Zuviel an Selbstanalyse. Wie ein hohes Maß an Selbsterkenntnis für uns alle sicherlich von Vorteil sein kann, so kann uns ein ständiges Analysieren und Zerlegen unseres Lebens zum Nachteil gereichen. Nicht nur, dass eine häufige vergangenheitsorientierte Analyse durchaus viel Zeit beanspruchen kann, sie kann obendrein zu einer enormen Schwächung unseres Selbstwertgefühls und Lebensmutes, wie unserer Energien führen. Je größer unsere Selbstzweifel werden, desto zaghafter wird in der Regel unser Verhalten. Gesünder und zukunftsorientierter erscheint uns eine Haltung, die auch mit ungeklärten Fragen und Geheimnissen gut zu leben weiß.

Strategisch bedeutsam ist, das Selbstbild im engeren Sinne um ein Bild des aktuellen Umfeldes zu ergänzen und so zu einem erweiterten Selbstbild zu kommen. Hierbei geht es zusätzlich um die Klärung, inwieweit eine zufriedenstellende Passung zwischen unserem Selbstbild und unserem Umfeld vorliegt. Diesbezüglich hilfreich sind Fragen wie: Welches Umfeld und Arbeitsklima ist für die Weiterentwicklung meiner Talente und Potenziale besonders förderlich? Welches der zur Auswahl stehenden Spielfelder bietet mir die besten Rahmenbedingungen, um zu großer Form aufzulaufen? Lautet das

Resümee zum Beispiel »Beruflich passt alles!«, so fühlen wir uns in der Regel momentan sehr wohl und spüren wenig Anlass für größere berufliche Veränderungen.

Darüber hinaus empfiehlt es sich, die »innere Inventur« und Selbstanalyse um die Eindrücke anderer zu ergänzen. Günstig ist das Einholen von Fremdbildern bei möglichst unterschiedlichen Personen. Einerseits können Menschen gut weiterhelfen, die zu unseren Vertrauten zählen und uns wohl gesonnen sind. Andererseits können Rückmeldungen von Menschen sehr wertvoll sein, die uns eher aus einer neutraleren Sicht einschätzen, die über eine gute Menschenkenntnis, breite Berufserfahrungen und eine gute Kenntnis unterschiedlichster Arbeitsmärkte, Industrien und Unternehmen verfügen. Auch Einschätzungen aus Einzel- und Gruppen-Assessments helfen weiter. Besonders spannend und inspirierend ist die Auseinandersetzung mit dem persönlichen Wunschbild.

Unternehmerische Träume und Ziele entwickeln

Um in einem Zeitalter einer weltweit beobachtbaren zunehmenden Individualisierung und Ökonomisierung überleben oder gar sehr gut leben zu können, benötigt jede/r von uns ein gewisses Mindestmaß an gesundheitlicher Fitness, Intelligenz, Sicherheit und Finanzkraft. Es liegt insofern auf der Hand, dass wir alle uns immer wieder Gedanken machen und Spielideen weiterentwickeln beziehungsweise neue generieren, um uns die Erfüllung unserer Wünsche und Träume leisten zu können. Nahezu alle Chancen dazu können unser Leben wertvoller machen.

Einerseits ist es für die meisten Menschen keineswegs einfach, zu klären, was sie mit und in ihrem Leben oder in bestimmten Lebensphasen »anstellen« wollen, was es heißt, etwas Sinnvolles und Freude bereitendes zu unternehmen. In Zeiten und Momenten, in denen je nach individueller Situation das Streben nach Sicherheit, sozialer Einbindung, Anerkennung, Spaß und Selbstverwirklichung im Vordergrund steht und die zunehmende Komplexität in allen Lebensbereichen den Durchblick erschwert, fällt es immer schwerer, das persönlich Wesentliche und Passende ausfindig zu machen und es nachhaltig zu verfolgen. Andererseits ist uns allen angesichts unserer jeweiligen Bildungs- und Berufssituation völlig klar: Ein Schüler sucht nach Ideen für die am besten zu ihm passende Ausbildung, seine Mitschülerin sucht das für sie am besten geeignete Studium, Hochschulabsolventen wünschen sich den optimalen Berufseinstieg, Berufstätige eine tolle Karriere oder zumindest eine optimale berufliche Weiterentwicklung. Und auch jene, die in Pension gehen, wünschen sich weiterhin erfüllende Tätigkeiten. Wir alle streben nicht nur nach bestimmten Ergebnissen, etwa genau definierten Bildungsabschlüssen, Monatseinkünften und Positionen, sondern vor allem nach Momenten und Zeiten, Zuständen, Prozessen und Handlungen, deren Realisierung uns sinnvoll erscheint, uns Spaß macht, zufrieden oder gar glücklich stimmt, tiefe innere Freude bereitet und erfüllt.

Sicherlich kann zunächst die spontane Beantwortung konkreter, vielleicht auch zunächst ungewöhnlich oder unbequem erscheinender Fragen zu neuen tiefer gehenden Ideen und Optionen führen, etwa:

- Nehmen wir an, Sie haben gestern 10 Millionen Euro im Lotto gewonnen und können heute neu und völlig frei über Ihre Zukunft entscheiden: Was verändern Sie nun in Ihrem Leben, Ihrem Ausbildungs-, Studien-, Berufs- oder Geschäftsalltag?
- Für was können Sie sich leidenschaftlich begeistern und einsetzen? Wofür brennen Sie? Was fasziniert Sie? Wozu sind gerade Sie in dieser Welt eingeladen oder herausgefordert? Worin besteht Ihre ureigenste Berufung?
- Was können Sie besonders gut, und was wollen und können Sie dieser Welt hinzufügen? Worin besteht Ihr einzigartiger Beitrag zu dieser Welt? Was würden Sie unternehmen, wenn mit einem Scheitern nicht zu rechnen ist?
- Wenn Sie an Ihrem 100sten Geburtstag auf Ihr Leben zurückblicken und am gleichen Tag einen Life Award erhalten, einen besonderen Preis für Ihr Lebenswerk, für welche Leistung/en bekommen Sie ihn wünschenswerter Weise? Über welche Sätze in der Laudatio bei der Verleihung Ihres Life Awards freuen Sie sich ganz besonders? Was rät Ihnen dieser überaus erfolgreiche und zufriedene Hundertjährige für Ihren Weg in den nächsten fünf Jahren?

Um zu einer grundlegenderen Beantwortung der Frage nach der optimalen beruflichen Laufbahn oder den nächsten geschäftlichen Schritten mit den dafür relevanten Spielideen zu gelangen, bedarf es immer wieder bestimmter Momente und Zeiten des Innehaltens und der inneren Einkehr. Jeder von uns braucht Plätze der Stille auf all den lauten Markplätzen in unserem Alltag. Möglichkeiten zu kürzeren »Atempausen« mitten im Alltagsgeschehen gibt es vielerlei: Spaziergänge, sportliche und künstlerische Aktivitäten, Zeiten des Nichtstuns, der Meditation oder des Gebetes. Eine über längere Zeit ausbleibende Antwort auf die Frage »Woran und worauf freue ich mich heute?« kann dabei schnell zum Gradmesser dafür werden, ob nicht grundsätzlichere berufliche Veränderungen anstehen. Vor allem die leisen inneren Stimmen sind es in der Regel, die uns gut zureden, es besonders gut mit uns und unserer Zukunft meinen. Sie zu hören bedarf besonderer Geduld und Übung. Oftmals angebracht sind daher längere Zeiten in der Stille oder der Natur, so genannte Retreats oder Vision Quests. Sie eröffnen ausgiebigere Chancen, sich zu besinnen und inneren Stimmen, dem inneren Klang und Rhythmus nachzugehen. Gleiches gilt für Zeiträume, in denen wir versuchen, uns künstlerisch selbst zu entdecken und auszudrücken. Wenn der Künstler Joseph Beuys sagte »Meine Kunst ist Befreiungspolitik«, so vertreten wir die Meinung, dass nahezu jede künstlerische Aktivität dazu dienen kann, sich selbst weiter zu befreien und mehr zu sich selbst zu kommen.

Ein bewusstes Spüren nach innen und außen sowie ein analytisches die Umwelt einbeziehendes Denken fördern den persönlichen Klärungsprozess. Auszeiten, in denen Kopf und Herz möglichst frei sind, bieten gute Gelegenheiten, sich und die vorhandenen Spielideen zu sortieren, zu prüfen, Ideen auszusortieren, weiterzuentwickeln oder neue zu generieren. Strategisch geht es um die Formulierung von langfristig wirksamen Wunschbildern zu unserer Persönlichkeitsentwicklung: Wer, was und wie wollen und werden wir sein? Wofür und wie wollen und werden wir leben, arbeiten, uns engagieren? Zu klären ist, welche individuellen oder kollektiv bedeutsamen Träume und Ziele wir in uns tragen. Zu entscheiden ist, welche Prioritäten wir ihnen zuweisen, und welchen wir dann entschieden mit Leidenschaft, Disziplin und Ausdauer nachgehen. Wer klar ist in Kopf und Herz, zweifelt nicht mehr. Klarheit erzeugt Energie und Drive.

Sich als Humankapitalunternehmer begreifen

Aus einer ökonomischen, die Berufswelt fokussierenden Perspektive heraus bedeutet unternehmerisch Zukunft gestalten, aus dem Eigenen heraus initiativ zu werden und den Spirit zum selbstständigen Entscheiden und Handeln zu entfalten. Unserem Ansatz legen wir dabei die drei folgenden Annahmen zugrunde:

- *Jeder Mensch ist wertvoll und verfügt über Humankapital*: Mit Humankapital meinen wir hier das gesamte Humanvermögen und Humanpotenzial eines Menschen, also das, was ein Mensch im wahrsten Sinne aus sich heraus heute und in Zukunft vermag. Es wird bestimmt durch die Dimensionen, Werte, Potenziale und Verhaltensweisen seines Menschseins, durch sein aktuelles und zukünftiges Können und Wollen sowie seine Images auf den Märkten, auf denen er sein Humankapital anbietet. Einen Menschen durch eine rein »ökonomische Brille« zu betrachten, beinhaltet die Ökonomisierung und Kapitalisierung all dessen, was der Mensch von und durch sich auf Märkten anbieten und nachfragen kann.
- *Humankapital kann auf Märkten gehandelt werden*: Menschen bieten Leistungen und Produkte auf der Basis ihres Humankapitals an und fragen diese nach. Humankapitalmärkte in diesem Sinne sind zum Beispiel Arbeits-, Bildungs-, Beratungs-, Ideen-, Gesundheits-, Sport-, Ernährungs-, Versicherungsmärkte, Sympathie-, Beziehungs-, Liebes-, Heiratsmärkte, spirituelle und religiöse Märkte. Wer wach und aufmerksam hinhört, kann schon seit langem den Einzug einer Humankapital orientierten Denkhaltung und Sprache in unserem Alltag verfolgen: »in Aus- und Weiterbildung investieren«, »in Ideen investieren«, »Zeit und Liebe, Herzblut investieren«, »in eine Beziehung investieren«, »Personen, Beziehungen abschreiben«, »vereinseigene Fußballstars bilanziell aktivieren beziehungsweise abschreiben«, »in die Marke ICH investieren« und »Self Branding betreiben«, »seine Haut zu Markte tragen«, »seine Seele verkaufen«.
- *Menschen können sich als Humankapitalunternehmer verstehen*: Als Eigentümer seines Humankapitals kann insbesondere ein

gesunder Mensch unternehmerische Träume und Ziele entwickeln und diesen nachgehen. Einerseits strebt er die Sicherung und Weiterentwicklung seines Humanvermögens, Potenzials und Verhaltens an. Andererseits bietet er sein Humanvermögen oder auch Teile davon, sein Potenzial sowie Verhalten auf Märkten an. Genauso ist denkbar, dass er als Nachfrager von Humankapital auftritt. Konkrete Ziele eines Humankapitalunternehmers können sein: eine hohe Kapitalsicherheit, zum Beispiel Gesundheit, ein hohes Kapitalwachstum, zum Beispiel Bildungszuwachs, eine prägnante Marken- beziehungsweise Profilbildung, zum Beispiel als Spezialist in Private Equity, das Erzeugen von Nachfrage, zum Beispiel Persönlichkeitsmarketing, eine hohe Dividende, Rendite, zum Beispiel Einkommen, Stundenlohn oder Tagessatz, Möglichkeiten der Mitwirkung, -bestimmung, zum Beispiel in bestimmten Gremien, eine große Marktwertsteigerung, zum Beispiel in Form einer Beförderung. Stets ist davon auszugehen, dass einem Humankapitalunternehmer möglicherweise darüber hinaus auch andere, zum Beispiel finanzielle und technische Ressourcen zur Erreichung seiner Ziele zur Verfügung stehen.

Innovationen – einen Marktwert schaffen

Manch einen mag diese ökonomisch geprägte Herangehensweise an die eigenen Berufs- und Geschäftsperspektiven erschrecken oder abschrecken, wir halten sie für einen sinnvollen und nützlichen Weg, der uns bei der konkreten Betrachtung unserer beruflichen und geschäftlichen Optionen weiterhelfen und Vorteile verschaffen kann. Der Humankapitalansatz hilft uns, eigene und fremde Ressourcen, Ideen und Leistungen genauer zu beleuchten, ihre Marktchancen abzuschätzen und dafür auch Wertschätzung zu zeigen. Kreative Leistungen zu generieren und umzusetzen, reichen heute vielen von uns nicht. Viele wünschen sich eine Wertschätzung, die sich auf Märkten in der Form eines Marktwertes ausdrückt. Wer es schafft, dass die Resultate der eigenen Kreativität schnell eine hohe und breite Anerkennung finden und stark nachgefragt werden, generiert in der Regel für seine Leistungen einen hohen Marktwert.

Deshalb ist in unternehmerischen Spielen die Weiter- und Neuentwicklung einer Spielidee von einem zentralen Begriff geleitet: der Innovation. Von Innovationen gehen wichtige Veränderungen aus. Sie sind der »Motor« eines jeden Spiels. Innovation setzt Kreativität, Flexibilität und Risikobereitschaft voraus. Dies impliziert nicht nur das Entdecken und Erlernen neuartiger Zusammenhänge, sondern auch das bewusste Entfernen und Entlernen von geltenden Verhaltensregeln und scheinbar gesichertem Wissen. Immer wenn kleinere, größere oder gar revolutionäre Neuerungen einen Marktwert finden, wollen wir von Innovationen sprechen. Eine einfache Formel für Innovation lautet daher:

Innovation = Kreativität × Marktwert.

Innovationen sind nicht immer bahnbrechend und das Ergebnis außergewöhnlicher Anstrengungen, sondern sie können auch aus kleinen Veränderungen bestehen. Hinsichtlich ihrer Intensität wollen wir drei Arten von Innovationen, inkrementelle, substanzielle und transformatorische Innovationen unterscheiden[7]:

- *Inkrementelle Innovationen*: Bei inkrementellen Innovationen handelt es sich um kontinuierliche Weiterentwicklungen von bestehenden Produkten, Dienstleistungen, Verhaltensweisen, Prozessen und Strukturen. Inkrementelle Innovationen sichern primär bestehende Spielpositionen ab.
- *Substanzielle Innovationen*: Substanzielle Innovationen führen aufgrund völlig neuer Produkte und Leistungen zu größeren Verschiebungen der Spielpositionen der Spieler.
- *Transformatorische Innovationen*: Transformatorische Innovationen führen zum Beispiel mit neuen Produkten, Dienstleistungen, Verhaltensweisen und Geschäftsmodellen zu Diskontinuitäten im Markt. Häufig werden Produkte, Lösungen und Geschäftsmodelle durch völlig neue Gestaltungsarten abgelöst. Solche so genannten »disruptive innovations« verändern die Markt- und Wettbewerbslandschaft ganz entscheidend. Sie führen häufig zu neuen Spielchancen für etablierte wie neue Spieler.

Wer träumt nicht davon, durch sein Humanvermögen und seine Kreativität auf einem Spielfeld zum gefragten innovativen Spielführer zu werden? An zwei prägnanten Beispielen in der Kunst lässt sich der Unterschied zwischen einem »kreativen Spieler« und einem darüber hinaus gehenden Innovator sehr vereinfacht aus einer Marktperspektive verdeutlichen: Das kreative Talent Vincent van Goghs findet zu seinen Lebzeiten kaum einen Markt. Seine Bilder lassen sich so gut wie nicht verkaufen. Van Gogh erzielt mit ihnen keinen nennenswerten Durchbruch und Marktwert. Pablo Picasso hingegen schafft es, wenngleich mit Unterstützung, etwa des Galeristen und Kunsthändlers Daniel-Henry Kahnweiler und der Schriftstellerin Gertrude Stein, für seine Kreationen schnell einen Markt zu finden. Mit seinen Bildern erzielt er hohe Marktpreise. Picasso wird angesichts vieler Neuerungen und Überraschungen in all seinen Lebensphasen nach wie vor als Innovator gefeiert. Ihm gelang es zu Lebzeiten, einen großen finanziellen Reichtum zu erwirtschaften.

Wer neue Ideen und Problemlösungen sucht und findet beziehungsweise erfindet, gilt heute als kreativ. Unter Kreativität kann dabei grundsätzlich zweierlei verstanden werden: einerseits, angelehnt an den Begriff der Eingebung, ein Schöpfen aus dem Nichts, andererseits ein eher »handwerkliches« Arbeiten unter Heranziehung besonderer Techniken. Beispielhaft wollen wir hier auf einige Techniken eingehen:

Brainstorming

Brainstorming wird benutzt, um eine schnelle, spontane und zunächst unstrukturierte Ideenfindung in einer Kleingruppe zu realisieren. Wichtig ist zunächst die Formulierung einer eindeutigen und spannenden, womöglich provozierenden oder ungewöhnlichen Frage, die alle am Brainstorming Teilnehmenden zum freien Assoziieren anregt. Ziel ist es, möglichst viele Antworten, sprich Ideen, zu generieren. Alle Wortmeldungen werden von einem Teilnehmenden protokolliert. Das Aufgreifen und Weiterentwickeln von Ideen anderer ist ausdrücklich erlaubt, das Bewerten und Kommentieren von Ideen anderer dagegen im ersten Schritt nicht. Stockt der Ideenfluss, können eventuell neue weiterführende Fragen oder ein Perspektivwechsel weiterhelfen. Endet der Ideenfluss, so erfolgt eine

Zusammenfassung ähnlicher Ideen zu Clustern. Diese können jeweils durch eine, das Gemeinsame herausstellende Headline überschrieben und dann priorisiert, weiter bearbeitet und vertieft werden. Erleichtert wird ein Brainstorming durch den Einsatz eines Moderators, der das für alle sichtbare Notieren der eingebrachten Ideen auf einem Flipchart übernimmt oder das Notieren der Ideen auf Kärtchen sowie das Anpinnen der Kärtchen an Pinnwänden koordiniert. Auch wacht der Moderator darüber, dass es nicht zur vorzeitigen Diskussion, Akzeptanz wie Abwertung von Ideen kommt.

Mind Mapping

Mind Mapping wird zur strukturierteren Erfassung, Ergänzung und Visualisierung einer Themenstellung eingesetzt. Zuerst wird der zentrale Begriff des Problems in die Mitte eines großen weißen Blattes geschrieben. Darum herum werden, mit Verbindungslinien versehen, frei Assoziationen gesammelt. Die Einfälle werden in Form von Verzweigungen in Haupt- und Nebenthemen eingeteilt. Durch diese Form der Strukturierung kann sehr grundlegend in einen Problembereich eingedrungen werden, ohne jedoch den Überblick zu verlieren. Die vielfältigen Aspekte einer Idee können umfassender und klarer herausgearbeitet werden. Ein Beispiel einer Mind Map zeigt Abbildung 5.2.

6-3-5 Methode

Sechs Teilnehmer schreiben jeweils drei Ideen zu einer Fragestellung nebeneinander auf ein Blatt Papier. Sie haben dazu fünf Minuten Zeit. Anschließend geben sie das Papier an ihren linken Nachbarn weiter. Dieser wiederum hat fünf Minuten Zeit, weitere drei Ideen darunter hinzuzufügen. Jeder lässt sich dabei von den bereits auf dem Papier notierten Ideen hinsichtlich der eigenen drei Ergänzungen anregen. Eine gezielte Weiterentwicklung von Ideen ist gewünscht. Häufig wird diese Methode auch in anderen Varianten verwendet, etwa bei einer geringeren Anzahl von Teilnehmenden und mit einer geringeren Zeitvorgabe. Das Einführen von Zeitdruck kann zu einem spielerischen Ideenwettbewerb führen, der oft deutlich bessere Ergebnisse und mehr Spaß unter allen Beteiligten bringt.

Hüte-Denken

Beim Hüte-Denken nach dem Kreativitätsforscher Edward de Bono[8] wird zwischen sechs Hüten mit sechs unterschiedlichen Farben unterschieden. Jede Farbe eines Hutes steht für eine bestimmte Orientierung beziehungsweise Haltung, in die sich der Träger des Hutes während des kreativen Prozesses einfühlt und hineindenkt, aus der heraus er in der Gesprächsrunde zu einer bestimmten Frage seine Beiträge leistet:

- *Rot* steht für eine Emotions-Orientierung, eine Haltung, die stark intuitiv ist, Gefühle anspricht. Als Metapher ist der Farbe rot der »Kämpfer« zugeordnet.
- *Gelb* symbolisiert eine Gewinn- und Werteorientierung, eine hoffnungsfrohe und visionäre Einstellung gepaart mit Entdeckungs- und Unternehmungslust. Der »Optimist« und die »Sonne« verdeutlichen dies.
- *Weiß*, der »Computer«, steht für eine beschreibende neutrale Fakten- und Informations-Orientierung.
- Klar, die *schwarze* Farbe rückt – vergleichbar dem »Pessimisten« oder »advocatus diaboli« – den Worst-Case in den Vordergrund, betont also stets das Negative und Gefährliche.
- Der *grüne* Hut steht für die Bewegungs- und Wachstums-Orientierung. Wer ihn aufsetzt, verhält sich provozierend, sucht nach neuen Perspektiven und Alternativen, ist mit wachsendem »Gras« vergleichbar.
- *Blau* bedeutet für den Träger des entsprechenden Hutes, vor allem die Meta-Ebene in den Prozess einzubringen, das heißt zu organisieren, zu moderieren, zusammenzufassen und »cool«, wie der »Himmel«, einfach den Überblick zu behalten.

Faszinationsanalyse

Hier werden Fragen nach dem Strickmuster gestellt: »Was ist das Begeisternde an ...?«, »Was fasziniert besonders an ...?« oder: »Was an ... berührt besonders?« »Was von ... rührt in der Tiefe besonders an?« Die Faszinationsanalyse kann sich nahezu auf alles beziehen, auf ein Produkt, ein Geschäft, eine Idee, einen Menschen oder seine beruflichen oder privaten Lebensoptionen. Hilfreich kann sein, die Analyse mit einer Technik zu kombinieren, mit deren Hilfe Sätze vervollständigt werden. Das bedeutet dann zum Beispiel, dass alle Antworten auf die Ausgangsfrage beginnen mit: »Ich bin begeistert, weil ...« oder: »Besonders berührt mich ...«

Viele Kreativitätstechniken erfordern es, in Gruppen zu arbeiten. Je heterogener sich dabei die Gruppen zusammensetzen, etwa nach unterschiedlichen Erfahrungen, absolvierten Aus- und Weiterbildungsrichtungen oder Herkunftskulturen, desto größer sind in der Regel die Chancen für neue kreative Ergebnisse.

Allein Kreativitätstechniken einzusetzen, reicht aber häufig bei der Lösung von Problemen nicht aus. »Wirklich« Neues beziehungsweise besondere Quantensprünge kommen oftmals nur dann zustande, wenn Menschen bereit sind, die anstehenden Fragen radikal weiterzudenken, das heißt über eigene Routinen und Techniken radikal hinauszugehen, ja mit Langmut und Weitblick bis zum Äußersten zu gehen. Wohl alle großen Kreativen tun das. Kaum einer handelt nach der Maxime »Schuster bleib bei deinen Leisten.« Im Gegenteil: Alle stellen sich der besonderen Herausforderung, sich ständig außerhalb der persönlichen Komfortzonen zu bewegen und weiterzuentwickeln.

Pablo Picasso stellt in diesem Zusammenhang fest: »Ich suche nicht, ich finde. Suchen, das ist Ausgehen von alten Beständen und das Finden-Wollen von bereits Bekanntem im Neuen. Finden, das ist das völlig Neue. ... Es ist ein Wagnis – ein heiliges Abenteuer. Die Ungewissheit solcher Wagnisse können eigentlich nur jene auf sich nehmen, die im Ungeborgenen sich geborgen wissen, ... die sich vom Ziel ziehen lassen ...«[9].

Neben Picasso halten wir zum Beispiel auch Galileo Galilei, Martin Luther, Thomas Edison, Rosa Parks und Anna Walentynowicz für revolutionär Kreative. Rosa Parks setzte sich 1955 in Montgomery/Alabama unerlaubter Weise in einem Bus auf einen Sitz, der Weißen vorbehalten war, und Anna Walentynowicz trat 1980 auf der Danziger Leninwerft für bessere Arbeitsbedingungen ein. Sie alle vereinen in besonderer Weise die Bereitschaft und Fähigkeit,

- Selbstwertgefühl, Courage, Mut, Gleichmut zu entwickeln;
- über Komfortzonen, Grenzen, Normen hinauszugehen;
- sich eigene Ängste bewusst zu machen, in sie hineinzugehen;

- sich im Ungeborgenen geborgen zu fühlen;
- mit eigener Stimme zu sprechen, »ungeteilt« zu leben;
- dem eigenen inneren Ruf und Spirit gemäß zu handeln, authentisch und integer zu sein;
- leidenschaftlich dranzubleiben, durchzuhalten beziehungsweise ständig neu anzufangen.

Jedem von uns steht es frei, kreativ zu sein, die eigene Kreativität hin zu Formen einer radikalen Kreativität weiter zu entwickeln und sie zu unserer ständigen Begleiterin zu machen. In der Mind Map, Abbildung 5.2, haben wir eine Reihe von Fragen aus den Bereichen Inspiration/Energie, Ziele/Motive, Fähigkeiten/Erfahrungen und Umfeld zusammengestellt, die Sie anregen wollen, Ihrer persönlichen Kreativität mehr »auf die Spur« zu kommen und über Neues und Ungewohntes nachzudenken.

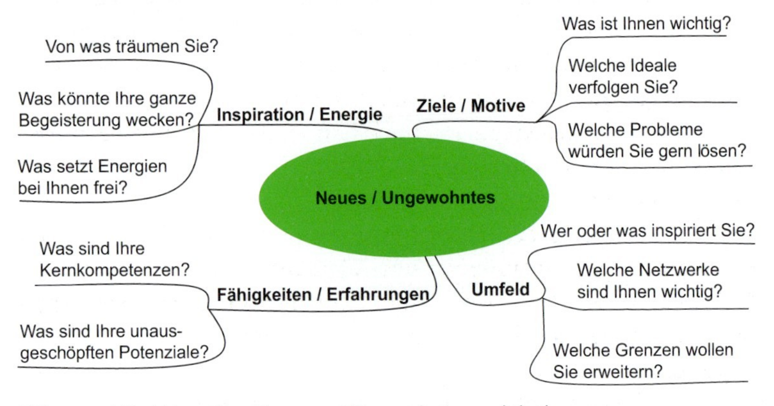

Abb. 5.2: Mind Map: über Neues und Ungewohntes nachdenken

Innovationsnetzwerke bilden

Unsere bisherigen Überlegungen zur Entwicklung von Spielideen sind stark geprägt durch die Perspektive eines einzelnen Spielers oder eines eng abgegrenzten Teams. Persönliche beziehungsweise geschäfts- und abteilungsinterne Talente, zum Beispiel jene in den Abteilungen Entwicklung, Marketing oder Services, werden genutzt, um Ideen zu generieren und weiterzuentwickeln. Die Gefahr eines solchen geschlossenen Innovationsmodells besteht allerdings darin, in immer gleichen Mustern und Lösungen zu denken, da eventuell nur wenige Perspektiven und Denkansätze miteinbezogen werden. Vor dem Hintergrund immer schnellerer Umfeldveränderungen und einer rapide sinkenden Halbwertzeit von Wissen reicht dieser Ansatz häufig nicht mehr aus, langfristig die Position eines Innovators aufzubauen oder zu halten. Nicht eine abgrenzende, ausschließende Ordnung schafft das Neue, sondern erst der lebendige, wechselseitige, inspirierende, ungeplante Austausch schafft eine neue Ordnung auf unseren Spielfeldern. Die Zukunft gehört deshalb Innovationsnetzwerken.

Ein Innovationsnetzwerk revidiert die Vorstellung einer rein internen Wertschöpfung, bricht die Grenzen innerhalb von Organisationen auf, zum Beispiel zwischen Abteilungen und von Organisationen zu ihrem externen Umfeld. Ein Innovationsnetzwerk setzt auf interaktive Beziehungen mit anderen Spielern, mit Freunden, Kollegen, Zulieferern, Kunden und Beratern, zum Beispiel in Form von Communities mit Lieferanten und Kunden oder Innovationskooperationen mit Start-ups und unabhängigen Forschungseinrichtungen. Der Erfolg der Co-Kreation basiert auf einem gegenseitigen Verstehen und der Kombination von Wissen, Erfahrungen und Vorgehensweisen aus verschiedenen Wissens- und Anwendungsgebieten. Die Hebelwirkung des vernetzten Innovationsmodells beruht auf einer erweiterten Spannbreite des Austausches und einer höheren Geschwindigkeit der Ideen- und Lösungsfindung. Die Leistungsbereitschaft aller beteiligten Spieler wird mobilisiert, Kreativität wird freigesetzt.

Zahlreiche Geschäfte machen vor, wie erfolgreich Innovationsnetzwerke genutzt werden können. Sie bilden beispielsweise Foren als Kontaktfläche für interne und externe Spezialisten, um regelmäßig Gedanken auszutauschen. Der Autozulieferer Webasto nutzt eine Online-Plattform, um Produkte gemeinsam mit Kunden zu gestalten und zu entwickeln. Das US-Unternehmen Threadless stellt Shirts nach Vorlagen seiner Internet-Community her. Über die besten Vorlagen stimmt die Gemeinschaft ab und die Ideengeber erhalten ein Preisgeld.

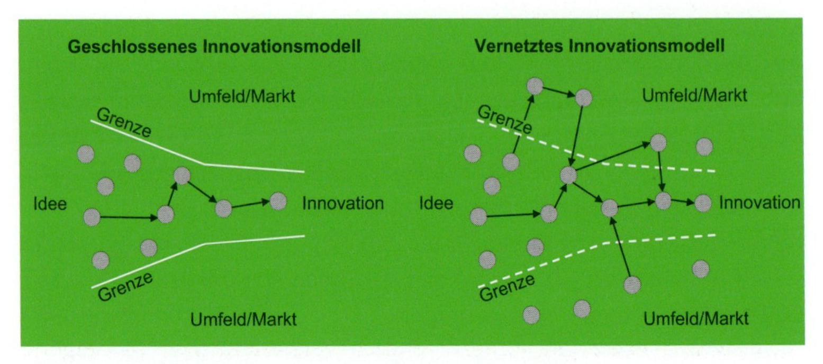

Abb. 5.3: Geschlossenes und vernetztes Innovationsmodell

Lebenskünstler werden – die eigenen Talente entwickeln

Der Humankapitalansatz schärft und stärkt unser Bewusstsein, für die eigene berufliche Gegenwart und Zukunft in erster Linie selbst die Verantwortung zu übernehmen. Wir wissen und betonen an dieser Stelle allerdings auch, dass ein rein an Märkten ausgerichtetes persönliches Humankapitalunternehmer-Dasein sehr wohl die Gefahr der Enthumanisierung und menschlichen Entwürdigung mit sich bringen kann. Sich selbst und andere Menschen lediglich als Humankapital zu sehen, zu funktionalisieren und zu bewerten, verletzt aus unserer Sicht die unantastbare Würde eines jeden Menschen. Der Mensch ist mehr als sein Humankapital. Seine Würde ist bedeutsamer und größer als der Wert seines Humankapitals.

Die Herausforderung eines werteorientierten Humankapitalunternehmers oder noch weiter gefasst, eines Lebensunternehmers[10], besteht darin, sich der eigenen Freiheiten, der Chancen wie Risiken der Selbstbestimmung, verantwortungsbewusst anzunehmen und das Beste aus sich heraus zu holen und zu machen. Mit Ernest Hemingway gilt »Niemand weiß, was in ihm steckt, solange er nicht versucht hat, es herauszufinden.« Zusammen mit Joseph Beuys vertreten wir in diesem Zusammenhang auch die Meinung, dass jeder Mensch ein Künstler ist, selbst wenn Pablo Picasso das etwas vorsichtiger und einschränkender sieht und dazu anmerkt, jedes Kind sei ein Künstler, die Frage sei nur, wie lange es einer bleiben könne.

Wenn der irische Schriftsteller George Bernard Shaw ergänzt: »Ökonomie ist die Kunst, das Beste aus dem Leben zu machen«, so rückt die Ökonomie hier sehr nahe an die Idee der persönlichen Lebenskunst heran. Zentral ist für uns, spielerisch ein gesundes Verständnis von Humankapitalunternehmer-Dasein in das umfassendere Thema der persönlichen Lebenskunst zu integrieren. Eine ganz persönliche Art der Lebenskunst zu entwickeln, hat für uns dabei die wesentlichere und tiefere Bedeutung und eindeutige Priorität. Unter Lebenskunst wollen wir dabei mit dem Philosophen Wilhelm Schmid den ernst gemeinten Versuch verstehen, sich das eigene Leben beizeiten selbst anzueignen, das eigene Sein und Werden bewusst zu gestalten und womöglich daraus sogar ein schönes Leben zu machen[11]. Lebenskunst impliziert für uns auch, die eigenen Kompetenzen und Potenziale leicht und spielerisch zugunsten einer Gemeinschaft einzubringen. Lebenskunst meint, darin zu wachsen, das Optimale und Passende zu wählen und es optimal und passend umzusetzen. »Optimal« ist, was für uns, unser Umfeld, unsere Welt und Zukunft lebensförderlich ist. Dazu gehört auch, dass für uns etwas optimal sein kann, was für unser Gegenüber womöglich nicht optimal ist.

Auf Märkten ergeben sich immer wieder Situationen, die gekennzeichnet sind von unterschiedlichen Wünschen und Interessen. Was dann »optimal« in einer Entscheidungs- und Lebenssituation konkret bedeutet, ist jeweils in inneren und äußeren Dialogen und Gesprächen fair und mit Weitblick zu klären und zu verhandeln. Optimal kann durchaus auch eine Bandbreite von Messwerten sein, deren Obergrenze wir als »super gut« oder herausragend bezeichnen und deren Untergrenze wir mit »gut genug« bewerten. Ähnliches gilt für den Begriff »passend«. »Passt es«, so bedeutet das, dass wir uns ganz einfach wohl oder sehr wohl mit etwas fühlen. Lebenskunst heißt, nicht übermütig oder rücksichtslos angesichts von Erfolgen und nicht irre oder lethargisch angesichts von Misserfolgen zu werden.

Humankapitalunternehmer und Lebenskünstler zugleich sein

Wir sind davon überzeugt, dass, wer zu sich, seinem Umfeld, unserer Welt passend, seine Ziele oder eine Reihe neuer grundlegender Spielideen verfolgt, sich in seinem Alltag immer wieder leichter orientieren und neu ausrichten kann. Er wird schneller bessere Entscheidungen treffen, zumal ihm seine Ziele und Ideen als Leitlinie dienen können. Gerade in Zeiten, in denen die Grenzen zwischen Arbeits- und Freizeit immer mehr verschwimmen, ist es für unternehmerisch aufgestellte Menschen lohnenswert, die Spielidee des Humankapitalunternehmers mit der des Lebenskünstlers in Einklang zu bringen. Beide Spielideen implizieren ein dynamisches Selbst- und Wunschbild. Die Verknüpfung beider Spielideen kann uns helfen, zwischen langfristiger Fokussierung auf das für uns Wesentliche und entsprechender Konzentration aller Kräfte einerseits sowie entspannendem Loslassen, Leersein, Durchatmen und Präsenz für den Augenblick andererseits zu pendeln. Der verantwortungsbewusst gelebte Einklang beider Spielideen birgt die Chance, einen Selbstwert aufzubauen und das Leben mit all seinen Polaritäten, seinem Tun und Lassen, seinen Erfolgen und Niederlagen, seiner Freude und Trauer, seiner Macht und Ohnmacht spielerischer, leichter und dankbarer anzunehmen und zu meistern.

Drive und Zukunftsvertrauen generieren

Je sinnvoller, begehrenswerter und zu uns passender uns eine Idee, Herausforderung, Rolle und Entwicklung erscheint, umso eher lassen wir uns langfristig mit Haut und Haaren auf sie ein. Je klarer wir in Freiheit »Ja« zu einer Idee sagen, sie uns ein Herzensanliegen ist oder dazu wird, je stärker wir uns mit ihr identifizieren, desto leichter fällt es uns, der Idee nachzugehen und unsere Komfortzone aufzugeben. Jedem von uns kann es gehen wie einem Künstler: eine Inspiration, eine begeisternde Idee schafft sich ihren Raum und nimmt sich ihre Zeit. Einerseits drängt sie uns, ihr nach außen hin Ausdruck zu verleihen und Zeit zu investieren. Sie kann wirken wie eine Droge, abhängig und krank machen. Andererseits sind wir es, die aus der Inspiration etwas machen, die Idee gestalten wollen, ohne von ihr besessen und ihr Gefangener zu sein. Wir tun gut daran, Ideen, die uns stark bewegen, schriftlich, in Selbstgesprächen oder in Gesprächen mit anderen abzuwägen. Zu prüfen sind ihre Vor- und Nachteile wie die Chancen und Risiken ihrer Machbarkeit. Über- und Unterforderung sind schädlich, wenn wir den erstrebenswerten Fluss unserer Gedanken, Gefühle und Handlungen erleben wollen. Ideen und Ziele, die wir schriftlich ausformulieren und zu deren Realisierung wir uns öffentlich bekennen, nehmen Fahrt auf. Je genauer wir eine Idee definieren, die erfolgreiche Realisierung visualisieren und uns unter Einbeziehung aller Sinne vorstellen, desto näher rückt unwillkürlich der Zeitpunkt, zu dem sie erfolgreich realisiert ist. Wer sich darin trainiert, sich selbst bei der Umsetzung der Idee nicht nur im Kopfkino zuzusehen, sondern wer aktiv in die Rolle des Umsetzenden hineinschlüpft und dann vorwegnehmend spürt, wie die Umsetzung funktioniert, kommt schneller ans Ziel. Vorab zu klären, woran Fortschritte und erreichte Teilziele spürbar sein werden, hilft zusätzlich beim Vorankommen. Die Spannung zwischen unserem aktuellen Selbst- und idealen Wunschbild mitsamt unseren Zielen kann eine Quelle sein, die uns hilft, die Kraft zu schöpfen und den Drive zu generieren, uns weiterzuentwickeln. Aus angedachten Wunschzielen können so mit Energien aufgeladene berufliche und geschäftliche Willens- und Handlungsziele werden. Je höher dabei der Sinn und Nutzen unserer zu realisierenden Ziele und Handlungen im Vergleich zum mit ihnen verbundenen Aufwand bewertet werden, desto größer ist oft die spürbare Energie in angestrebten Veränderungsprozessen.

Notwendige Voraussetzungen für den Prozess der strategisch ausgerichteten Selbstanalyse und -entwicklung sind Interesse, Offenheit, Ehrlichkeit und Mut. Davon ausgehend, dass sich niemand langfristig um des Erfolges willen verbiegen will, braucht es die Authentizität und den Mut, zu den sich ergebenden Ideen, Erkenntnissen und Gefühlen zu stehen. Nahe der eigenen Quelle zu sein und aus ihr zu schöpfen, eigene Träume und Ideen zu realisieren, für die es sich wirklich zu leben lohnt, all das schenkt uns Selbstvertrauen, Drive und Leidenschaft für den Alltag. Es lässt uns erfolgreich mit Ängsten, Paradoxa und Widerständen umgehen oder sogar Abwertungen wie »Eigenbrödler« oder »Spinner« wegstecken. Dem eigenen Sinn kontinuierlich Ausdruck zu verleihen, ist auf diese Weise Eigensinn im besten Sinne. Mit dem Schriftsteller und Nobelpreisträger Hermann Hesse sind wir hier der Meinung: »Wer eigensinnig ist, gehorcht einem ... unbedingt heiligen, dem Gesetz in sich selbst, dem ›Sinn‹ des ›Eigenen‹«[12]. Mit Frank Sinatra am Ende eines Spieles zu sagen oder gar zu singen »I did it my way« wird dann zum spielerischen, versöhnlichen, ja heiteren Bekenntnis zum eigenen Tun. Letztlich zeugt unser Handeln davon, mit welcher Verbindlichkeit und Konsequenz wir unserer Sehnsucht folgen und in unserem Privat-, Berufs- und Geschäftsleben unterwegs sind.

All jenen, denen trotz aller Bemühungen um die Weiterentwicklung eigener Spielideen keine Ideen kommen, denen zwar Fragen, aber keine Antworten kommen, sei an dieser Stelle mit einem Text von Rainer Maria Rilke geantwortet. Er lädt ein zu Geduld, Gelassenheit und Zukunftsvertrauen. Rilke schreibt in seinem Brief an einen jungen Dichter: »ich möchte Sie ... bitten ... Geduld zu haben gegen alles Ungelöste in Ihrem Herzen und zu versuchen, die Fragen selbst lieb zu haben ... Forschen Sie jetzt nicht nach den Antworten, die Ihnen nicht gegeben werden können, weil Sie diese nicht leben könnten. ... es handelt sich darum, alles zu leben. Leben Sie jetzt die Fragen. Vielleicht leben Sie dann allmählich, ohne es zu merken, eines fernen Tages in die Antwort hinein. ... nehmen Sie das, was kommt, in großem Vertrauen hin ...«[13].

5.2 Spielfelder verändern

In Kapitel vier haben wir besprochen, dass die Grenzen eines Spielfeldes aus den beiden Dimensionen Raum und Zeit bestehen. Mit der Entscheidung, einer vorhandenen Spielidee verstärkt oder in veränderter Weise nachzugehen beziehungsweise mit einer neuen Idee ins Spiel zu gehen, geht in der Regel eine veränderte Wahrnehmung und ein verändertes Erleben des bisherigen Spielfeldes einher. Die eigene Wahrnehmung wird weiter. Der Spieler ist wacher, gespannter und offener, um nur ja keine Chancen zu verpassen, die seiner Idee zuträglich sind. Nicht nur das bisher bespielte, sondern auch die bisher beobachteten und denkbaren

Spielfelder gewinnen eine neue Bedeutung. Vor allem die möglicherweise zur Idee passenden Spielfelder werden genauer unter die Lupe genommen und geprüft. Stets stellen sich Fragen wie zum Beispiel: Auf welchem der Spielfelder ist die weiterentwickelte beziehungsweise neue Idee am besten zu realisieren? Wo lassen sich Spielfeldgrenzen zwecks Realisierung der Idee schnell und leicht ausdehnen, verschieben oder überwinden? Auch gilt es zunächst, die grundsätzlichen Eckwerte der eigenen Ausgangs- beziehungsweise Startposition zu überdenken und gegebenenfalls neu zu definieren. Dann sind die genaueren Laufrichtungen und -wege zu bestimmen und die ersten oder den nächsten Erfolg versprechenden Schritte zu machen. All dies bedeutet für einen Spieler zu entscheiden, ob er auf einem Spielfeld wachsen, eventuell expandieren, sprich auf ein anderes Spielfeld umsteigen, oder sich zurückziehen will. Das Motto dieses Kapitels lautet:

»Agiere auf passenden Spielfeldern!«

Unternehmerische Möglichkeiten klären

Jeder, der eine unternehmerische Spielidee weiterentwickelt oder eine neue generiert, überlegt, auf welchem Spielfeld er mit dieser Idee in Zukunft spielen will. Wer ein Spielfeld auswählt und betreten will, stellt sich stets vorab die überlebenswichtige Frage, ob er auf diesem Feld überhaupt bestehen kann. Wie im Sport heißt es, sich ehrlich mit der eigenen Leistungsfähigkeit und -bereitschaft auseinander zu setzen: Sind die eigenen Erfahrungen und Kompetenzen, Talente und Potenziale, die Auffassungsgabe, Kreativität, Beweglichkeit, Schnelligkeit, Technik, Kraft, Ausdauer und schließlich auch der eigene Biss und Drive ausreichend für einen guten Start und eine gute Weiterentwicklung?

Offensiv eingestellte Humankapitalunternehmer gehen aktiv auf Märkte zu. Sie entwickeln ein besonderes Gefühl für günstige Gelegenheiten, Situationen und Momente. Entweder werden ihnen wegen ihres unternehmerischen Auftritts immer wieder bestimmte Rollen auf neuen Spielfeldern angeboten oder sie finden von sich aus das für sie jeweils Passende. Lieber zu früh als zu spät kümmern sie sich um die Klärung der Fragen, die ihnen helfen, ein Spielfeld abzustecken, was ihrer Schul-, Hochschul- oder beruflichen Ausbildung folgt beziehungsweise wo und in welcher Verantwortung sie sich in einigen Jahren sehen. Offensiv und gezielt gehen sie auf Unternehmen oder bestimmte Unternehmensbereiche ihrer Wahl zu, um dort ein adäquates Betätigungsfeld zu finden oder abzusprechen. Defensiv orientierte Spieler hoffen, dass sie in den Medien oder über Bekannte das Passende finden. Sie bewerben sich nach klassischem Muster und überlassen alles Weitere zumeist der Initiative des möglichen zukünftigen Arbeitgebers. Wenngleich der Drive in den Verhaltensweisen beider Gruppen unterschiedlich ist, so sind die Eckwerte und Grenzen, die es auszuloten gilt, doch weitgehend ähnlich. Angesichts unterschiedlichster offen stehender Optionen hat sich nahezu jeder Humankapitalunternehmer vor allem hinsichtlich folgender Punkte Klarheit zu verschaffen:

- Unternehmen: Branche, Region, Größe, Image, wirtschaftliche Situation;
- Arbeitsplatz: Tätigkeitsfelder, Rollen, Arbeits- und Reisezeiten, Grad der Selbstständigkeit, Freiheit und Verantwortung, Einkommen, Perspektiven;
- Arbeitsumfeld: Führungskräfte, Kollegen, Arbeitsklima, Bürosituation;
- Wohnort: Lebensqualität des Wohnortes, Entfernung zwischen Arbeitsplatz und wichtigen Beziehungspersonen.

Über diese auf persönlicher Ebene relevanten Aspekte hinausgehend kann es sehr nützlich sein, auch eine kurzzeitige Analyse bestimmter organisatorischer Faktoren durchzuführen. Kurzzeitig nennen wir eine Organisationsdiagnose, wenn sich ein Spieler innerhalb weniger Stunden einen Überblick über die wichtigsten Aspekte einer ganzen Organisation verschafft. Sinnvoll ist es, sich zum Beispiel zu folgenden Punkten ein genaueres Bild zu machen:

- Strategisches Managementsystem: Vision, Leitbild, Ziele, Strategien, Maßnahmen;
- Führung: Grundsätze, Aufgaben, Instrumente;

- Menschen und Beziehungen: Schlüsselpersonen und -beziehungen, formelle und informelle Beziehungen, Sympathien, Vorbilder, Koalitionen, Klima, Kommunikation, aktuell wichtige Themen, Dauerthemen, Energien und Widerstände;
- Anreizsysteme: materielle wie immaterielle Anreize, Karriereperspektiven, Weiterbildungsmöglichkeiten;
- Prozesse: Arbeitsinhalte, Zeiten, Ressourcen, Nahtstellen, Abhängigkeiten, Hindernisse;
- Organisation: Strukturen, Rituale, Projekte;
- Innovation: neue Produkte und Dienstleistungen, Ansatzpunkte für und Umgang mit Veränderungen;
- Finanzen: Gewinn, Umsatz, Verschuldung.

Wir gehen davon aus, dass massive Veränderungen in einem oder mehreren der genannten Punkte stets auch Veränderungen in der inneren Befindlichkeit eines Spielers hervorrufen. Je stärker das persönliche Spielfeld eines Spielers betroffen ist, desto intensiver ist die Wirkung auf das innere Erleben. Veränderte Befindlichkeiten können schnell dazu führen, dass ein Spieler sein Spielfeld anders wahrnimmt, die innere Konstruktion seines Spielfeldes verändert und auch nach außen hin neue Entscheidungen fällt. Unweigerlich stellt sich jedem Spieler natürlich auch immer wieder die Frage, wie intensiv er sich auf einem Spielfeld engagieren, wie hart und ausdauernd er arbeiten, in welcher Liga er spielen will. Unterschiedliche Optionen stehen ihm offen:

- unternehmerisch wachsen,
- unternehmerisch expandieren,
- sich unternehmerisch zurückziehen.

Unternehmerisch wachsen

In geschäftlichen Spielen kennen wir viele uns wohlbekannte Formen des Wachstums, beispielsweise beim Ausbau des gegenwärtigen Kerngeschäftes, im Aufbau neuer Geschäftsfelder oder im Ausloten neuer Trends und zukünftiger Chancen für neue Geschäftsoptionen. Alle drei Wachstumspfade unterscheiden sich hinsichtlich der erforderlichen Fähigkeiten, ihres Zeitbedarfs und ihres Risikoprofils. Die Erweiterung von Kerngeschäften findet auf dem bisherigen Spielfeld statt. Der Spieler kann mit bewährten Denk- und Verhaltensweisen schnell seine Spielzüge umsetzen. Beim Aufbau entstehender Geschäfte werden die Grenzen des bisherigen Spielfeldes erweitert. Lebensfähige Optionen werden auf neu entstehenden Spielfeldern geschaffen. Damit verbunden sind relativ hohe Risiken, aber auch Chancen. Hierfür braucht ein Spieler in der Regel ein neues Muster von strategischen Spür-, Denk- und Verhaltensweisen.

Was bedeutet es, im beruflichen Spiel zu wachsen? Wer beruflich ein Spielfeld betritt, versucht sich zunächst einmal auf diesem Spielfeld zu orientieren. Er versucht zu verstehen, was auf dem Spielfeld passiert. Je nach seinen Kompetenzen und Potenzialen sowie seinem Biss versucht er mitzuspielen, mit zunehmender Spieldauer seinen Bewegungsradius auszudehnen, an Sicherheit zu gewinnen und in der Offensive oder Defensive seinen Beitrag zu leisten. Berufliche Wachstumsprozesse sind ferner dadurch gekennzeichnet, dass sich ein Spieler immer mehr als Problemlöser in seinem Areal versteht, dass er einerseits mehr von dem unternimmt, was gut funktioniert, und andererseits immer wieder auch Neues ausprobiert, neue Erfahrungen macht. Eigene Leistungen werden hinterfragt. Niederlagen werden genauso untersucht wie Erfolge. Je länger ein Spieler einer bestimmten Aufgabe nachgeht, desto mehr Routine gewinnt er in der Regel bei seiner Aufgabenerledigung. Je größer seine Arbeitseffizienz wird, desto größer werden seine Chancen auf Freiräume. Über kurz oder lang sind die spannendsten unternehmerischen Fragen für ihn dann:

- Was macht ein Spieler mit sich selbst erarbeiteten oder sich einfach ergebenden Freiräumen?
- Wie geht er mit ihnen um?
- Nutzt er sie für sich selbst, zugunsten seiner Führungskraft, Kollegen und/oder des gesamten Unternehmens?
- In welchen Projekten bringt er sich mit ins Spiel ein?

Bei Spielern mit einem hohen Spieltempo stellen sich diese Fragen in der Regel früher. Für sie ist es eine besonders attraktive Herausforderung, sich möglichst schnell in die übernommenen Aufgabenstellungen einzuarbeiten, Kompetenzen weiter auszubauen und für das Unternehmen wie für sich Erfolge zu erzielen. Mengenmäßige Aufgabenerweiterung »Job Enlargement« und qualitative Aufgabenanreicherung »Job Enrichment« bieten allen Spielern Wachstumschancen. Wer sich immer stärker in die Herausforderungen seines Spielfeldes vertieft, eine Fokussierungsstrategie »fährt«, avanciert zum Spezialisten. Beweist ein Spieler dagegen neben seiner wachsenden Fachkompetenz ein gutes Geschick, insbesondere im Umgang mit anderen internen Spielern, so kann es schnell passieren, dass er als High Performer oder High Potential angesehen und »gehandelt« wird. Über kurz oder lang ist dann damit zu rechnen, dass er auch mit einer Führungsverantwortung betraut wird und hierarchisch aufsteigt.

Mit Wachsen im beruflichen Spiel meinen wir hier nicht allein den äußerlich sichtbaren Aufstieg. Wachsen beinhaltet auch einen inneren Prozess, das Wachsen in die eigene menschliche Tiefe hinein, die Zunahme an menschlicher Reife und an Menschlichkeit. Wird von einem Spieler dieses Wachstum angesichts eines vielleicht sehr hohen Tempos in fachlichen Themen vernachlässigt, so werden sich für ihn auf Dauer Probleme ergeben, die sich in seiner inneren Gestimmtheit und Energie, wie der Qualität seiner Beziehungen widerspiegeln. Gerade unter dem Aspekt eines eventuellen gesellschaftlichen oder unternehmensinternen hierarchischen Aufstiegs sind wachsende Erfahrungen im Bereich Menschlichkeit auf den Spielfeldern im Arbeitsalltag von hoher Wichtigkeit.

Unternehmerisch expandieren

Will ein Spieler in geschäftlichen Spielen expandieren, dann betritt er ein neues ihm bisher nicht bekanntes Spielfeld. Diese strategische Option kann beispielsweise über eine Akquisition eines Unternehmens in einer zunächst fremden aber attraktiv erscheinenden Branche erfolgen. In geschäftlichen Spielen kann eine solche Expansionsstrategie sehr schnell realisiert werden.

Wer seine berufliche Position wechselt, indem er ein ihm fremdes Spielfeld betritt, expandiert beruflich. Ein Wechsel kann ein unternehmensinterner Arbeitsplatzwechsel sein, zum Beispiel von einer Fachabteilung in eine andere, von einer Funktion in der Zentrale in eine andere an einem Produktionsstandort, von einem Arbeitsplatz im Inland ins Ausland. Eine berufliche Expansion liegt ebenfalls vor, wenn ein Spieler auf eine andere Funktion in einem anderen Unternehmen, vielleicht in einer anderen Branche wechselt. Zu unterscheiden sind die fremd initiierte Expansion, etwa durch Abwerbung eines Headhunters, Kündigung seitens des bisherigen Arbeitgebers oder aufgrund wichtiger Veränderungen im privaten Umfeld, und die selbst initiierte Expansion, stimuliert durch eigene innere Prozesse. A priori und generell zu sagen, welche Art der Expansion die Vorzugswürdigere ist, ist kaum möglich. Entscheidend ist, dass die Entscheidung zugunsten einer Expansion im Letzten innerlich stimmig ist und passt.

Während sich berufliches Wachstum vielfach ganz natürlich und eher schleichend im Alltag vollzieht, ist das berufliche Expandieren oft mit gravierenden Einschnitten im Arbeitsalltag verbunden. Eine Expansion wird genauer bedacht und vorbereitet. Ihre Chancen und Risiken treten stärker ins Bewusstsein eines Spielers. Auch wird der Prozess des Loslassens des Bisherigen intensiver erlebt. Mit dem Blick auf ein neues Spielfeld werden in der Regel auch einige jener Aspekte wieder neu überdacht und ausgehandelt, die wir bereits oben, beim Thema »unternehmerische Ausgangsposition klären« angesprochen haben.

Wenn sich der Spieler eingehend über die neuen Arbeitsverhältnisse informiert, mindert er seine Risiken. Die Durchführung einer kurzzeitigen Organisationsanalyse gewinnt dabei umso mehr an Bedeutung, je andersartiger das neue Spielfeld ist und je mehr beim angedachten Spielfeldwechsel auf dem Spiel steht. Risiko mindernd wirken zudem Aufenthalte und Erfahrungen, die er vor dem angedachten Wechsel bereits auf dem im Fokus befindlichen Spielfeld gesammelt hat. Hier spielen oftmals Neben- und Hobbytätigkeiten eine besondere Rolle. Wer beispielsweise in seiner Freizeit schon seit langem eine unterrichtende oder coachende Tätigkeit ausübt, wird sich mit einer beruflichen Expansionsentscheidung in Richtung Trainer oder Coach leichter tun.

Werden die klassischen unternehmensinternen Spielfelder für einen Spieler zu eng und zu klein, so bietet sich ein Sprung in die Selbstständigkeit, Freiberuflichkeit oder in eine freiberufliche Partnerschaft an. Spieler, die nach möglichst großen Entscheidungs- und Handlungsfreiheiten streben, die nicht nur ihre Freizeit, sondern auch immer mehr ihre Arbeitszeit nach ihrem eigenen Gusto gestalten wollen, geraten tendenziell schneller mit Entscheidungen und Verhaltensweisen ihrer Vorgesetzten in Konflikt. Oft ist der Vorgesetzte im wahrsten Sinne eine Person, die dem Spieler »vorgesetzt« wird, und nicht eine Führungskraft, die er sich selbst, etwa auch zu Lernzwecken, offensiv ausgesucht hat. Parallel zur wachsenden Intensität der Auseinandersetzungen mit dem Vorgesetzten nimmt dann der Wunsch nach einem Arbeitsplatzwechsel zu. Mit zunehmendem Alter wird dieser allerdings oft schwerer realisierbar. Trotzdem kann, begünstigt durch das Alter und die Lebensphase eines Spielers, der Wunsch nach mehr Freiheit und Unabhängigkeit weitere Energie erhalten. Sind auch die finanziellen Sicherheiten und Rahmenbedingungen gegeben, ist es leicht verständlich, dass vitale risikofreudige Spieler nach Jahren in der Rolle eines Angestellten gern nochmals mit etwas ganz eigenem Durchstarten wollen. Statt sich mit der Rolle eines Pensionärs anzufreunden, winkt die Rolle des selbstständigen Spielers. Oft können gerade ältere erfahrene Spieler in beratenden Rollen wertvolle Erfahrungen an Jüngere weitergeben. Angesichts demografischer Wandlungsprozesse wagen wir hier die These, dass der Trend hin zu mehr Selbstständigkeit, insbesondere bei älteren Jährgängen, in den nächsten Jahren weiter zunehmen wird. Je mehr zudem individuelle Freiheiten geschätzt werden, desto mehr werden auch jüngere Menschen sich in Zukunft überlegen, ob nicht eine Selbstständigkeit in Form einer freiberuflichen Tätigkeit, der Gründung eines eigenen Unternehmens oder der Mitarbeit in einer Partnerschaft eine viel versprechende Form beruflichen Expandierens für sie ist.

Beruflich aufsteigen

Als Spezialfall der beruflichen Expansion wollen wir den beruflichen Aufstieg einordnen. Was ein Spieler dabei unter »Aufstieg« versteht und woran er seinen Aufstieg festmacht, definiert er zunächst einmal selbst. Denkbar ist ein Aufstieg in eine höhere Position wie in eine höhere Liga hinein. Klassisch wird mit dem Begriff verbunden, dass ein Spieler eine höherwertige Position übernimmt und in der Hierarchie seines Unternehmens aufsteigt. Mit der jeweils höherwertigen Position ist oftmals ein Mehr an Mitarbeiter-, Kunden- oder Lieferanten- sowie Budgetverantwortung verbunden. Gemäß diesen Kriterien spielt zum Beispiel ein Spieler, der in einem Großunternehmen die globale Verantwortung für Großkunden übertragen bekommt, in einer anderen Liga als jener, der die Leitung einer kleinen Filiale im Einzelhandel übernimmt. Zu unterscheiden sind so genannte »Schornstein-« und »funktionsübergreifende Karrieren«. Erstere sind dadurch gekennzeichnet, dass sich der Aufstieg weitgehend im angestammten Funktionsbereich vollzieht: Ein Spielmacher und Stammspieler hat sich bewährt und steigt hierarchisch auf. Das Wesen funktionsübergreifender Karrieren besteht darin, dass sich ein Spieler auf Spielfeldern in unterschiedlichen Funktionsbereichen bewährt, dort jeweils Führungstalent zeigt und deshalb in der Hierarchie aufsteigt. Während in früheren Jahren in Großunternehmen oftmals »Schornsteinkarrieren« anzutreffen waren, sind sie heute seltener geworden. Für den hierarchischen Aufstieg gerade in größeren Unternehmen ist also immer häufiger eine »Generalistenstrategie« erforderlich.

Ein beruflicher Aufstieg ist natürlich auch dem gefragten Spezialisten möglich, sei es unternehmensintern oder -extern. Im Gegensatz zur Führungslaufbahn wird beim Aufstieg des Spezialisten von der Fachlaufbahn gesprochen. In der Beratungsbranche kann ein Associate zum Partner oder Direktor aufsteigen, zuständig für eine Branche und oder Region. Wird ein Spezialist in der Forschung aufgrund seiner wissenschaftlichen Leistungen zum Beispiel mit einem angesehenen Preis, etwa einem Nobelpreis geehrt, so kommt diese Ehrung einem Aufstieg in eine höhere Liga, in andere Beziehungsnetzwerke, gleich. Gleiches gilt für eine Führungskraft in der Industrie, die mit dem Aufstieg in andere Netzwerke hinein wächst oder die in die Politik wechselt und dann Regierungsmitglied auf Landes- oder Bundesebene wird.

Sich unternehmerisch zurückziehen

Unter Rückzug wollen wir den bewussten Abschied vom Spielfeld verstehen. In geschäftlichen Spielen kann ein Rückzug langsam erfolgen, durch »abschöpfen« des Geschäftes. Der Spieler verzichtet auf Erweiterungsinvestitionen und betreibt sein Geschäft nur noch so lange, wie sich ein positiver Cashflow erzielen lässt. Erst dann wird das Geschäft liquidiert. Der Rückzug kann aber auch schnell erfolgen, die Geschäftstätigkeit wird zu einem bestimmten Termin eingestellt oder ein Geschäft wird an ein anderes Unternehmen gewinnbringend oder manchmal auch mit Verlust verkauft.

Ein Berufsleben ohne Rückzüge ist nicht vorstellbar. Jeder von uns kommt auf seinem beruflichen Weg immer wieder in Situationen, in denen ein Rückzug die am besten geeignete Handlungsoption ist. Ein Rückzug kann im Vorhinein angedacht und vereinbart werden, etwa bei befristeten Arbeitsverhältnissen, die dann zum vereinbarten Zeitpunkt gelöst werden. In unbefristeten Arbeitsverträgen kann ein Rückzug durch die unterschiedlichsten Gründe veranlasst sein.

Eine klare äußere, das heißt unternehmensbedingte Veranlassung liegt vor, wenn etwa eine Betriebsschließung wegen nicht mehr bestehender Wettbewerbsfähigkeit, ein Wechsel von Mitarbeitern in eine Beschäftigungsgesellschaft oder eine Kündigung wegen Beteiligung an kriminellen Straftaten und korrupten Prozessen vorliegt. Besonders spektakuläre Abschiede lassen sich häufig bei Vorständen und Führungskräften beobachten, wenn sie unternehmensintern in Ungnade fallen. Oftmals bleiben ihnen nur wenige Stunden, um ihr Büro zu räumen, ihren Hut zu nehmen, sprich ihre Schlüssel abzugeben und das Haus zu verlassen. Solcherlei erzwungene Rückzüge gleichen einem Absturz bei großer Fallhöhe. Stets ist mit ihnen ein immenser Macht-, Gesichts- und Imageverlust verbunden. Erstaunlich ist dabei immer wieder, wie schnell einige Führungskräfte es dann schaffen, wieder als Spielmacher im Rampenlicht eines anderen Unternehmens zu stehen.

Bei den inneren Beweggründen für das Verlassen eines Spielfeldes ist stärker zu differenzieren. Ein Rückzug kann aus dem eigenen Empfinden und der eigenen Erkenntnis heraus motiviert sein. Ein Spieler sagt zum Beispiel »Es ist alles getan!« oder »Die Zeit ist reif für etwas Neues!« Sehr oft sind allerdings auch Enttäuschungen und Verletzungen die Auslöser: Nicht eingehaltene Versprechungen führen zu Enttäuschungen. Das Verhalten des unmittelbaren Vorgesetzten oder bestimmter Kollegen ist verletzend und kann nicht verziehen werden. Anonymes wie auch nachweisbares, den oder die Täter identifizierendes Mobbing ist nicht mehr auszuhalten.

Eine andere Art inneren Rückzugs ist gegeben, wenn ein Spieler merkt, dass ihn eine Aufgabe überfordert und der daraus resultierende Stress ihn krank werden lässt. Spornt etwa eine Führungskraft in ihrer Coaching-Rolle gerade ihre jüngeren Spieler zu immer höheren Leistungen an oder schürt sie den Wettbewerb zwischen den Kollegen, zum Beispiel im Außendienst, so können weniger leistungsstarke Spieler schnell unter starken Druck kommen und krank werden. Wir kennen vielerlei Stresssymptome, die uns warnen: etwa schlaflose Nächte, Kopfschmerzen, Magenkrämpfe oder Tinitus. Spätestens ein Burnout, ein Schlaganfall oder Herzinfarkt geben uns in sehr eindringlicher Weise zu verstehen, dass ein verstärktes Nachdenken über berufliche Veränderungen dringend erforderlich ist. Auch die Unterforderung kann Anlass zum Rückzug sein. Ein Spieler spürt, dass ihn seine Aufgabe immer weniger erfüllt, dass er immer weniger dazu lernt, er sich immer stärker unterfordert fühlt oder gar langweilt.

Rückzüge vollziehen sich zunächst innerlich. Aufgegeben wird zuerst im Herzen, dann wenn der Optimismus schwindet und schließlich keine Hoffnungen auf Verbesserungen mehr bestehen. Gekündigt wird dann im Kopf, das heißt, die Entscheidung hinsichtlich eines Rückzugs fällt ein Spieler zumeist innerhalb eines Vor- und Nachteile abwägenden Selbstgespräches. Oft wird die Rückzugsentscheidung mit Vertrauten beraten, bis sie schließlich dem Arbeitgeber gegenüber ausgesprochen wird. Immer wieder kommt es aber auch vor, dass eine äußere, offizielle Kündigung unterbleibt. Innerlich gekündigt bleibt ein Spieler auf seinem Feld. Dieses Verhalten führt häufig zum Dienst nach Vorschrift, oder der Spieler wird zum internen »Trittbrettfahrer«. Wenn er nicht gerade »krankfeiert«, ist er zwar anwesend, doch hält er seine Leistungsbeiträge weitgehend zurück. Seinen Arbeitgeber betrachtet er in dieser Situation vor allem als »Cash Cow«, die es geschickt zu melken gilt.

Ist der Spieler noch jung, dann folgt dem Rückzug von einem Spielfeld in der Regel der unmittelbare Wechsel auf ein anderes Spielfeld. Angesichts des wachsenden Leistungsdrucks gönnen sich Spieler vermehrt auch kürzere oder längere Pausenzeiten. Ein Beispiel und vielleicht Vorbild ist hier Ottmar Hitzfeld, der sich selbst zwischen zwei Engagements als Trainer des FC Bayern München eine längere Auszeit genehmigte, um wieder aufzutanken. In älteren Jahren ist ein Rückzug auch vielfach endgültig. Als Pensionär wechselt der Spieler dann in die Rolle eines Fans oder Zuschauers.

Ein besonderer Fall ist der Rückzug eines Spielers aus der Rolle eines Selbstständigen. Auch ihm stehen unterschiedliche Wege zum Rückzug offen, zum Beispiel der komplette, sukzessive oder anteilige Verkauf des eigenen Unternehmens, die Hereinnahme eines oder mehrerer Partner oder die Möglichkeit, noch zu Lebzeiten das gesamte Unternehmen oder Teile davon zu übertragen.

Wer sich von einem Spielfeld zurückzieht, tut gut daran, mit einem weinenden und einem lachenden Auge zu gehen. Mit einem weinenden Auge gilt es, all das erlebte Gute auf dem alten Spielfeld zu bedenken, wertzuschätzen und loszulassen. Es bedeutet auch, sich für alle wertvollen Lernerfahrungen bei anderen Spielern zu bedanken. Das lachende Auge entspricht der Vorfreude auf das neue Spielfeld und dessen Chancen.

Stets können sich aus dem Rückzug von Spielern neue Chancen für die auf dem Spielfeld verbleibenden Spieler ergeben. Scheiden innerhalb eines kurzen Zeitraumes zum Beispiel zugleich mehrere Führungskräfte aus, so ergeben sich für jüngere Nachwuchskräfte und High Performer ausgesprochen gute Chancen nachzurücken und aufzusteigen. Herrscht zeitgleich ein Einstellungsstopp aufgrund der wirtschaftlichen Situation des Unternehmens, können sich die Aufstiegschancen sogar noch beträchtlich verbessern.

Spielzeiten gestalten

In vielen beruflichen Positionen bleibt es einem Spieler selbst überlassen, wie er seine Spielzeit im Detail gestaltet. Wer sich innerlich unternehmerisch aufstellt, kennt den Spruch «Zeit ist Geld«. Er weiß, wie wichtig es ist, bei all seinem Tun stets die Dimensionen Wertschöpfung und Zeit zugleich zu berücksichtigen. Notwendig ist ein gesundes und sinnvolles Zeitmanagement. Stets ist ein Spielmacher bemüht, während der ihm zur Verfügung stehenden Zeit möglichst viele effektive und effiziente Spielzüge zu realisieren. Einerseits kann er auf gemeinschaftlicher Ebene versuchen, eine Erhöhung der Arbeits- und Leistungsgeschwindigkeit zu erreichen. Andererseits kann er sich individuell darum bemühen, das eigene Tempo zu steigern. Beide Wege bedeuten die Inkaufnahme eines erhöhten Fehlerrisikos. Gespräche wie Tätigkeiten, die ständig unter hohem Zeitdruck stehen, sind zumeist für alle Beteiligten anstrengend. Ohne Pausen sind sie auf Dauer selten angenehm. Ein Spieler, der Zeitdruck in eine Begegnung hineinbringt, gerät zudem schnell in die Gefahr, von den anderen gebremst und nicht toleriert, ja in seiner positiven Leistungsorientierung sogar als »Streber« abgewertet zu werden. Genauso kann es dazu kommen, dass sich ein übermäßig leistungsorientierter Spieler zu einem ungemütlichen, eben immer unter Zeitdruck stehenden Gesprächspartner entwickelt, den immer weniger Kollegen in seinem Tempo verstehen und akzeptieren. Leiden die Toleranz und Wertschätzung für die Unterschiedlichkeit und Einzigartigkeit von Kommunikations- und Arbeitsweisen wie -tempi, so verschlechtert sich das so wichtige wie sensible Klima des Miteinander. Als Konsequenz sinkt dann früher oder später die Leistung im Team.

Derartige Gefahren, in die gerade unternehmerisch veranlagte Spieler geraten können, gibt es viele. Einen Ausweg findet, wer ein Talent darin entwickelt, anstehende wie sich ergebende Aufgaben schnell zu priorisieren und sich darauf beschränkt, vor allem die Aufgaben mit höchster Priorität zu forcieren. Unternehmerisch bedeutet dies dann oft ein Handeln nach dem Motto »Zupacken statt Aufschieben!« Unternehmerischer Drive entsteht insofern weniger durch Warten, Nachdenken und Reden als vielmehr durch beherztes Angehen und Erledigen der wichtigsten Prioritäten. Nur wer dies ständig trainiert, entwickelt sich weiter. Sich auf das Wesentliche an einem Tag beziehungsweise in seinem Leben zu beschränken, ist eine hohe Kunst. Sie bedingt die Kunst des Loslassen-Könnens.

Ein weiterer Ausweg steht jenem offen, der im Arbeitsalltag die Chance hat, Tätigkeiten und Verantwortungen zu delegieren, sprich anderen zu übertragen. Delegation ermöglicht es, dass Spielzüge simultan realisiert werden. Häufig entstehen durch eine Delegation Kostenvorteile, wenn Arbeiten zur Erledigung an eine preisgünstigere Arbeitskraft weitergereicht werden. Delegation erfordert Vertrauen in jenen Spieler, an den ein »Ball«, eine Kundenanfrage oder ein Arbeitsauftrag weitergespielt wird. Wird ein delegierter Arbeitsauftrag nicht mit der gewünschten Qualität zeit- und angebotsgerecht ausgeführt, so fällt das daraus resultierende schlechtere Image stets auf beide zurück, auf den, der den Auftrag angenommen und delegiert hat wie den, der ihn übernommen hat.

Vor dem Hintergrund von Wachstums- und Expansionsstrategien eines Humankapitalunternehmers sind jene Prozesse besonders spannend, in denen ein Spieler

- durch hohe Leistungen hohe Erträge erzielt, zugleich viel lernt und zufrieden ist;
- Spielzeiten so gestaltet, dass intensive Leistungs-, Lern- und Erholungszeiten gut aufeinander abgestimmt sind beziehungsweise einander ergänzen.

Für alle Prozesse gilt: Wer schneller lernt, über ein besseres Auffassungs-, Kombinations- und Umsetzungstalent verfügt, kommt schneller voran. Simultan an der Realisierung der wichtigsten Ziele zu arbeiten, kann enorm viel Zeit sparen. Wer nur kurz in seinen beruflichen Positionen und Rollen verweilt, macht hierarchisch gesehen schneller Karriere als jener, der lange Verweilzeiten produziert oder in Kauf nimmt. Lange Verweilzeiten ergeben sich, wenn unternehmensintern und -extern keine attraktiven Optionen für Positionswechsel greifbar erscheinen. Schnelle »Job Hopper« lassen sich tendenziell weniger Zeit zum Lernen und zur Vertiefung. Sie laufen Gefahr, sich statt fundierter Erfahrungen lediglich oberflächliche Kenntnisse anzueignen.

Um Spielzeiten optimal zu gestalten, halten wir folgende Punkte für besonders beachtenswert:

- sich offensiv ziel- und prioritätenorientiert auf das wirklich Wesentliche und Sinnvolle ausrichten;
- intensive Spaß, Freude und Erfüllung bringende Erfahrungen ermöglichen;
- Prozesse antizipieren, visualisieren, reflektieren, optimieren;
- persönliche Arbeitsrhythmen und Pausen berücksichtigen.

Spielzeitpunkte gestalten

Über die Gestaltung der Spielzeit hinaus ist für jeden Spieler von eminenter Bedeutung, wann ein Spiel beginnt und wann es für ihn endet, welche Spielunterbrechungen erwartbar und Pausen vorgesehen sind, wie lang einzelne Spielrunden dauern. Aus unternehmerischer Sicht stellt sich vor allem die Frage, welcher Einfluss auf Spielzeitpunkte ausgeübt werden kann. Unternehmerisch betrachtet bedeutet »Spielzeitpunkte gestalten« zum Beispiel

- selbst zu entscheiden, wann ein Arbeitstag oder -zeitraum beginnt und endet,
- einen starken Einfluss darauf zu nehmen, wann in welche wichtigen Themen Zeit investiert wird, wann zum Beispiel welche wichtigen Ereignisse, Projekte, Events, Gespräche, Sitzungen, Maßnahmen stattfinden,
- wann am besten Weiterbildungs- und Auszeiten zu nutzen sind.

Ziel ist die Realisierung der Maxime »stets das Richtige zur richtigen Zeit« zu tun. Was reif ist oder gerade ansteht, ist zum passendsten Zeitpunkt anzupacken oder auch loszulassen. Den richtigen Moment abzupassen, um zum Beispiel in einem Spiel »Gas zu geben« oder es zu verlangsamen, ist keineswegs einfach. Ein gutes Timing zählt beim Säen wie beim Ernten. Es beinhaltet auch eine Antwort auf die Frage, wie Energien beanspruchende, sinn- und zweckorientierte Zeiten mit Entspannungszeiten in Einklang zu bringen sind. Zeitoasen, Momente des zeitlosen in der Zeit Seins, des Ausruhens ohne Zeitdruck, etwa auf einer Parkbank, sind für die Produktivität eines jeden von uns enorm wichtig. Nur wenigen dürfte das gelingen, was der hoch produktive Pablo Picasso von sich behauptete, wenn er sagte: »Wenn ich arbeite, ruhe ich mich aus«[14].

Sind wir in unseren beruflichen oder geschäftlichen Spielen von einer Idee begeistert, so kann es uns ergehen wie spielenden Kindern, die spontan ein Spiel aufnehmen, sich im Spiel verlieren, die Zeit und das Spielende vergessen. Wer »angezündet« ist von einer Idee, wer begeistert einem Traum oder einer Sehnsucht nachgeht, schaut nicht auf die Uhr. Er vergisst oder verschiebt bewusst den Endzeitpunkt. Versinnbildlicht beziehungsweise mit einem Seitenblick auf die griechische Mythologie gesprochen heißt das: Nicht Kronos, der Gott der Zeit und des Zeitablaufes, wird zum Berater beim Wählen und Einhalten wichtiger Spielzeitpunkte, sondern Kairos, der Gott der günstigen Gelegenheit und des rechten Augenblicks. Aus unternehmerischer Perspektive bedeutet dies, ein Gespür für die richtigen Zeitpunkte zu entwickeln. Wer sich darin übt, günstige Gelegenheiten zu erspüren, sie beim Schopf zu packen oder bewusst herbeizuführen, trainiert seine unternehmerischen Qualitäten.

In der Gegenwart leben

Der römische Dichter Horaz (65–8 vor Christus) animiert mit seiner Aussage »carpe diem« dazu, den Augenblick zu genießen und positiv zu nutzen. In der Bibel, im Buch Kohelet (3,1–8), lesen wir: »Alles hat seine Zeit, alles Geschehen unter dem Himmel hat seine Stunde.« Dies vermittelt den Eindruck, dass es für alle Dinge im Leben einen rechten Augenblick gibt. Beim mittelalterlichen Theologen und Mystiker Meister Eckhart finden wir den Hinweis: »Die wichtigste Stunde ist immer die Gegenwart.« Der Barockdichter Andreas Gryphius betont: »Mein sind die Jahre nicht, die mir die Zeit genommen; mein sind die Jahre nicht, die etwa möchten kommen. Der Augenblick ist mein, und nehm' ich den in Acht, so ist der mein, der Jahr und Ewigkeit gemacht.« Alle Aussagen betonen sehr eindrücklich die Bedeutung der Gegenwart. Der wichtigste Moment ist immer der gegenwärtige! Nur im gegenwärtigen Moment, in der unmittelbaren Gegenwart, leben und handeln wir, erfahren wir uns und andere. In jedem Moment unseres Daseins lässt sich mit dem zur Handball Weltmeisterschaft 2007 in Deutschland von der Popgruppe »Die Höhner« herausgebrachten Song fragen »Wenn nicht jetzt, wann dann?« Aber wann oder was ist der rechte Moment?

Den rechten Moment erspüren und Win-Win-Situationen schaffen

Leicht lässt sich zunächst feststellen, ein rechter Moment ist einer, den keiner gern verpasst. Jeder wünscht sich, zur rechten Zeit am rechten Ort zu sein, die Zeichen der Zeit rechtzeitig zu erkennen, in Sekundenbruchteilen richtig zu entscheiden. Wann eine Situation als besonders günstig zu bewerten ist, ist aus unserer Sicht stets subjektiv und von vielen Faktoren abhängig. Aufgrund unserer inneren Befindlichkeiten, Gedanken und Fantasien erleben wir die Günstigkeit von Zeitpunkten und Zeiträumen auch immer wieder ganz anders. Vor diesem Hintergrund ist für uns ein günstiger Moment dadurch charakterisierbar, dass sich in ihm kurzzeitig ein vergleichsweise großer Vorteil oder zugleich eine Summe unterschiedlicher Vorteile mit hoher Realisierungswahrscheinlichkeit anbietet. Ökonomisch gesprochen trifft ein Anbieter im Moment seines Angebotes auf eine besonders große Nachfrage oder umgekehrt ein Nachfrager auf ein besonders großes Angebot. Je aussichtsreicher und viel versprechender ein sich auftuendes »Window of Opportunity« ist, desto größer ist der Anreiz zum augenblicklichen schnellen Handeln. Ein rechter Augenblick ist mithin auch dann gegeben, wenn etwas innerlich wie äußerlich stimmig ist, wenn es zu einem Moment des Einklangs kommt, wenn Kopf und Herz zusammengehen und Hand angelegt wird.

Je nach individueller Präferenz kann es zu ganz unterschiedlichen Austauschsituationen kommen. Es kann sogar bedeuten, dass ein Klumpen Gold gegen ein Pferd, eine Kuh gegen ein Schwein und eine Gans gegen einen Schleifstein eingetauscht wird, und der Tauschende jedes Mal meint, ein gutes Geschäft gemacht zu haben. Er glaubt, dass das, was er erhält, ihm voraussichtlich weniger Probleme bereitet als das, was er weggibt. Im Märchen der Brüder Grimm reiht Hans so aus seiner Sicht einen guten Deal an den nächsten. Keine Last mehr zu tragen, macht ihn schließlich frei und glücklich. Was Hans vordergründig in seinen Tauschprozessen widerfährt, wollen wir in unseren eigenen normalerweise eher vermeiden. Niemand von uns will nach einer Spielrunde schlechter da stehen als vorher. Niemand möchte übervorteilt und über den Tisch gezogen werden. Im Glauben an günstige Gelegenheiten kann es allerdings durchaus passieren, dass der einfach nur schnell Zugreifende letztlich den Kürzeren zieht und sich ärgert.

Ein Spiel wird nur dann aus vielen Spielrunden bestehen, wenn es auf beiden Seiten immer wieder zu günstigen Gelegenheiten kommt, wenn Win-Win-Situationen entstehen und die Spieler das Spiel als fair erleben.

Hilfreich beim Erkennen und Handhaben eines rechten Augenblicks, einer günstigen Gelegenheit, sind aus unserer Sicht:

- *eine hohe innere und äußere Präsenz*: Es gilt da, wo man gerade ist, voll da zu sein. Präsenz meint, wach zu sein im Innen wie im Außen. Wer körperlich anwesend und innerlich ganz woanders ist, wird nie den rechten Moment erleben. Nur durch ein uneingeschränktes »Ja« zu dem, was da und dran ist, was sich ergibt, kommt eine günstige Situation zustande. Ein »Vielleicht« oder »Nein« bedeuten Zweifel, Widerstand und Abgrenzung. Ein »Nein« verzögert und bremst den »Fluss« und das gute Gefühl.
- *eine große Erwartungsfreiheit und wertschätzende Sensibilität*: Je freier jemand von Vorurteilen und Erwartungen ist, desto mehr günstige Gelegenheiten können sich ihm auftun. Wer aufhört, nur dem Großen nachzujagen und stattdessen lernt, auf Kleinigkeiten, zunächst Unsichtbares, Unscheinbares, auf Potenziale zu achten, dem werden sich mehr gute Möglichkeiten eröffnen als allen anderen. Ein gutes Fingerspitzengefühl ist angesagt.
- *ein gesundes Maß an Lockerheit und Großzügigkeit*: Wer locker, unverkrampft und tendenziell eher großzügig bestimmte Momente auf sich zukommen lässt beziehungsweise in Situationen hineingeht, dem gelingt es besser, sie zu seinen Gunsten zu beeinflussen. Die Verbissenheit und Engstirnigkeit, stets mit allen Mitteln unbedingt das Maximale aus einer Chance herausholen zu wollen, machen den rechten Augenblick eher unmöglich oder zerstören ihn. Lockerheit lässt ihn genießen.
- *ein gutes Gespür für Ganzheiten, Fokussierung und schnelles Zupacken*: Eine Gelegenheit beim Schopf zu ergreifen, heißt, viele Faktoren und Einflüsse zugleich im Auge und im Gefühl zu haben, blitzschnell eine attraktive Priorität zu setzen und diese

dann mit Entschlossenheit anzupacken oder umzusetzen. Das Glück der günstigen Stunde winkt dem, der ohne großes Überlegen und langes Abwägen seiner Intuition traut und bei allem ein gutes Gefühl hat.

- *eine heitere Gelassenheit und Zukunftsvertrauen*: Ein glücklicher Moment beinhaltet Verführungskraft. Er kann zum Wunsch nach Fortdauer des speziellen Momentes führen. In diesem Sinne ist bei Johann Wolfgang von Goethe auch Faust zu verstehen, der zu Mephistopheles sagt »Werd' ich zum Augenblicke sagen: verweile doch! Du bist so schön!« Ein ängstliches Festhalten oder krampfhaftes Bemühen um Verlängerung eines gelungenen oder glücklichen Ereignisses kann dieses schnell in ein ungünstigeres Licht rücken, ihm gänzlich das gute Gefühl rauben. Notwendig ist deshalb im rechten Moment ein entsprechender Mut zum Loslassen. Wer heiter Abschied nehmen kann und gelassen darauf vertraut, dass sich auch in Zukunft immer wieder gute Momente auftun und gestalten lassen, wird sich leichter tun, seine Entwicklung zum Spielmacher auf immer wieder neuen Spielfeldern erfolgreich voranzutreiben.

Start- und Endzeitpunkte gestalten

Den eigenen Startzeitpunkt auf einem Spielfeld zu definieren, bedeutet zu entscheiden, ab welchem Moment Initiative gezeigt und Energie eingebracht wird. Will der Spieler einen Spielzug als erster durchführen oder lieber später der Initiative des ersten folgen?

Innovation und Imitation spiegeln in unternehmerischen Spielen zwei Grundhaltungen im Umgang mit Startzeitpunkten wider. Ein im Beruf und Geschäft unternehmerisch aufgestellter Pionier strebt stets den »First Mover Advantage« an, den Vorteil, der sich gerade jenem eröffnet, der als Erster mit Tempo und Risikofreude auf einem Markt aktiv wird, etwa eine Innovation herausbringt. Ein Nachfolger setzt eher auf Risikoreduzierung und Imitation. Sein Ziel ist es, aus dem Verhalten der anderen Spieler einen Vorteil, den »Second Mover Advantage« zu ziehen – »The early bird gets the worm but the second mouse gets the cheese«.

Über die Dimension der Zeit sind beide Grundhaltungen untrennbar miteinander verknüpft. Ist eine Spielidee erfolgreich, beginnt sofort ein Diffusionsprozess. Der Erfolg wird von anderen Spielern wahrgenommen und dann imitiert oder weiterentwickelt (Abbildung 5.4).

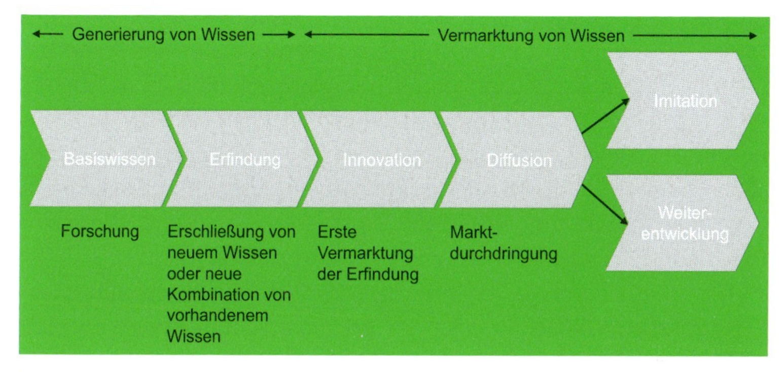

Abb. 5.4: Innovationsprozess

Der Folger lässt bewusst andere mit Neuem experimentieren, bis er selbst aktiv wird. In Orientierung an die »Imitationsgeschwindigkeit« lassen sich dabei zwei Ausprägungen unterscheiden:

- Der frühe Folger »Second to Market«: Kurze Zeit nach der Innovation des Pioniers versucht der frühe Folger, mit einer vergleichbaren Leistung seine Position im Spiel auszubauen.
- Der späte Folger »Late to Market«: Erst wenn die Innovation auf dem Spielfeld angenommen und geschätzt wird, treten die späten Folger mit verbesserten Imitationen oder Weiterentwicklungen im Spiel auf.

Wer sich im beruflichen Umfeld als Mitarbeiter oder Führungskraft in Meetings häufig offensiv als erster mit einer Idee oder einer Meinung »aus dem Fenster lehnt«, hat einerseits die Chance, sich als Kreativer, gefragter Querdenker und Meinungsmacher zu etablieren. Andererseits läuft er auch Gefahr, sich unmöglich zu machen. Er riskiert, dass ihm auf Dauer das Image eines ungemütlichen Querdenkers oder vorlauten Besserwissers zugeschrieben wird. Wer immer der Meinung der anderen folgt, lebt dagegen in ruhigeren Gewässern. Kollegen, die sich vornehmlich der vorherrschenden

Meinung anpassen, ihr »Fähnchen nach dem Wind ausrichten«, riskieren allerdings, den Stempel »Mitläufer« zu erhalten und von anderen für »überflüssig« erklärt zu werden.

Wem es gelingt, in seinen Spielen geschickt die Endzeitpunkte zu beeinflussen oder zu bestimmen, behält in der Regel die Zeit stärker im Auge als jener, der zum Beispiel im Anschluss an ein Meeting keinen weiteren Termin hat und dem es wenig ausmacht, wenn die Sitzung länger als geplant dauert. Tendenziell fühlt sich Ersterer stärker in einer Macher- oder Gestalterrolle oder einer (Co-)Moderatorenrolle. Angesichts eines vordefinierten Spielendes ist zumeist auch das Bemühen der unternehmerisch aufgestellten Spieler größer, an effizienten und effektiven Strukturen wie einer förderlichen Prioritätensetzung im Meeting oder Projekt mitzuwirken.

Alle Überlegungen und Trainingsbemühungen, einen optimalen Zeitpunkt zu erwischen oder zu gestalten, garantieren natürlich nicht, dass er auch wirklich erlebt wird. Besonders günstige Momente leben davon, dass sie sich von alltäglichen oder ungünstigen deutlich abheben. Claudio Abbado, ein früherer Künstlerischer Leiter der Berliner Philharmoniker antwortete auf die Frage, welche Momente er in seinem Beruf am meisten schätze, ohne zu zögern: »Die Stille nach dem Schlussakkord«[15].

Lebenskunst besteht darin, selbst den ungünstigeren Augenblicken und Situationen immer wieder etwas Gutes abzugewinnen. Auch Antoine de Saint-Exupéry spielt darauf an, wenn er darum bittet: »Bewahre mich vor dem naiven Glauben, es müsse im Leben alles glatt gehen. Schenke mir die nüchterne Erkenntnis, dass Schwierigkeiten, Niederlagen, Misserfolge, Rückschläge eine selbstverständliche Zugabe zum Leben sind, durch die wir wachsen und reifen.« Entscheidend ist hier die Kunst des Reframens, das heißt, im Schlechten das Gute zu finden und das Beste daraus zu machen. Nur wer auch dies ständig trainiert, erhöht die eigenen Chancen, möglichst viele günstige Momente aneinander zu reihen und so die eigene Gestimmtheit in Vorbereitung auf die nächste Spielsituation auf ein anderes, vielleicht höheres Niveau zu heben.

5.3 Spielregeln beeinflussen

Überall im Leben lassen sich beim Zusammenwirken von Kräften unterschiedliche Spielregeln und Muster ausmachen. Spielregeln und Spielregelkataloge, die ganz bewusst definiert werden, dienen jenen, die über sie befinden, zumeist als Vehikel, um die eigenen beziehungsweise gemeinsamen Ziele besser zu erreichen. Wer Spielregeln und Muster beeinflussen will, tut dies aus unternehmerischer Sicht stets mit der Absicht, dadurch für sich und seine Partner mögliche Spielchancen zu erhöhen und abzusichern oder Nachteile und Risiken zu reduzieren. Oft stehen ausdrücklich ein Mehr an Sicherheit, Fairness und Wachstum in sozialen, ökologischen und ökonomischen Bereichen im Mittelpunkt. Darüber hinaus kann es auch auf jedem Spielfeld eine Reihe anderer Interessen und Energien geben, die das Verändern bisheriger und Entwickeln neuer Spielregeln vorantreiben. Mehr und mehr kommt es heute in unseren Spielen zu Veränderungen von Regeln in dem Bestreben, das ganze Spiel interessanter, kreativer, offener, schneller, spannender und publikumswirksamer zu machen.

Im Alltag treffen wir gerade in Entscheidungssituationen immer wieder auf die Formel »love it, leave it, change it«. In freier Orientierung daran wollen wir im Folgenden drei unterschiedliche Wege des Umganges mit beziehungsweise der Beeinflussung von Regeln aufzeigen:

- sich anpassen und einfügen,
- sich einmischen und mitwirken,
- sich emanzipieren und befreien.

Das Motto lautet:

»Schaffe und nutze Freiräume!«

Sich anpassen und einfügen

Schon von Kindheit an lernen wir, uns anzupassen, einzufügen und zu gehorchen. Für Gehorsam gegenüber elterlichen Vorgaben und Regeln werden wir belohnt. Für das Überschreiten werden wir bestraft. Über Jahre hinweg entwickeln wir so in Kindheit und Jugend nicht nur bewusst und unbewusst Muster, Regeln und Rituale, sondern auch Muster im Umgang mit diesen. Regeln helfen uns, beim Ordnen unseres Zusammenlebens. Sie sind in der Regel das Ergebnis von Abstimmungsprozessen und prägen unsere Handlungen. Stiften sie uns ausreichend Vorteile und können wir uns mit ihnen identifizieren, so sind wir bereit, sie freiwillig einzuhalten und für sie einzutreten. Wir lernen, den Regeln anderer und eigenen inneren Regeln Folge zu leisten. Dies kann soweit gehen, dass wir Regeln so stark verinnerlichen, dass wir sie allein oder auch in einer Gruppe nahezu reflex- oder zwanghaft oder aus Angst vor Sanktionen befolgen. Haben wir hohe Anforderungen an unsere Perfektion oder folgen wir gar einem kategorischen Null-Fehler-Ansatz, dann wächst die Angst vor dem Regelbruch und das Spielerische in unserem Handeln leidet. Ständig ist dann dieses Gefühl da, den eigenen Regeln und Ansprüchen, wie denen anderer, möglichst perfekt nachkommen zu müssen. Nicht mehr wir befolgen eine Regel, sondern die Regel verfolgt uns. Wir erleben uns als Getriebene, ständig dem Druck des Müssens ausgesetzt. Die Angst vor Beobachtung, Bestrafung und Abwertung durch andere wie uns selbst treibt ihr Unwesen.

Jemand, der sich beruflich anpasst und einfügt, der an vorhandenen Regeln, Mustern und Einreden festhält, spart sicherlich häufig Zeit und Energie. Wer allerdings »nur« nach ganz bestimmten Regeln »funktioniert«, gerät in die Gefahr, sich auf Dauer bei seinem Arbeitgeber selbst entbehrlich zu machen. Immer leichter wird es, ihn früher oder später durch eine Maschine zu ersetzen. Ein Roboter wird nicht krank, arbeitet mit hoher Präzision im Rahmen der gesetzten Regeln und hilft Kosten senken. Auch auf geschäftlicher Ebene gilt: Ein zwanghaftes Festhalten an überkommenen Spielregeln, zum Beispiel im Umgang mit Kundenwünschen, kann schnell in der Sackgasse enden. Ohne ständig kleine und größere Innovationen anzupacken, Routinen aufzugeben und Prozesse zu erneuern, kann ein Unternehmen schnell vom Markt verschwinden.

Wer Regeln akzeptiert, sich ihnen anpasst oder unterwirft, sie hinnimmt und sich einfügt, trägt dazu bei, dass es zu einer weiteren Akzeptanz, Verstärkung und Stabilisierung dieser Regeln, ganzer

Regelsysteme wie deren Auslegung kommt. Eine autoritäre Führungskultur wird nur deshalb für einen neuen Mitarbeiter sofort spürbar, weil es darin sowohl sich autoritär aufführende Führungskräfte als auch soldatisch gehorsame, sich anpassende oder gar sich anbiedernde Mitarbeitende gibt. Auch Letztere tragen dazu bei, die vorherrschende Kultur stabil zu halten. Gleiches gilt überbetrieblich. Unternehmen, die sich zum Beispiel als mutmaßlich kleine Lieferanten von einem stark dominierenden Großkunden abhängig machen, stabilisieren durch ihr Verhalten das geltende Regelwerk. Zugleich gefährden sie oftmals ihre eigene Existenz und die Arbeitsplätze ihrer Mitarbeitenden.

Sich einmischen und mitwirken

Immer wenn es darum geht, dass in Teams wie größeren wirtschaftlichen und politischen Institutionen, zu denen wir gehören, Regeln aufgestellt oder verändert werden, tauchen schnell eine Reihe unterschiedlicher Fragen auf:

- Inwieweit werden wir von bestimmten Spielregeln überhaupt berührt?
- Wo und wie tangieren sie unser heutiges und zukünftiges Handeln?
- Eröffnen sie mehr Freiheiten und Chancen oder schränken sie diese weiter ein?
- Begünstigen oder erschweren sie unser Handeln?
- Wie wichtig ist es uns, Einfluss zu nehmen?
- Welche Möglichkeiten der Einflussnahme stehen uns zur Verfügung?

Mit Blick auf ein aktives Sich-Einmischen und Mitwirken bei der Veränderung einer einzelnen Spielregel wie ganzer Spielregelkataloge sind aus unserer Sicht vor allem fünf Gestaltungssituationen zu unterscheiden. Wir haben ein:

Entscheidungsrecht

Das Recht zur Allein- oder Mitentscheidung bedeutet, dass wir aufgrund der vorhandenen Spielregeln das Recht haben, allein zu entscheiden oder auf Basis des festgelegten Stimmrechts am Prozess der Entscheidungsfindung wie an der Entscheidung teilzuhaben. Von zentraler Bedeutung ist natürlich zunächst, um was für eine Art Spielregel es sich handelt und auf welcher Organisationsebene sie Gültigkeit hat. A priori günstig erscheint vielen Spielern das Alleinentscheidungsrecht. Ohne viel Federlesens wollen sie das letzte Wort haben und entscheiden, wohin der Hase läuft. Je größer eine Organisation ist, umso wesentlicher werden auch die Mitentscheidungsrechte. Mitentscheidungsrechte in einem Aufsichts- oder Verwaltungsrat, in einer Geschäftsführung, einem Betriebsrat, Steering Committee, Projektteam, Ausschuss oder Verbandsgremium haben dabei natürlich eine ganz unterschiedliche Bedeutung und ein sehr unterschiedliches Gewicht in unserem persönlichen Berufs- und Geschäftsalltag. Stets ist für uns auch von Interesse, wer ebenfalls mit einem solchen Recht ausgestattet ist, wie die Mehrheitsverhältnisse aussehen, ob es Sperrminoritäten oder auch ein Vetorecht gibt.

Mitwirkungsrecht

Mitwirkung ist für uns ein weit offenerer Begriff als der der Mitentscheidung. Wer mitwirken darf, genießt Eintritts- oder Zugangsrechte. Er darf anwesend sein und mitreden, wenn es um Vorschläge und Entscheidungen geht. Er hat die Erlaubnis, sich in Beratungs- und Vorgespräche einzubringen. Wem explizit ein Recht zur Mitwirkung eingeräumt wird, der hat in der Regel kein Recht zur Mitentscheidung.

Ausstiegsrecht

Wer mit einem derartigen Recht ausgestattet ist, darf in einem Spiel eine zeitlang aussteigen, etwa aufgrund von Krankheit oder Urlaubswünschen, oder er darf das Spielfeld je nach Absprache unbefristet oder im Rahmen einer vorab vereinbarten Frist ganz verlassen. Wir alle kennen Unterbrechungen und Kündigungen sowohl auf individueller beruflicher, etwa arbeitsrechtlicher Ebene, wie auch auf geschäftlicher Ebene, zum Beispiel in den Beziehungen mit Kunden und Lieferanten. Zu welchen Folgen auf kollektiver Ebene ein Unterbrechungs- und Kündigungsrecht führen kann, ist leicht bei den Auseinandersetzungen zwischen den Tarifparteien zu beobachten. Mittels des Streik- beziehungsweise Aussperrungsrechtes haben in einem Arbeitskampf zum Beispiel die Arbeitnehmer auf der einen und die Arbeitgeber auf der anderen Seite die legale Chance, gegenüber dem Tarifpartner zugunsten eigener Forderungen deutlich Druck zu machen. Dass in einer solchen Situation auch schnell die Interessen anderer Spieler in Mitleidenschaft gezogen werden, zeigen zum Beispiel all jene Streiks, die unsere Bewegungsfreiheit im Alltag beeinträchtigen. In der Regel hat ein Spieler, der von einem Unterbrechungs- oder Kündigungsrecht Gebrauch machen will, bestimmte vorab verabredete oder generell geltende Bedingungen zu beachten. Diese mildern zumeist für sein Gegenüber oder andere Dritte die zu erwartenden unangenehmen Konsequenzen.

Informationsrecht

Mit Informationsrecht meinen wir hier, dass ein Spieler sowohl ein Anrecht auf den Zugang oder das Einsehen bestimmter Informationen hat als auch darauf, eine Stellungnahme oder einen Kommentar dazu abzugeben. Informationsveranstaltungen, etwa Betriebs- und Hauptversammlungen gehören für uns zu diesem Punkt.

Recht auf Meinungs-, Versammlungs- und Pressefreiheit

Auf der Basis dieses Rechtes haben wir die Chance, unsere Ideen und Forderungen zu Veränderungen von Spielregeln öffentlich kund zu tun. Denkbar ist es, gezielt Versammlungen und Aktionen ins Leben zu rufen und sich wiederholt öffentlich beziehungsweise in den Medien zu äußern, um Einfluss zu nehmen.

Sich emanzipieren und befreien

Um nicht in unverantwortlicher Weise mehr oder weniger unüberlegt Regeln zu befolgen und in Mustern stecken zu bleiben, sind Nach- und Voraus-Denk-Zeiten empfehlenswert. In diesen Zeiten lassen sich Muster und Regeln, ihre Auslegungen, Konsequenzen und Befolgung immer wieder überdenken. Reflexion und Antizipation können zum Beispiel dazu führen, sich innerhalb von Regeln und Regelsystemen neue Freiräume zu suchen, sich von

Regeln zu distanzieren oder zu emanzipieren, sich ihnen zu widersetzen oder sich von ihnen zu befreien. Regeln und ihre Auslegungen zu hinterfragen, ist legitim.

Stets erfährt eine Regel durch die persönliche Auslegung eine Beeinflussung und Konkretisierung. Wie weit zum Beispiel der Leitsatz der Deutschen Bank »Leistung aus Leidenschaft« in das Privatleben der Mitarbeitenden hineinreicht, was er mit Blick auf Überstunden oder Wochenendarbeit meint, ist im Einzelfall oder angesichts einer bestimmten Situation im Team stets genauer zu klären. Wer bei Regeln nach Freiheiten sucht, wird sie oder zumindest Grauzonen auch finden.

Zu Regeln lassen sich Ausnahmen formulieren. Niemand wird seinen Mitarbeitenden während der Kernarbeitszeit den schnellsten Weg ins Krankenhaus verwehren, wenn dort eine für sie wichtige Person dringender Unterstützung bedarf. Wer zu einer vorgegebenen oder aufgezwungenen Regel in Distanz geht, sich von ihr emanzipiert und selbst befreit, ist normalerweise nicht von ihrem Sinn und ihrer Notwendigkeit überzeugt. Entsteht angesichts des Zwangs zur Einhaltung einer Regel ein wachsender Leidensdruck, so ist zumeist damit zu rechnen, dass es früher oder später zum verdeckten oder offenen Widerspruch, gegebenenfalls auch zum Unterlaufen oder Brechen der Regel oder zu einer Krankheit bei den Betroffenen kommt. Vertragskündigung, Arbeitsverweigerung, Streik, Mobbing, Sabotage, Korruption und Steuerhinterziehung sind oftmals Formen des Widerstands gegen nicht oder nicht mehr für gut befundene Verhaltensweisen, Standards und Spielregeln.

Auch der Tabubruch stellt eine Form der Regelbeeinflussung dar. Tabus entsprechen besonders starken Verboten. Einerseits gehören sie zur Sphäre des Heiligen, andererseits zu der des Gefährlichen. In jeder Kultur schützen sie das besonders Persönliche, Intime oder Heilige. Auf der Basis einer tradierten, wenngleich unausgesprochenen Vereinbarung wird davon ausgegangen, dass etwas Bestimmtes nicht gesehen, gehört, berührt, gesagt oder getan werden darf. Beim Tabubruch wird eine sehr persönliche oder gar intime Grenze oder Regel missachtet, verletzt oder überschritten. Wird ein Tabu gebrochen, so ist das stets etwas Heikles und Gefährliches. Die sich ergebenden Konsequenzen sind nur schwer abschätzbar.

Gerade in der interkulturellen Zusammenarbeit kommt es immer wieder zu Tabubrüchen und durch sie bedingte Probleme, wenn zum Beispiel Mitarbeiter und Führungskräfte unbedacht oder auch aufgrund eines rücksichtslos schnellen Tempos im persönlichen Kontakt mit ihren ausländischen Kollegen deren Sensibilitäten missachten. Eklatante Tabubrüche im zwischenmenschlichen Bereich sind zumeist nicht so schnell wieder gut zu machen. Wer als neue ausländische Führungskraft etwa einen langjährig bewährten inländischen Mitarbeiter, der einen Fehler begangen hat, vor versammelter Mannschaft vernichtend und erniedrigend kritisiert und ihm keine Chance zur Gesichtswahrung gibt, nimmt massiven Einfluss auf die zukünftige Formulierung, Auslegung und Handhabung von Spielregeln in seinem Verantwortungsbereich. Jemand, der bewusst einen Tabubruch begeht, zeigt weder Ehrfurcht noch Respekt. Er lässt sich auch nicht durch die Angst vor den Konsequenzen seines Handelns bremsen. Die Freiheit des eigenen Handelns scheint ihm wichtiger als alles andere.

All dem steht entgegen, dass nicht jeder Tabubruch sofort als negativ einzustufen ist. Ein Beispiel aus der Malerei veranschaulicht dies auf sehr einfache und prägnante Weise. Über Jahrhunderte hinweg war es stillschweigend zur Norm geworden, Menschen und Tiere in der Farbe abzubilden, in der wir sie in der Natur wahrnehmen können. Als der Maler Franz Marc 1914 ganz bewusst diese Natürlichkeit außer Acht lässt und Pferde in blauer Farbe malt, kommt dies einer Revolution und einem Paradigmenwechsel gleich. Das Abweichen von der Norm ist eine Befreiung für ihn und eine Anregung für viele andere Künstler. Trotzdem dauert es noch Jahre bis diese Revolution in der Kunst in einem Unternehmen ankommt und die erste Kuh in lila ihren Auftritt hat. Zwar ist bereits 1901 die erste Verpackung von Milka Schokolade in lila auf dem Markt, doch die darauf abgebildete Kuh ist schwarz-weiß. Erst 1973 gibt es den ersten Werbespot mit einer lilafarbenen Kuh.

Tabu-, Regel- und Musterbrüche bergen besondere Entwicklungschancen. Zum Beispiel war früher im beruflichen Alltag das gleichzeitige Tragen von Anzug und Sandalen absolut verpönt und tabu. Heute ist der Kleidungskomment in vielen Bereichen weit liberaler geworden. Gefördert hat diese Lockerung in vielen Unternehmen sicherlich die Idee des so genannten Casual Friday. Ist kein Kundenkontakt angedacht, so ist anstelle des formalen Dress-Codes ausnahmsweise eine informellere Kleidung erlaubt. Insbesondere in Branchen und Unternehmen, die sich ein hohes Maß an Kreativität und ausgedrückter Einzigartigkeit ihrer Mitarbeitenden wünschen, ist das Thema persönlicher Auftritt und persönliches Outfit heute eher ein spielerischer modischer Wettbewerb. Wer setzt ein neues Zeichen, bringt eine Veränderung? Dass zugleich auch ganz anderes möglich ist, lesen wir dagegen in einer internen Broschüre eines bekannten Finanzinstitutes. In diesem haben die Mitarbeitenden explizit auf grelle Kleidungsfarben, sichtbares Piercing und Tattoos, Ohr- und Nasenringe zu verzichten. Für Damen sind enge Kleider, tiefe Ausschnitte und unbedeckte Schultern tabu.

Deutlich wird: Wer etwas mehr von sich und seinen Präferenzen und Eigenheiten zeigen will, tut gut daran, frühzeitig zu erkunden, in wieweit die Kultur, in die er sich hinein begibt, auch die gewünschten Freiräume bietet, die ein Sich-Wohlfühlen und -Ausprobieren ermöglichen. Gleicht der Versuch, Spielregeln zu verändern, einem Kampf gegen Windmühlen, so ist es oft angebrachter, seinen Weg in einer anderen Kultur mit anderen, passenderen Spielregeln zu suchen.

Wie wichtig die Passung von Spielregeln auch auf geschäftlicher Ebene ist, erfahren immer wieder Unternehmen, die ihre Geschäftstätigkeiten in andere Kulturkreise ausdehnen. Tendenziell sind sie erfolgreicher, wenn sie sich in ihren Ansprüchen und ihrem Handeln achtsam und rücksichtsvoll auf die jeweils lokalen Spielregeln und Verhaltensmuster einstellen. Wie schwer dieses wiederum ist, belegen all jene Beispiele, in denen Unternehmen, nach einigen Jahren mühevoller Aufbauarbeit, ihr Auslandsengagement in einzelnen Ländern beziehungsweise Regionen wieder reduzieren oder sich enttäuscht von ihm zurückziehen.

Schwer verständliche, zu viele und hart zu ertragende Regeln machen ein Spielfeld, ja ein ganzes Spiel für nahezu alle Spieler unattraktiv, im Inland wie im Ausland. Sinkt die Attraktivität eines Spieles und verlassen immer mehr Spieler ein Spielfeld, so kann es auch zu einem wachsenden Druck kommen, durch Änderungen der Spielregeln das Spiel wieder attraktiver zu gestalten. Sichtbar wird dieses Phänomen etwa an der Arbeits-, Sozial- und Steuergesetzgebung. Je mehr hoch qualifizierte und leistungsorientierte Top-Verdiener sowie renditeorientierte Unternehmen die Spielfläche ihres Heimatlandes verlassen, ihre Einkünfte im Ausland versteuern und so im Inland Steuerausfälle hervorrufen, desto größer wird der Druck auf die Parteien und die Regierung, an den vorhandenen Richtlinien und Gesetzen etwas zu ändern. International sehen wir heute einen harten Wettbewerb zwischen den unterschiedlichen nationalstaatlichen Systemen und ihren Regelwerken. Nationalstaaten konkurrieren über ihre Gesetze und Richtlinien um attraktive Ressourcen. Unternehmerisch orientiertes Humankapital wandert dorthin, wo es attraktiv ist zu leben und zu arbeiten, wohin die besten Entfaltungschancen mit einfachen Spielregeln einladen.

Was auf nationaler und internationaler Ebene gilt, trifft auch auf geschäftlicher und beruflicher Ebene zu. Jenen Führungskräften, denen es gelingt, mit einem Minimum an Regeln zu einem Mehr an Entfaltungschancen, Sinn und Erfüllung im persönlichen Erleben möglichst vieler beizutragen, gehört die Zukunft. Ohne eine gesunde Portion Vorschussvertrauen und ein ehrliches Zutrauen in die Eigenverantwortung und Kooperation ihres Umfeldes werden sie dabei nicht auskommen. Eine Kultur ohne viele Regeln, in der alle Mitarbeitenden mit Überzeugung und Begeisterung für ein besseres Morgen eintreten, gern von sich aus ihre Leistungen einbringen und einander gut ergänzen, entfaltet Strahlkraft nach außen. Führungskräfte wie Unternehmen, die auf ihren Spielfeldern schneller als andere deutlich spürbare Regelverbesserungen realisieren, werden sich nachhaltig behaupten können. Unternehmen mit einem unüberschaubaren und wachsenden Dickicht von offenen und verdeckten Regeln werden zu den langsameren gehören und es zusehends schwerer haben.

Eine ganz andere Form der Emanzipation und Distanzierung ist schließlich die Gleichgültigkeit gegenüber Regeln, sprich ein zuwenig an Beachtung. Zu meinen, Regeln einfach hinzunehmen, würde diese, ihre Kraft und Wirkung nicht beeinflussen, ist ein Irrtum. Auch Gleichgültigkeit und Beliebigkeit im Umgang mit Regeln beeinflussen diese. Absprachen und Regeln, die nicht beachtet werden und deren Nichtbeachtung nicht sanktioniert wird, verlieren an Wirkungskraft. Regeln, die für nicht oder nicht mehr so wichtig erachtet werden, geraten in Vergessenheit. Sie werden irgendwann für überholt und nicht mehr existent gehalten. Viele früher einmal bewährte Traditionen und Rituale sind so gerade in Großunternehmen heimlich, still und leise zu Grabe getragen worden. Sei es das Feiern von Mitarbeitern, die bereits mehrere Jahrzehnte dem Unternehmen angehören, oder das Zahlen von Ausgleichsleistungen für mehrfach geleistete Wochenendarbeit.

Einflussnehmende Spieler integrieren

Nicht nur für die auf einem Spielfeld befindlichen Spieler sind die jeweils aktuell und zukünftig möglicherweise geltenden Regeln von Bedeutung. Je nach Interesse und Anzahl nehmen auch zunehmend die Spieler außerhalb des Spielfeldes Einfluss auf Regeln, Regelkataloge und Verhaltensweisen. Spitzenspiele und Spitzenleistungen in vielen Disziplinen sind heute kaum denkbar ohne zum Beispiel den finanziellen Einsatz der Spieler in der Rolle der zahlenden Zuschauer sowie die Gelder der Medien und Sponsoren. Je nach Spielidee und möglichen Vorteils-Nachteils- wie Chancen-Risiken-Salden bei den direkt oder indirekt beteiligten Spielern wächst vielfach das Interesse, eine hohe Aufmerksamkeit für ein Spiel zu generieren und aus einem Spiel einen öffentlich pfiffig inszenierten und gut vermarkteten Event zu machen. Wird die erwünschte hohe Aufmerksamkeit erreicht, so liegt die Überlegung nahe, aus einem gelungenen Event eine Reihe mehrerer Events, eine Saison oder gar einen möglichst lang anhaltenden Prozess zu entwickeln. Aus einer ursprünglich kleinen neuen Idee und einer überschaubaren Zahl von Spielern kann so schnell ein Spiel mit einer sehr stark anwachsenden Zahl von Spielern auf und vor allem neben dem Spielfeld werden.

Je mehr die Sehnsucht nach dem Dabeisein und Miterleben bei den Spielern in der Rolle der Zuschauer steigt, umso eher sind diese zumeist auch willens zugunsten ihres Dabeiseins etwas zu unternehmen, zu investieren beziehungsweise zu bezahlen. Die Währung, in der sie zunächst bereit sind etwas zu bezahlen, ist ihre Aufmerksamkeit. Aus dem einmaligen Hinschauen wird ein häufigeres oder regelmäßigeres Verfolgen des Spiels. Mit wachsendem Interesse ist der Zuschauer bereit, auch weitere Ressourcen, mehr Zeit, Energie und Geld zu investieren. Aus dem möglichen wird ein interessierter Zuschauer, ein zahlungswilliger Kunde, ein begeisterter Fan. Alle Zuschauer verbindet, dass sie zunächst mit einer ihrer wertvollsten Währungen, mit der weichen Währung ihrer Aufmerksamkeit für ihr Dabeisein bezahlen. Wer den unmittelbaren Kontakt zum Spielfeld wünscht, ist in der Regel dazu angehalten, je nach Spielklasse auch einen materiellen Obolus zu entrichten. Wem der mittelbare Kontakt zum Spielgeschehen reicht, bedient sich der Medien, um ein Spiel mitzuverfolgen. Er selbst zahlt dann nur geringe Gebühren, während die Medien hohe Geldbeträge für Informations- und Übertragungsrechte ausgeben und so zusammen mit Sponsoren das Spiel auf ein ganz anderes Attraktivitätsniveau heben. Durch die Medien ist es für eine große Zahl von Zuschauern möglich, das Spielgeschehen live oder in Form von Aufzeichnungen zu verfolgen. Was früher undenkbar war, ist heute normal, dass nämlich viele Millionen Menschen zu zahlenden Zuschauern eines Spieles werden und zugleich mit harter und weicher Währung bezahlen.

Je mehr Aufmerksamkeit einem Spiel rundum beigemessen wird, desto größer wird in der Regel auch das Interesse der Spieler außerhalb des Spielfeldes, Einfluss auf das Spielgeschehen zu nehmen. Die Organisation und Vermarktung eines intensiven Erlebnisses mit hoher Qualität, vielleicht sogar mit der Chance für die Zukunft nützliche sinnvolle Erfahrungen zu machen oder zu vermitteln, rückt neben die ursprüngliche Spielidee in den Mittelpunkt. Durch eine ökonomische Brille betrachtet, heißt das für unternehmerisch aufgestellte Spieler, dass es nicht nur darum geht, Spielideen, sprich Leistungen und Produkte, zu entwickeln, die schnell auf dem Markt absetzbar sind. Zunehmend wichtiger kann neben der ursprünglichen Spielidee auch die Vermarktung des Leistungserstellungsprozesses werden. Der Blick auf den Prozess kann Aufmerksamkeit erzeugen. Erzielt eine Spielidee schnell eine hohe Aufmerksamkeit beziehungsweise wird sie mit viel weicher Währung honoriert, so dauert es häufig auch nicht allzu lange, bis auch harte Währung in Form von Finanzmitteln in sie investiert wird.

Für das Thema Spielregelbeeinflussung ergeben sich daraus eine Reihe interessanter Erkenntnisse. Während üblicherweise zunächst beim Erstellen und Verändern von Spielregeln vor allem die direkt beteiligten Spieler versuchen ihren Einfluss auszuüben, spielen vor dem Hintergrund des Wettbewerbs um Aufmerksamkeit heute viel schneller auch die Zuschauer eines Spiels eine ganz besondere Rolle. Unabhängig davon, ob sie mit harter oder weicher Währung für ihre Teilhabe am Spiel bezahlen, wollen auch sie etwas spüren, etwas Tolles erleben, das Spiel verstehen, mitdenken und sich gegebenenfalls einmischen und mit handeln. Nicht nur sie, sondern auch jene, die ihnen das Erlebnis des Zuschauens ermöglichen, haben immer mehr ein Interesse daran, auf die Attraktivität des Spieles Einfluss zu nehmen und an der Gestaltung des Spielregelkataloges mitzuwirken.

5.4 Spieler entwickeln

In Spielen, die über mehrere Spielrunden durchgeführt werden, analysiert ein Spieler, ob und wie die anderen Spieler auf Spielzüge reagieren. Natürlich spürt er auch dem nach, wie er selbst die Reaktionen der anderen Spieler erlebt. Er macht erfreuliche und weniger erfreuliche Erfahrungen, genießt Erfolge und versucht, mit weniger guten Erlebnissen und Misserfolgen zurecht zu kommen. Er entwickelt Wissen über Wahrnehmungs-, Fühl-, Denk- und Verhaltensmuster von sich selbst und anderen. Stets geht es ihm darum, Schlussfolgerungen und neue Ideen für das eigene zukünftige Verhalten zu generieren, also zu lernen. Ein ambitionierter Spieler weiß dabei sehr genau, dass er in erster Linie selbst für sein Lernen verantwortlich ist. Lernen bedeutet für ihn immer persönliches Analysieren, Tun und Experimentieren. Er weiß, dass Lernen heißt, an und in einem Spiel, einem Thema, dran zu bleiben und sich mit Beharrlichkeit und Disziplin darin zu üben, immer wieder neue Lernziele zu erreichen und sich immer wieder selbst zu übertreffen. Auch aus Niederlagen und Krisen ist er in der Lage zu lernen. Das Motto dieses Kapitels lautet:

»Entwickle Dich ständig weiter, und unterstütze die Entwicklung Deiner Partner!«

Unternehmerisches Lernen trainieren

Im Rahmen unseres Konzeptes wollen wir zunächst strategisches und offenes Lernen als die zwei zentralen Aspekte eines unternehmerischen Lernens näher betrachten:

Strategisches Lernen

Im Mittelpunkt des strategischen Lernens steht das Reflexionsvermögen eines Spielers. Es basiert auf seiner Fähigkeit, kontinuierlich die für ihn besonders zentralen Erfahrungen zu sammeln, zu hinterfragen, zu bestätigen, zu verfeinern wie zu verwerfen, um kommende Situationen zu meistern. Strategisches Lernen beinhaltet dabei auch die Verarbeitung von Informationen aus dem Umfeld und dessen Entwicklung. Stets wird die Veränderung von Spielsituationen und Entwicklungen analysiert und mit eigenen Möglichkeiten abgeglichen, um dann in Zukunft bewährte, mehr oder weniger leicht variierte oder auch ganz neue Vorgehensweisen einzusetzen. Strategisches Lernen lädt den Lernenden ein, angesichts einer längeren Zeitdimension einen grundlegenderen Blick nach innen und außen zu wagen. Je stärker ein Spieler intrinsisch motiviert ist, umso eher führt ihn die ständige Wiederholung und Aktualisierung strategischer Lernprozesse zu einer kontinuierlichen Selbsterneuerung und Weiterentwicklung.

Offenes Lernen

Strategisches Lernen setzt auf Vorhandenem und Erlebtem auf. Beim offenen Lernen hingegen verfolgt der Spieler das Ziel, bessere Ergebnisse durch etwas völlig Neues zu erreichen, etwa aufgrund einer Inspiration, einer von außen kommenden oder sich von innen heraus ergebenden Idee, aufgrund eigener Kreativität, Spontaneität oder eigenen Ausprobierens. Offenes Lernen verzichtet auf bewusstes Reflektieren und die dafür notwendigen Reflexionsprozesse und -zeiten. Es beginnt im jeweiligen Augenblick und setzt an bei der jeweils vorhandenen natürlichen und spontanen Kreativität, der scheinbar aus dem Nichts kommenden Eingebung, der Inspiration und Intuition. Offenes Lernen findet sich in zwei Ausdrucksformen wieder. Zum einen gleicht es dem spontanen und schnellen Ausprobieren, dem sofortigen Machen in der Praxis. Zum anderen beinhaltet es auch das Gespür für und das Warten auf die richtige Idee, die passende Eingebung.

In ihrer Polarität ergänzen sich das strategische und offene Lernen. Beide zusammen sind für uns die wesentlichen Kennzeichen eines unternehmerischen Lernens.

Unternehmerisches Lernen ist damit sowohl strategisch als auch intuitiv kurzfristig ausgerichtet. Spieler unternehmerisch zu entwickeln, bedeutet insofern, sich selbst wie auch andere, einzelne wie Teams ständig in der selbst gewählten Entwicklungsrichtung weiter herauszulocken, zu fordern und zu fördern. Die beste Talentförderung ist jene, die ein Umfeld schafft, das Spieler inspiriert, sich selbst und andere zu reflektieren, mit hoher Achtsamkeit für den Augenblick das ureigenste Beste in sich zu entdecken, es zu Tage zu fördern und den sinnvollsten Nutzen für sich und andere zu stiften. Authentisch ganz da und gut ausgerichtet unterwegs zu sein, wird für den unternehmerisch aufgestellten Spielmacher zu einer immer attraktiveren Lebenseinstellung. Klarheit in der Einstellung und Ausrichtung fördert die Energie und Entschlossenheit bei sich und anderen, erwogene Schritte auch zu machen. »Vertraue dem Augenblick« oder wie es der Ausdrucksmaler Laurie Fotheringham betont »trust the process« wird zum hilfreichen Motto auf diesem Weg. Es erinnert, dem Prozess der Selbstentwicklung während des eigenen Handelns Schritt für Schritt mehr zu vertrauen. Im Ergebnis werden vorhandene Kernkompetenzen und ungeahnte Potenziale nicht nur sichtbarer, sondern systematischer und mit Blick auf das Umfeld ganzheitlicher ausgebaut und gestärkt.

Vier Wege können uns helfen, die Entwicklung von Spielern voranzutreiben:

- Lernen aus eigenen vergangenen Spielzügen,
- Lernen aus eigenen zukünftigen Spielzügen,
- Lernen aus Spielzügen mit Begleitung,
- Lernen aus den Spielzügen anderer.

Aus eigenen vergangenen Spielzügen lernen

Bei dieser Art des Lernens steht die Dimension der Zeit im Vordergrund. Um einer angestrebten Veränderung willen, werden Vergangenheit, Gegenwart und Zukunft miteinander verknüpft. Aus der Analyse der Ergebnisse früherer Handlungen werden systematisch Erfahrungen für die Wahl künftiger Handlungen gewonnen. Wichtige Instrumente, auf die wir hier eingehen wollen, sind der Soll-Ist-Vergleich und das Feedback- oder Review-Gespräch.

Soll-Ist-Vergleich

Bei Soll-Ist-Vergleichen analysiert der Spieler seine strategischen Vorgehensweisen im Hinblick auf die Erreichung der von ihm gesetzten strategischen Ziele. Möglichst präzise und umfassend untersucht er seine Handlungen auf ihre Wirksamkeit. Sofern sich aus der Überprüfung Abweichungen der Ist-Größen im Vergleich mit den angestrebten Zielwerten ergeben, erforscht er deren Ursachen, ihre Relevanz und Beeinflussbarkeit. Die Abweichungen können ihre Ursachen in externen und internen Faktoren haben. Zu den externen Faktoren, die für einzelne Spieler zumeist weniger veränderbar und deshalb eher hinzunehmen sind, rechnen wir unvorhergesehene Risiken wie zum Beispiel wirtschaftliche oder auch politische Krisen. Bei Ursachen in uns selbst beziehungsweise in unserer eigenen Organisation schauen wir in der Regel genauer und kritischer hin. Wir prüfen, inwieweit sie vermeidbar waren und wie wir sie mit Blick auf künftige Vorhaben vorzeitig ausräumen können.

Feedback- oder Review-Gespräch

Bei Soll-Ist-Vergleichen steht der Analysecharakter im Mittelpunkt. Feedback- oder Review-Gespräche beziehen über eine Bewertung früherer strategischer Spielzüge, den Transfer der Lernerfahrungen auf künftige Entscheidungssituationen verstärkt mit ein. Das Feedback- oder Review-Gespräch gleicht im Rahmen eines Austausches zwischen zwei oder mehreren Beteiligten Wahrnehmungen und Erfahrungen ab, legt zugleich Interpretationen offen und versucht ein gemeinsames Verständnis zu schaffen. Zum analytischen Charakter des Soll-Ist-Vergleichs tritt ein intuitiver und integrierender sowie im Idealfall ein ermutigender Charakter hinzu. Offenheit, Ehrlichkeit und Vertrauen sind hier wichtige Voraussetzungen für Lernerfahrungen.

Feedback- oder Review-Gespräche, in denen berufliche und geschäftliche Verhaltensweisen besprochen werden, finden vor allem zwischen Führungskräften und ihren Mitarbeitenden statt. Je stärker dabei die Atmosphäre wie die gesamte Beziehung zwischen den Gesprächspartnern von echtem Interesse, menschlichem Wohlwollen und gegenseitiger Unterstützung geprägt ist, desto eher lassen diese Gespräche auch eine erfolgreiche Realisierung besprochener Ziele und Maßnahmen erwarten.

Mit dem Ziel der Selbstregulation und des Selbst-Coachings werden Feedback- und Review-Gespräche häufig auch als Selbstgespräche geführt. Wir alle kennen das: Noch während eines zum Beispiel ungünstig verlaufenden Vergleichs oder nach einer unbefriedigenden Leistung meldet sich manchmal viel zu schnell der eigene innere Kritiker. Das Ergebnis ist häufig, dass es uns anschließend gar nicht mehr so gut, wenn nicht richtig schlecht geht. Wichtig, nicht einfach und doch sehr förderlich in diesen Selbst-Gesprächen ist das Praktizieren einer schonungslosen Ehrlichkeit mit uns selbst. Je nach Sachverhalt ist die Gefahr, ja Versuchung, groß, sich selbst etwas vorzumachen, einer Illusion nachzuhängen oder sich bewusst etwas in die Tasche zu lügen. Offenheit und Respekt gegenüber allen sich innerlich meldenden Stimmen sind angebracht, sonst gibt es keine Klarheit. Eine hohe Kunst ist es, das innere Gespräch so anzugehen und zu gestalten, dass die innere Stimmung sich nach schmerzhaften Erkenntnissen oder Niederlagen auch bald wieder erholen kann. Je nach Gewicht und emotionaler Bedeutung einer Niederlage braucht ihre Verarbeitung mehr oder weniger Zeit. Stets gilt es, den tröstenden, zum Sich-Selbst-Verzeihen und zu einem Neuanfang ermutigenden Stimmen ein besonderes Gehör zu schenken. Bereits ein entschiedenes innerlich gesprochenes »Jetzt auf ein Neues!« kann helfen, die innere Stärke und Kraft zurückkommen und wieder wachsen zu lassen.

Aus eigenen zukünftigen Spielzügen lernen

Wenn vergangenheitsorientiertes Lernen uns nicht mehr weiterbringt, warum kann uns dann nicht ein neues zukunftsorientiertes Lernen, das, so gut es geht, auf bisherige Erfahrungen, deren Analyse und Bewertung bewusst verzichtet, weiterbringen? Im Vordergrund steht das Wahrnehmen und Erkunden des Neuen, das Erspüren, Sehen und Hören dessen, was sich im gegenwärtigen Moment ergibt und zeigt. Zukunftsgestaltung braucht die Kunst, Neues wahrzunehmen und neu wahrzunehmen.

Feedforward-Gespräch

In Orientierung an den amerikanischen Business-Coach Marshall Goldsmith[16] möchten wir hier auch auf das Instrument des Feedforward eingehen. Es ist rein auf die Zukunft ausgerichtet. Im Feedback kann es immer wieder passieren, dass die Gesprächspartner unterschiedliche Auffassungen und Bewertungen zu bestimmten Handlungen austauschen. Dabei entstehen oft Konflikte. Immer wieder bleiben beim Feedback-Nehmer auch nachhaltig wirkende Verletzungen zurück. Im Feedforward-Gespräch hingegen ist das Thema Vergangenheit tabu. Was zählt, sind allein Empfehlungen und Tipps für persönliche und geschäftliche Veränderungsmaßnahmen, die für die Zukunft gelten.

Zunächst wählt die Person, die sich ein Feedforward wünscht, eine eigene Verhaltensweise oder Rolle, an der sie arbeiten, die sie verändern beziehungsweise optimieren will, zum Beispiel: »Ich möchte ein besserer Unternehmer werden!« Dann sucht sie sich eine zweite Person, der sie das eigene Ziel vorträgt. Diese zweite Person kann jemand aus dem engsten Vertrauten-, erweiterten Freundes- oder Bekanntenkreis oder aus dem beruflichen Umfeld sein. Auch eine völlig unbekannte Person, zu der sich rein zufällig ein guter Gesprächskontakt ergibt, während einer Bahn- oder Flugreise etwa, kann Mitspieler sein. Diese zweite Person wird um zwei Ideen gebeten, die weiterhelfen könnten, das eigene Ziel zu erreichen. Für den Feedforward-Nehmer gelten dabei folgende Spielregeln: einfach »nur« aufmerksam zuhören, die eingebrachten Ideen weder kommentieren, diskutieren noch positiv oder negativ bewerten. Die einzig erlaubte Antwort ist ein Dankeschön.

Während bei einem Feedback nur jene Rede und Antwort stehen können, die eine Situation, ein Verhalten selbst miterlebt haben, ein vorliegendes Arbeitsergebnis oder einen entsprechenden Kameramitschnitt begutachten, kann ein Feedforward bei beliebig vielen Personen eingeholt werden. Aus unserer Sicht empfiehlt es sich darüber hinaus, den Ansatz von Marshall Goldsmith auf die eigenen Selbst-Gespräche zu erweitern. Quasi im Selbst-Coaching-Gespräch kann der innere »Problemlöser«, »Vereinfacher«, »Weise« oder »Lebenskünstler« nach Empfehlungen für die eigene Zukunft gefragt werden. Entscheidend beim Feedforward ist, dass letztlich gute neue Ideen zusammengetragen werden, die zum baldigen Ausprobieren beziehungsweise zur Umsetzung animieren und persönlichen Fortschritt ermöglichen.

Presencing

Presencing ist eine Wortschöpfung aus den englischen Worten »sensing«, spüren oder fühlen, und »presence«, Gegenwart. Im Gegensatz zum Lernen aus bereits vollzogenen eigenen oder fremden Spielzügen geht es hier um das Lernen aus der im Entstehen begriffenen Zukunft. Das Neue, das entsteht, hat stets eine Quelle, einen Ort, an dem es entsteht und wahrnehmbar wird. Wer Wahrnehmungsroutinen und -vorlieben erkennen und loslassen, Perspektiven, innere Positionen und Gegebenheiten leicht und spielerisch wechseln kann, erkennt schneller neue Potenziale, sowohl in sich selbst und seinen Mitmenschen wie in unterschiedlichsten Situationen und Märkten. Im Rahmen des Presencing und der ihm zugrunde liegenden U-Theorie [17] wird versucht, über die Grenzen der Komfortzonen bisheriger Problemlösetechniken hinaus zu gehen und eine ganz andere Herangehensweise an Fragen und Aufgaben wie deren Beantwortung und Lösung einzuüben. Im Wesentlichen werden drei Phasen unterschieden:

- *Sensing*: Sichverlangsamen, Innehalten, Wahrnehmen des bisherigen Wahrnehmungsfeldes, Verändern der eigenen Perspektive, Ausdehnen der eigenen Wahrnehmungen, des Fühlens, Erkundungen in Neuland hinein.
- *Presencing*: Sich zurückziehen in die Stille als der Quelle der Inspiration und Intuition, still werden, Alles loslassen, sich

mutig dem Unbekannten und Irrationalen aussetzen und anvertrauen, Warten bis das Neue, das aus der Zukunft in die Gegenwart kommen will, das zukünftig am besten Mögliche, hochkommt und wahrnehmbar wird.
- *Realizing*: Verdichten des Neuen in einem konkreten Bild oder einem Satz, Entwickeln von Prototypen des Neuen durch schnelles experimentelles Handeln, Einbeziehen von Feedback seitens der Beteiligten zugunsten weiterer Verbesserungen.

Presencing greift zurück auf die schöpferische Kraft der Stille. Werden wir von ihr erfasst, so kommt Neues in die Welt. Mittels unserer Talente und Potenziale findet es seinen Ausdruck. Viele Künstler erleben das Kreieren ihrer Werke im Rahmen derartiger schöpferischer Prozesse. Nicht nur der Dichter Rainer Maria Rilke hat sich dazu bekannt. Pablo Picasso merkt zum Beispiel an: »Für mich beginnt eine Schaffensphase mit Kontemplation, und ich brauche lange untätige Stunden der Meditation. Dann arbeite ich am meisten. Ich betrachte Fliegen, Blumen, Blätter und Bäume in meiner Umgebung. Ich lasse meinen Geist treiben, wie er will, wie ein Boot in der Strömung. Früher oder später bleibt er an etwas hängen. Es wird klarer. Es nimmt Form an ... ich habe mich für mein nächstes Motiv entschieden.«

Neue und einzigartige Ideen zu entwickeln und diese in die Öffentlichkeit zu tragen, erfordert nicht einfach »nur« Kreativität. Von eminent wichtiger Bedeutung sind:

- der Mut und Wille zur ziellosen Untätigkeit;
- die Fähigkeit zur Erweiterung und Vertiefung des Wahrnehmungsverhaltens;
- die Präsenz, das sich in einem offenen Prozess des Suchens und Findens Zeigende zu erspüren und zu visualisieren;
- der unternehmerische Mut, das Neue schnell in die Tat umzusetzen und auszuprobieren.

Aus Spielzügen mit Begleitung lernen

Coaching ist in unserem Konzept ein Prozess unternehmerischen Lernens mit Begleitung. Ganz bewusst sucht sich ein Spieler einen

Coach, um einen Klärungs-, Problemlösungs-, Ausrichtungs- und/ oder Stärkungs-Prozess mit assistierender Unterstützung optimaler zu gestalten. Diese Unterstützung kann er bei einem einzelnen Coach oder auch bei einem Team von Coaches finden. Ein Coaching-Team wird zumeist aus Spezialisten zusammengestellt. Auch das Coaching ist ein Prozess, der

- das Wahrnehmen aus unterschiedlichen Perspektiven;
- das Erspüren und Verstehen unterschiedlicher Realitäten;
- das Reflektieren, Antizipieren und Einüben von Haltungen und Verhaltensweisen;
- das eigen- und mitverantwortliche Gestalten von Situationen, Entwicklungen, Prozessen und Strukturen fördert.

Im Einzel-Coaching wird ein einzelner Spieler gecoacht, im Gruppen-Coaching eine Gruppe oder ein Team. Auch die Beratung eines ganzen Unternehmens, seiner Geschäftsführung oder spezieller Projektgruppen, lässt sich aus unserer Sicht in einen erweiterten Coaching-Begriff einbeziehen. Davon ausgehend, dass ein Coaching im besten Fall sowohl seins- und handlungsorientiert als auch ergebnisorientiert ist, bedeutet Coaching für uns stets Unternehmer-Coaching. An der jeweils aktuellen Situation und Befindlichkeit, am Wesen eines Spielers ansetzend, geht es in allen Coaching-Terminen um das Finden, Klären und Realisieren von Zielen, Strategien und Verbesserungsideen. Im Zentrum eines Unternehmer-Coachings steht stets die Idee, die Qualitäten eines Spielers zur Verbesserung seiner eigenen Leistungsqualitäten wie die seiner Mitspieler zu fördern.

Die Anlässe für ein Einzel-Coaching können vielfältiger Natur sein. Zumeist stehen Führungsprobleme in Bezug auf Beziehungen und Konflikte, die Übernahme neuer Aufgaben oder von Führungsverantwortung, die aktuelle wie zukünftige persönliche Entwicklung im Sinne eines Lebens- und Karriere-Designs im Vordergrund. Die tiefer liegenden Ursachen, die bei Einzelnen einen Bedarf nach Coaching auslösen, sind häufig Unklarheiten und Unsicherheiten in Bezug auf das Selbstbild und die eigene Orientierung sowie daraus resultierende Selbstwert-, Motivations-, Energie- und Leistungsprobleme. Wer Führungskraft wird, spürt, wo, wie und wann er auf sich allein gestellt ist. Begleitet wird dieses Gefühl von einem wachsenden Gespür für Machtunterschiede und deren Konsequenzen. Es tauchen Fragen und Zweifel auf, zum Beispiel hinsichtlich der Informationsselektion, der Ehrlichkeit und Aufrichtigkeit in der Kommunikation mit dem engeren und weiteren Umfeld. Wessen Informationen sind wie fundiert und zuverlässig? Wie ehrlich und wirklich wohlwollend ist ein Feedback? Der Umgang mit Feedback von anderen, eigenen Reflexionsprozessen, aber auch abweichenden Meinungen, Andersartigkeiten und Konflikten kann schnell zum Problem werden, das unsicher macht, den Schlaf raubt und vielleicht am Selbstwertgefühl nagt. Der Gang zum Coach wird so zu einer immer attraktiveren lösungsorientierten Alternative.

Mit Unterstützung des Coaches fällt der Blick in den Spiegel leichter. Ein aktiver und schnellerer Perspektivwechsel hilft, die anstehenden Probleme genauer zu diagnostizieren und neue Lösungsideen zu finden. Gerade Letzteres gilt auch für das Coaching von Gruppen. Es kann dazu beitragen, den Blick für das Wesentliche zu schärfen, Ziele und Strategien zu entwickeln, Prozesse zu optimieren und Kosten einzusparen. Auch beim Erkennen, Aufbrechen und Verändern von individuellen und kollektiven Mustern und Strukturen, beim Herausarbeiten von Potenzialen, beim Erkennen und Nutzen von Widerständen kann es helfen. Sowohl auf individueller wie kollektiver Ebene fördert ein gutes Coaching das selbstständige, eigenverantwortliche, unternehmerische Tun wie das Implementieren von Neuem beziehungsweise Begleiten des Wandels.

Unmittelbar beteiligt am Coaching sind der Unterstützung suchende Spieler, der Coachee, beziehungsweise das zu coachende Team, und der jeweilige Coach beziehungsweise sein Team. Indirekt betroffen sind oft auch andere Spieler im jeweils geschäftlichen, beruflichen oder privaten Umfeld. Möglicherweise sucht ein Coachee in einem Coach einen ausgewiesenen Fachexperten. Unter Umständen bevorzugt er aber lieber jemanden, dem er zutraut im Coaching-Prozess als Berater in mehreren unterschiedlichen Rollen fungieren zu können. Ein sehr breit aufgestellter Coach ist nicht nur in der Lage, als Inspirator, Fach- und Prozess-Berater, Informationslieferant, Talentsucher, Sparingpartner und Herausforderer mitzuspielen. Er versteht sich auch als Erfolgs- und Misserfolgsteilender, Mutmacher, Schlichter, Selfbranding-Helfer und Sponsor. Es bleibt nicht aus, dass vielfach ein guter Coach auch zum Vor- oder Sinnbild beziehungsweise Rollenmodell für seinen Coachee wird. Dies trifft insbesondere zu, wenn der Coachee selbst auf einem anderen Spielfeld eine Führungs- und Coachingrolle innehat.

Folgende Kriterien halten wir bei der Auswahl eines passenden Coaches für besonders beachtens- und prüfenswert:

- Präsenz und Wahrnehmungskompetenz im Sinne des Vermögens, gut zuhören und den Spieler auch non-verbal ganzheitlich erfassen zu können, einen Sachverhalt und seine Bedeutung aus unterschiedlichsten Perspektiven beleuchten und verstehen zu können;
- Prozesskompetenz, die den Coachee darin fördert, als der wichtigste Experte hinsichtlich seines Problems selbst die entscheidenden Lösungsschritte zu finden und diese erfolgreich umzusetzen;
- Fachkompetenz, die so groß ist, dass der Coachee erwünschte weiterbringende fachliche Auskünfte, Anregungen und Empfehlungen erhält;
- Kommunikationskompetenz, die eine Verständigung auf Augenhöhe ermöglicht und von einfühlender Wertschätzung gekennzeichnet ist;
- Vertrauenswürdigkeit, die auf Ehrlichkeit, Zuverlässigkeit und Verschwiegenheit basiert;
- finanzielle Passung, die das finanzielle Investment kalkuliert und im Auge behält;
- zeitliche Passung, die das zeitliche Investment abschätzt und auch die zeitliche Verfügbarkeit, Erreichbarkeit und Flexibilität des Coaches einbezieht.

Längere Coaching-Prozesse sind typischerweise in vier Phasen gegliedert:

- Kontaktaufnahme: In der ersten Phase geht es darum, einander kennenzulernen. Ziel ist es, zu prüfen, ob und wie gut man zueinander passt, welche Erfolgschancen eine mögliche Zusammenarbeit eröffnet.
- Diagnose und Auftragsklärung: Hier stehen vor allem die tiefer gehende Situations- und Befindlichkeitsanalyse wie die genaue

Klärung und Vereinbarung der Ziele, des Prozesses und der Rahmenbedingungen im Vordergrund.
- Arbeitsphase: Sie besteht aus den vereinbarten Gesprächsterminen wie den Zeiten zwischen diesen Gesprächen. Häufig hat ein Spieler in diesen Zwischenzeiten vereinbarte Aufgaben und Übungen zu erledigen. Oftmals kommt es zu einer Praxis-Begleitung durch den Coach, etwa wenn ein Coach am Spielfeldrand, von der Tribüne aus oder auch inkognito seinen Spieler in Schlüsselsituationen begleitet, um ihm anschließend ein ausführliches Feedback und Feedforward geben zu können.
- Evaluierung und Abschluss: Gerade im Rahmen längerer begleiteter Lernprozesse ist es sinnvoll, immer wieder in Zwischenevaluationen zu prüfen, wie zufrieden beide Seiten mit ihren eigenen wie den gemeinsamen Leistungen und der realisierten Zusammenarbeit sind. Spätestens zum vereinbarten Endzeitpunkt eines Coachings ist eine Evaluation angebracht.

In der Regel kommen in einem Coaching-Prozess die unterschiedlichsten Coaching-Strategien und -Instrumente zum Einsatz. In manchen Sitzungen steht das Analysieren, Differenzieren, Klären und Priorisieren im Vordergrund, in anderen eher das Wahrnehmen, Kreieren, Provozieren, Visualisieren, Integrieren und eventuell Ausprobieren von Neuem. Auch gibt es Coaching-Termine, in denen es zu Reframingsprozessen kommt, in denen Sachverhalte oder Beziehungen aus einem negativen Kontext herausgenommen und nach dem Motto »Was ist das Gute am Schlechten?« in einen neuen positiven Rahmen gesetzt werden. Besondere Lockerung und Überraschung bringt oft die Strategie des paradoxen Intervenierens. Ausgangspunkt kann hier zum Beispiel die Frage sein: Wie können wir das vorhandene Problem noch vergrößern? Um einen Coachee zu ermutigen und zu stärken, kann ein Coach über den wertschätzenden Zuspruch hinaus auch gezielt versuchen, an vergangene Erfolge und vorhandene Ressourcen seines Coachees zu erinnern, um diese für die aktuelle Fragestellung nutzbar zu machen.

Fragen gehören zu den wichtigsten Instrumenten eines Coaches. Von Bedeutung sind zum Beispiel offene, reflektierende, kontextklärende, priorisierende, fokussierende, herausfordernde und lösungsorientierte Fragen. Auch zirkuläre Fragen bringen weiter, etwa: Wie würde mir Ihr Vorgesetzter oder ein Kunde Ihr Verhalten beschreiben und erklären? Einen inneren »Sprung« löst häufig die »Wunderfrage« aus: Woran werden Sie morgen merken, dass Ihr Problem gelöst ist, wenn über Nacht ein Wunder geschieht? Bei der Visualisierung von möglichen Zukunftsszenarien hilft uns die Video-Frage: Was sehen wir gemeinsam im Video, wenn Sie dieses Verhalten erfolgreich praktizieren?

Ein gutes Coaching ermöglicht dem Coachee ein schnelleres und leichteres Vorankommen in seinen Anliegen. Insbesondere durch die spielerische Vorwegnahme von Situationen, durch Simulation sowie gezielte Trainingshilfen wird ein beschleunigtes erfolgreiches Handeln greifbar. Ideal ist es, wenn Coach und Coachee miteinander einen von Spiel- und Leistungsfreude geprägten Drive entfalten und diesen für die vereinbarte Zeit der Zusammenarbeit auf einem relativ hohen Niveau halten können. Für unmöglich Gehaltenes kann so möglich werden.

Eine besondere Variante des Coachings ist aus unserer Sicht in internen Paten- beziehungsweise Mentorenprogrammen zu sehen. Beim Mentoring kommt es zu einer Beziehung zwischen einer jungen ambitionierten Nachwuchskraft, dem Mentee, und einer erfahrenen Führungskraft, dem Mentor, der möglichst ein bis zwei Hierarchiestufen höher und in einem anderen Bereich des Unternehmens angesiedelt ist. Ein guter Mentor kennt sein Unternehmen, insbesondere dessen Netzwerke, geheime Spielregeln, »Fettnäpfchen« und Tabu-Zonen in der Regel besser als jeder externe Coach. Vor diesem Hintergrund kann er in ganz anderer Weise mit seinem Mentee auftauchende berufliche und geschäftliche Fragen und Probleme besprechen, ihm mit internem Rat und gegebenenfalls auch mit Tat zur Seite stehen. In seiner Sponsorenrolle fällt es ihm darüber hinaus weit leichter, intern für seinen Mentee gute Presse zu machen und ihm weitere Türen zu öffnen. Wie beim Coaching ist beim Mentoring die Freiwilligkeit der Partnerwahl von großer Bedeutung. Sie erfährt ihre Ergänzung im Schweigegebot. Ohne Vertrauen und Stillschweigen über die gemeinsamen Gespräche ist kein erfolgreiches Mentoring denkbar.

Zusammenfassend stellen wir fest, dass ein individuelles Lernen mit Unterstützung durch Coaches und Mentoren in den letzten Jahren stark an Bedeutung gewonnen hat. Unternehmen fragen im

Bildungs- und Coaching-Markt verstärkt das Einzel-Coaching nach und bauen die Zahl interner Mentorenprogramme aus. Auch das Coaching von Teams wird angesichts der weiter wachsenden Bedeutung von Synergien, Netzwerken und darin erforderlicher Schlüsselqualifikationen noch zunehmen.

Aus den Spielzügen anderer lernen

Beim Feedback und Feedforward steht das Lernen über die Zeit im Mittelpunkt. Frühere Spielzüge werden allein oder im Team untersucht und besprochen. Neue Ideen werden eingeholt und ausprobiert. In beiden Fällen geht es vor allem um das Lernen aufgrund persönlicher Erfahrungen. Benchmarking wechselt die Perspektive. Der Blick wird systematisch nach außen gerichtet und stellt darauf ab, von anderen und deren Beispiel zu lernen. Als unternehmerisch handelnde Menschen wollen wir uns stets fragen:

- Wie professionell und erfolgreich ist eigentlich unser eigenes Tun?
- Wie gut sind unsere Arbeitsergebnisse, zum Beispiel die eigenen Produkte, Dienstleistungen, Geschäftsprozesse oder Organisationsstrukturen?
- Wie gut sind wir und all das, was wir anzubieten haben, im Vergleich mit anderen Spielern, mit unseren Kollegen wie anderen Unternehmen?

Diese Fragen lassen sich nur anhand von Maßstäben beantworten, die durch Vergleiche mit anderen Spielern entwickelt werden. Das heißt, es ist nach Hürden zu suchen, die möglichst weit weg vom eigenen Leistungsniveau sind, aber von anderen erfüllt werden. Je stabiler diese Hürden sind, je häufiger und nicht nur einmalig und zufällig ein Leistungsniveau erreicht wird, desto beispielhafter sind sie und desto besser eignen sie sich für einen Vergleich. Das Kennen und Verstehen von Hürden schafft eine Lernsituation und zugleich den Anreiz, uns anzustrengen, in dem was wir tun, besser zu werden und langfristig auf hohem Niveau zu spielen. Das Suchen nach und Vergleichen mit solchen Hürden, wird als Benchmarking bezeichnet. Benchmarking kann eine hervorragende Quelle für strategisches Lernen sein, insbesondere wenn dieses Sich-Vergleichen nicht einmalig ist, sondern zu einem kontinuierlichen Prozess wird.

In Not leidenden Geschäften, in denen bereits im Vorfeld Klarheit über die schlechte eigene Wettbewerbsposition besteht, hilft ein Benchmarking, die Differenzen aufzuzeigen, um den Verbesserungsbedarf zu quantifizieren. Dies kann bei den Mitarbeitern die Akzeptanz und das Verständnis selbst für einschneidende Maßnahmen fördern und die notwendige Motivation schaffen, um nachhaltige Verbesserungen anzustreben. Maßstab für den Vergleich kann sowohl ein internes als auch ein externes Benchmarking geben.

Internes Benchmarking

Beim internen Benchmarking wird der Partner für das Benchmarking im eigenen Unternehmen gesucht. Dies bietet sich zum Beispiel bei einem Vergleich von Fertigungsstätten und regionalen Vertriebsorganisationen oder aber auch einem abteilungsinternen Vergleich von Arbeitsleistungen an. Die Ziele eines internen Benchmarking können auf eine Verbesserung der Gesamtleistung oder eine Verringerung der Schwankungsbreite gerichtet sein. Der Zugang zu Informationen ist offen und die hohe Präzision der Benchmarks erlaubt es, gerade beim erstmaligen Benchmarking den Fokus auf die Entwicklung des Prozesses, das Training der Mitarbeitenden und die vorhandene Kultur zu legen. Wichtig ist, dass nur eine »Spitzenleistung« den Maßstab bildet. Die Angst vor zu hohen Benchmarks darf nicht dazu führen, lieber ein internes Benchmarking mit möglicherweise mittelmäßigen Benchmarks statt eines externen Benchmarkings mit »best-in-class-Maßstäben« durchzuführen. Mögliche Potenziale nicht vollständig auszunutzen, ist ein großer Fehler.

Externes Benchmarking

Beim externen Benchmarking sind zwei Ansätze zu unterscheiden: zum einen der Vergleich mit mutmaßlichen Wettbewerbern auf dem gleichen Spielfeld, zum anderen der Vergleich mit Spielern auf anderen Spielfeldern. Ein Vergleich mit Wettbewerbern bedeutet häufig »mit dem Teufel zu tanzen«[18]. In geschäftlichen Spielen ist die Hauptinformationsquelle dabei die Wettbewerbsanalyse mit ihren Tools wie dem Reverse Engineering, der systematischen Analyse von Produkten und dem Competitive Shopping, dem bewussten Erleben und der Analyse von Dienstleistungen, zum Beispiel in einem anderen Hotel oder einer konkurrierenden Bank. Ein Benchmarking mit einem branchenfremden Spieler ist leichter zu realisieren, da in der Regel keine oder kaum Konkurrenz- und Berührungsängste auf beiden Seiten vorhanden sind. Eine solche Situation kann im geschäftlichen Bereich zum Beispiel vorliegen, wenn das Ziel eines branchenübergreifenden Prozess-Benchmarkings etwa lautet, vom besten bisher realisierten Logistikprozess im Warenausgang zu lernen.

Konkurrenzängste sind es auch, die im beruflichen Kontext das Lernen durch Benchmarking oft verlangsamen und verhindern. Sind wir von herausragenden Leistungen und Verhaltensweisen anderer besonders angetan, so liegt schnell die Überlegung nahe, wie wir uns selbst ein ähnliches gut zu uns passendes Verhalten aneignen können. In unserem Bemühen, das entsprechende Verhalten und die ihm zugrunde liegende Einstellung zu verstehen, hilft uns das unmittelbare Gespräch mit unserem Vor- oder besser Sinnbild am besten weiter. Von entscheidender Bedeutung ist dabei, dass wir uns selbst einen Ruck geben, unseren Mut zusammennehmen und das Gespräch suchen. Für das persönliche Benchmarking-Gespräch mit dem zum Sinnbild oder »Star« erhobenen Spieler ist neben einer guten Vorbereitung vor allem Vorschussvertrauen und Zutrauen notwendig. Es bedarf des guten Gefühls, dass sich das Investment der Kontaktaufnahme und des Gespräches lohnen wird. Ohne das Zutrauen, dass der Gegenüber auch wirklich weiterhilft, wird kein Benchmarking-Erfolg zustande kommen.

Neben dem persönlichen Gespräch können auch technische Möglichkeiten genutzt werden. Im Spitzensport ist es seit langem üblich, anhand von Video-Aufzeichnungen von anderen Spielern und Teams zu lernen. Sowohl für die Aufnahme des eigenen Wettbewerbsverhaltens im Rahmen eines Soll-Ist-Vergleiches, die Analyse und das Studium des Idealverhaltens bei Benchmarks als auch das Einüben und Korrigieren des eigenen Verhaltens im Training und Arbeitsalltag ist die Videoaufnahme eine ausgezeichnete Hilfe.

Benchmarking ist in Ergänzung zum einfachen Vergleich, durch die systematische Suche nach rationellen Vorgehensweisen und besseren Lösungen für Problemfelder, Prozesse und Kulturen außerhalb der »eigenen Welt« beziehungsweise des eigenen Spielfeldes gekennzeichnet. Die Kernfrage des Benchmarkings lautet: Was machen andere besser? Das Motto des Benchmarking lautet: »Becoming better than the best«[19]. Ein systematischer Benchmarking-Prozess beinhaltet die gezielte Sammlung und Aufbereitung von Daten, um daraus Maßnahmen zur Erreichung von Spitzenleistungen abzuleiten. Fünf Phasen charakterisieren diesen Prozess (Abbildung 5.5).

Abb. 5.5: Phasen eines Benchmarking

Ziele abstimmen

Im Rahmen der Zielsetzung wird festgelegt, welche Themen Gegenstand des Benchmarking sind. Wichtig dabei ist, dass das Benchmarking auf jene Felder angewandt wird, in denen hohe Verbesserungspotenziale zu vermuten sind. Erhält zum Beispiel ein Team den Auftrag für ein Benchmarking, so ist es empfehlenswert, wenn das Team aus Mitgliedern mit gutem internen Know-how zu den ausgewählten Feldern und aus Mitgliedern mit Benchmarking-Methoden-Know-how besteht. Sowohl auf geschäftlichen wie auf beruflichen Feldern tragen die Offenheit und Neugier, wie die Vorkenntnisse und Analysequalitäten der Beteiligten, ganz entscheidend zum Erfolg des Prozesses bei. Auch das Lernen aus den Spielzügen der anderen will gelernt werden.

Analysen erstellen

Im Rahmen einer internen Analyse ist die Ist-Situation in geschäftlichen Spielen möglichst durch quantitative Kenngrößen zu erfassen. Der internen geschäftlichen Analyse entspricht in beruflichen Spielen die Analyse der eigenen inneren Prozesse wie des eigenen Verhaltens. Eine genauere Analyse des inneren Teams macht Sinn, wenn es zum Beispiel um Themen im Bereich der inneren Zufriedenheit, Einstellung und Werte oder des optimalen Umgangs mit Energien, negativen Gefühlen und inneren Konflikten geht. In beiden Kontexten hilft das Bilden von Messgrößen weiter, etwa das Fixieren von Zufriedenheitskennziffern auf einer 100 %-Skala, um Fakten und Befindlichkeiten besser zu quantifizieren. Wichtig ist, dass im geschäftlichen wie im beruflichen Kontext vor allem jene Kenngrößen gewählt werden, die das Ideal in seinen wichtigsten Grundzügen beschreiben.

Benchmarks heranziehen

Die Kernphase des Benchmarking steht unter der Überschrift »Vergleich«. Bei der Festlegung der Benchmarks ist darauf zu achten, dass möglichst alle der folgenden Charakteristika erfüllt sind:

- Die Benchmark sollte eine Kennzahl sein.
- Die Benchmark ist dadurch messbar und turnusmäßig erfassbar.
- Die Benchmark ist beeinflussbar, das heißt, es können Maßnahmen definiert werden.

Ferner ist die Aufmerksamkeit auf die Vergleichbarkeit der Daten zu richten. Im Einzelfall kann es erforderlich sein, die Benchmarks zu kalibrieren, das heißt, eine Anpassung von Benchmarks an wichtige Spezifika eines Geschäfts oder Verhaltens vorzunehmen. Geschäftliche Benchmarks zum Beispiel für regionale Vertriebsgesellschaften sind hinsichtlich Auftragsvolumen, Phase im Lebenszyklus und Mehrsprachigkeit anzupassen. Berufliche Benchmarks sind beispielsweise auf die persönlichen Verhaltensspielräume, Leistungspotenziale und Erfolgschancen hin zu kalibrieren.

Maßnahmen ableiten

Die Übernahme der Benchmarks in das eigene Zielsystem und deren Umsetzung in der eigenen Organisation oder im eigenen Verhalten ist der wohl anspruchsvollste und schwierigste Schritt. Fließen die bereits während des Vergleichs gewonnenen Erkenntnisse und Ideen nicht konsequent in animierende Zielsetzungen und realisierbare Maßnahmenpläne ein, so war das Benchmarking lediglich ein »nice to have«. Selbst hochgesteckte und zunächst als unrealisierbar eingestufte Ziele gewinnen durch gut strukturierte Maßnahmenpläne an Machbarkeit. Je größer die innere Zustimmung zu Zielen ist, desto eher erzeugen sie einen Drive bei jedem Spieler und im gesamten Team. Vor allem selbst bestimmte wie gemeinsam, im Team oder Unternehmen, festgelegte Ziele erzeugen Kraft und Ausdauervermögen.

Ziele erreichen

In der Zielerreichungsphase sind sowohl die Durchführung der Maßnahmen konsequent zu verfolgen als auch die Benchmarks in sinnvollen Abständen zu aktualisieren. Durch diesen letzten Schritt wird das Benchmarking zu einem kontinuierlichen Prozess innerhalb des eigenen Spiels[20].

Der Prozess des Benchmarking kann durch flankierende Maßnahmen unterstützt werden. Insbesondere Maßnahmen im Bereich der Kommunikation helfen weiter. So dient es dem ganzen Prozess, wenn die betroffenen Spieler frühzeitig über die Notwendigkeit eines Benchmarking Projektes unterrichtet werden und womöglich an der Zielsetzung und Maßnahmenerarbeitung entscheidend mitwirken können. Werden aus Betroffenen Beteiligte, so steigen die Erfolgsaussichten. Ein Kick-off-Workshop aller Beteiligten, in dem die Ziele, Methoden und Vorgehensweisen des Benchmarking erklärt und abgesprochen werden, ist eine gute Ausgangsbasis. Auch bei beruflichen Benchmarking-Vorhaben kann es sinnvoll sein, die Betroffenen im eigenen Umfeld zu informieren, wenn nicht gar um Mithilfe zu bitten. Die gelegentliche Nachfrage interessierter »Mitwisser« oder die abgesprochene regelmäßige Nachfrage eines internen Mentors nach Fortschritten bei der Umsetzung der gesetzten Benchmarking-Ziele kann für jeden beteiligen Spieler Ansporn sein, mit Ausdauer an der Zielerreichung zu arbeiten.

5.5 Spielerbeziehungen verändern

Jedem Spieler steht es generell frei, sich in jedem Moment auf einem gewählten Spielfeld vor dem Hintergrund seiner inneren Verfassung, der Qualität seines Humanvermögens und der äußeren Gegebenheiten neu zu definieren und neu auszurichten. Jede Neuausrichtung eines Spielers ist abhängig von seiner Befindlichkeit im Spiel, von seinen Möglichkeiten, Zielen und deren Realisierungschancen sowie seinem Gespür und Vermögen, das Verhalten anderer Spieler wahrzunehmen, zu interpretieren und zu bewerten. Er kann die anderen Spieler als tatsächliche oder potenzielle Mit- oder Gegenspieler, sprich Wettbewerber, oder aber als Zuschauer identifizieren. Von der Bewertung all seiner Wahrnehmungen und Interpretationen wird sein Verhalten gegenüber den anderen Spielern geprägt, ob er zum Beispiel eher kooperative oder eher konfrontative Akzente in einem Spiel setzt. Das Motto dieses Kapitels lautet:

»Arbeite an den Spielerbeziehungen!«

Ein Spieler betrachtet seine Beziehungen zu anderen Spielern zunächst aus seiner eigenen Perspektive. Anlässlich bestimmter Spielsituationen, neuer Erkenntnisse und Erfahrungen sowie neuer sich ergebender Beziehungschancen und -risiken überlegt er, welche Beziehungen er beispielsweise »ausbauen«, »pflegen«, »halten«, »vergessen« oder gar »abschreiben« möchte (Abbildung 5.6).

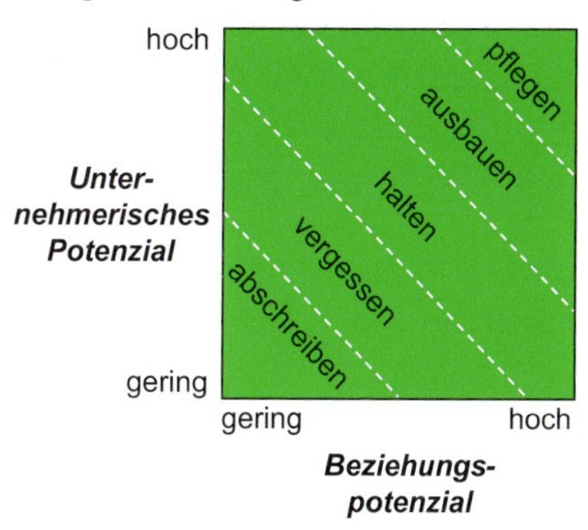

Abb. 5.6: Handlungsoptionen in Beziehungen

Mögliche und vorhandene Beziehungen zu Nachwuchsspielern und potenziellen Stars mit einem mutmaßlich höherem als dem bereits genutzten Potenzial, sei es ein beziehungs- und/oder unternehmerisch orientiertes Potenzial, werden auf- und ausgebaut. Die vorhandenen sehr guten und sehr wichtigen Beziehungen zu »alten Hasen«, Impulsgebern und Starspielern werden besonders sorgsam, wenn nicht sogar kreativ und liebevoll gepflegt. Weniger wichtige, aber gute Beziehungen zu Mit- und Ersatzspielern werden gehalten. Nicht so wichtige Beziehungen zu unscheinbaren nur selten wahrnehmbaren Spielern geraten in Vergessenheit. Beziehungen, die zu Ärgernissen, Enttäuschungen oder gar Verletzungen führen, werden bewusst abgeschrieben. Hierzu gehören Beziehungen zu »Quertreibern« und »Schlechtleistern«.

In strategischen Spielen hängt das Ergebnis einer Spielentscheidung nicht nur vom eigenen Spielzug ab, sondern immer auch vom Verhalten der anderen Spieler. Zu den potenziellen Wirkungen eigener Spielzüge kommen die Wirkungen der möglichen Aktionen und Reaktionen anderer Spieler hinzu. Die beabsichtigte Wirkung eines Spielzuges wird dadurch eventuell verstärkt, abgemildert oder sogar negiert. Es gilt stets, die Erfolgswahrscheinlichkeit abzuschätzen, mit der ein angedachter Spielzug zum angestrebten Ergebnis führt. Für jeden Spieler ist es daher zunächst wichtig, dass er eine Wirkungsanalyse seiner möglichen Spielzüge durchführt. Dabei macht es Sinn, nicht nur die Wirkung auf einzelne Spieler zu bedenken, sondern auch die Wirkung auf bestehende Koalitionen von Spielern und ihre möglichen Antworten und Reaktionen zu berücksichtigen sowie eine vorurteilsfreie Wachsamkeit für Überraschungen zu praktizieren. Das eigene Einfühlungs-, Analyse- und Antizipationsvermögen kontinuierlich zu trainieren, hilft, die anderen Spieler immer besser zu verstehen und ein strategisches Gespür für ihre Ziele und die damit verbundenen Spielzüge zu entwickeln.

Der Prozess des unternehmerischen Verhaltens wird mehrstufig gestaltet. Dem eigentlichen strategischen Spielzug geht häufig ein Vorfühlen voraus, um über die Andeutung oder gar die Diskussion eines möglichen Spielzuges ein besseres Gespür für dessen Wirkung beziehungsweise die zu erwartenden Reaktionen zu gewinnen. Das Vorfühlen bezeichneten die Mitarbeiter des früheren deutschen Außenministers Joschka Fischer als Wahrnehmen des »Pollenfluges«. Ihr Chef sammelte Stimmungen, Deutungen und Neuigkeiten ein, wie eine Honigbiene ihren Nektar[21]. In geschäftlichen Spielen finden wir ein Vorfühlen beispielsweise, wenn ein regionaler Markteintritt zunächst mit einer begrenzten Produktauswahl erfolgt, bevor das volle Spektrum angeboten wird. An einem Unternehmenswechsel interessierte Mitarbeiter/innen fühlen bei einem potenziellen neuen Arbeitgeber vor und kümmern sich um einen neuen Arbeitsvertrag, bevor sie den Spielzug einer Kündigung bei ihrem bisherigen Arbeitgeber ausführen.

Mit einem strategischen Spielzug zielt ein Spieler darauf ab, die Einschätzungen und Aktionen der anderen Spieler so zu beeinflussen, dass alle weiteren Interaktionen ihm Vorteile im Spiel eröffnen. Als Spieler haben wir uns dabei immer wieder neu oder auch grundsätzlich zwischen zwei Spielhaltungen zu entscheiden. Wir haben die Frage zu beantworten, ob wir Positionen frühzeitig besetzen und die Führung übernehmen oder ob wir abwarten und auf die Spielzüge anderer Spieler geschickt reagieren wollen.

Die Auswahl von oder der Wechsel zwischen offensiven und defensiven Spielzügen hängt von der inneren Einstellung und momentanen Befindlichkeit sowie der individuellen Interpretation und Bewertung der jeweiligen Spielsituation ab. Weitere Kriterien, die zur Anwendung kommen, sind zum Beispiel die eigenen Träume, Motive und Werte, die Verfügbarkeit von Ressourcen, die Machtposition einzelner Spieler, die Einschätzung von Chancen und Risiken sowie zeitliche Gesichtspunkte der Entscheidungssituation.

Strategisch offensive Spielzüge wählen

Strategisch offensive Spielzüge setzen auf eine Vorwärtsbewegung und oft stark auf das Moment der Überraschung, das heißt auf Kreativität, Mut, Initiative, Tempo und den offenen Raum. Ein offensiver Spieler versucht, durch zumeist schnelle Spielzüge seine Ziele zu erreichen. Dabei nimmt er das Verhalten der anderen Spieler so an, wie es sich gerade ergibt oder er versucht, dieses ganz bewusst geschickt zu seinen Gunsten zu beeinflussen. Entweder wählt er seine Spielzüge aus einem Reservoir vorhandener bewährter Spielzüge oder er konzipiert neue Spielzüge und setzt diese ein. Offensive Spielzüge werden in unternehmerischen Spielen auch als »First Mover-Strategien« bezeichnet. Wer einen offensiven Spielzug realisiert, hat den Mut, sich und die von ihm gewählte Richtung zu zeigen. Mit einem offensiven Spielzug zeigt ein Spieler sein konkurrierendes, kooperatives, coopetitives oder ein ausweichendes Verhalten (Abbildung 5.7).

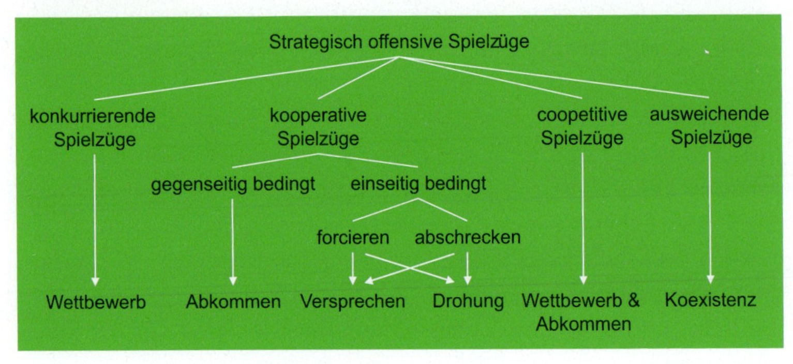

Abb. 5.7: Strategisch offensive Spielzüge

Konkurrierende Spielzüge wählen

Spürt ein Spieler, dass in einer Spielsituation die Energien der anderen Spieler nicht mit den seinen gleichgerichtet sind oder sich sogar gegen ihn richten, so wird er die Situation schnell als Wettbewerb und die anderen Spieler als Gegner betrachten. Jeder Spieler versucht sich zu behaupten, indem er Spielzüge wählt, die die eigenen Vorteile und Chancen steigern. Er wird dies im Bewusstsein tun, dass seine Spielzüge zugleich die Möglichkeiten der Gegner einschränken, wenn nicht sogar reduzieren können. In seinem Bestreben, eigene Ziele und Potenziale zu realisieren oder bestimmte Positionen, zum Beispiel Vormachtstellungen, zu erobern, nimmt er je nach Situation mögliche negative Konsequenzen für seine Gegner und deren Zielerreichung in Kauf. Konkurrierende Spielzüge versuchen also, die eigene Position zu verbessern und/oder die des Gegners zu verschlechtern. Ein geschickter Spieler wird sich stets darum bemühen, ein breites Reservoir wirksamer Spielzüge aufzubauen. Er kann dabei seine Spielzüge eher rational ausrichten, zum Beispiel wenn es darum geht, eigene Anstrengungen und Kosten zu reduzieren. Spielzüge können allerdings auch eher emotional ausgelöst und ausgerichtet sein, wenn ein Spieler zum Beispiel aus Wut und Enttäuschung heraus agiert oder den Gegner bewusst aggressiv an einer bestimmten Stelle zu reizen oder zu verletzen sucht.

In unseren unternehmerischen Spielen wollen wir spielerische, verdrängende, kriegerische und täuschende Formen des Wettbewerbs unterscheiden:

- *Spielerischer Wettbewerb*: Ein spielerischer Wettbewerb führt oftmals dazu, dass durch das gegenseitige Messen der Kräfte die Spieler stärker werden, letztlich also alle auf ihre Art einen persönlichen Nutzen im Spiel realisieren. Die Vorteile im spielerischen Wettbewerb überwiegen für alle Beteiligten die Nachteile. Spielerischer Wettbewerb wird von Unternehmen gezielt eingesetzt und genutzt. Unternehmen schreiben zum Beispiel Preise und Incentives aus, die an Teams mit den innovativsten Projektergebnissen vergeben werden oder an Einzelne, zum Beispiel im Außendienst, die mit den besten Verkaufszahlen glänzen. Führungskräfte nutzen ihn, wenn sie in Coaching-Gesprächen zur Klärung bestimmter Fragen in ein Sparring mit ihrem Coach gehen.
- *Verdrängender Wettbewerb*: Wir alle kennen Spielsituationen, in denen Spieler einander ihren Platz streitig machen, einen Spieler vom Feld vertreiben. Diesen Formen eines Verdrängungswettbewerbs begegnen wir auf unseren unternehmerischen Spielfeldern in ganz unterschiedlicher Intensität. Ein Spieler senkt beispielsweise in einem regionalen Markt seinen Preis für sein Produkt auf ein so tiefes Niveau, das Wettbewerber dazu zwingt, den Markt aufzugeben. Diesen Spielzug können wir insbesondere in Märkten beobachten, die für Geschäfte kein oder nur ein geringes Wachstumspotenzial besitzen. In beruflichen Spielen beispielsweise »sägen« Spieler durch Aufdecken von Leistungsmängeln am Stuhl ihres Kollegen oder Vorgesetzten, um dessen Spielposition besetzen zu können.
- *Kriegerischer Wettbewerb*: Diese Form des Wettbewerbs ist auszumachen, je eindeutiger das Verhalten eines Spielers darauf abzielt, nicht nur das Ausscheiden des Gegners aus dem Spiel

herbeizuführen, sondern dessen Existenz zu vernichten. Wenn heute Führungskräfte in der Wirtschaft davon sprechen, Business sei »Krieg ohne Kugeln«, so lassen solche Aussagen durchaus Rückschlüsse darauf zu, mit welcher persönlichen Haltung und Mentalität diese Führungskräfte auf ihren beruflichen wie geschäftlichen Spielfeldern agieren. Die Ausgangsannahme, sich in einem Krieg zu befinden, lässt hinter dieser Annahme liegende Ängste und Verletzungen, Sicherheitsbedürfnisse wie extreme Angriffsmotive und -energien vermuten. Richard D'Aveni verwendet den Begriff Hyperwettbewerb, um in geschäftlichen Spielen schnelle Spielzüge von Spielern zu beschreiben, mit denen sie über Vorteile in Kosten, Qualität, Zeit und/oder Know-how kontinuierlich neue Wettbewerbsvorteile aufbauen und die Vorteile ihrer Rivalen neutralisieren oder zerstören[22]. In einem dynamischen und aggressiven Wettbewerb können verlorene Wettbewerbsvorteile für einen Spieler letztlich das »Aus« im Spiel bedeuten.

- *Täuschender Wettbewerb*: Ein Spieler kommuniziert einen spielerischen Wettbewerb. In der Tat verfolgt er jedoch heimlich einen kriegerischen Wettbewerb, um andere Spieler zu besiegen. Solche Manöver finden wir beispielsweise in Projektabschlussgesprächen. Ein Team hat während des Projektes vertrauensvoll zusammengearbeitet, um gemeinsam ein sehr gutes Projektergebnis zu erzielen. Ein Teammitglied oder die Projektleitung nutzt jedoch das Gespräch mit dem Vorgesetzten oder den Mitgliedern seines Steering Committees, um die Projektergebnisse primär als Eigenleistung darzustellen. Der Spieler verbindet mit einem solchen Spielzug seine Hoffnung, schneller für den nächsten Karriereschritt ausgewählt zu werden.

In allen vier Wettbewerbsformen kann der Spieler versuchen, durch bewusst ausgewählte Handlungen, das Verhalten der anderen Spieler zu seinen Gunsten zu beeinflussen. Als flankierende Maßnahmen für seine geplanten Spielzüge kann er seine Gegenspieler einschüchtern oder provozieren. Ganz gezielt kann er auch bestimmte Signale über mögliche Spielzüge aussenden:

Einschüchterung

Die Einschüchterung anderer Spieler zielt darauf ab, einem Angriff zusätzliche Bedeutung zu verleihen. Ein typisches Beispiel hierfür ist die Demonstration der eigenen Machtposition, um bei den Gegenspielern ein defensives Verhalten zu erzeugen. Im Jahr 2004 wählte General Electric, der größte Industriekonzern der Welt, München als Standort für sein erstes europäisches Forschungszentrum, nur 20 Autominuten von der Konzernzentrale seines Hauptwettbewerbers Siemens entfernt. General Electric unterstreicht damit sein Ziel, in Europa zu wachsen, Siemens den Heimatmarkt streitig zu machen und den Wettbewerb um junge Talente zu erhöhen. Eine Einschüchterung im beruflichen Spiel erleben wir beispielsweise, wenn eine neue, bisher nicht bekannte Führungskraft Mitarbeiter aus ihrem Beziehungsnetz mitbringt, deren Fähigkeiten im Vorfeld sehr gelobt werden und deren künftige Rolle zunächst bewusst im Dunkeln bleibt.

Provokation

Die Provokation anderer Spieler stellt in den Mittelpunkt, diese zum Gegenangriff aufzufordern und sie aus einer abwartenden Rolle herauszulocken. Beispielsweise übernahm im Herbst 2005 der Telekommunikationsausrüster Ericsson 75 % an seinem britischen Konkurrenten Marconi und wurde damit weltweit die Nummer eins bei Mobilfunknetzen. Im Dezember 2006 fusionierten der französische Anbieter Alcatel und der US-amerikanische Wettbewerber Lucent zur weltweiten Nummer eins bei Festnetzen. Diese Spielzüge brachten die Netzsparten von Siemens und Nokia unter Druck. Sie brauchten jeweils starke Partner und entschlossen sich deshalb, ihre Netzsparten Anfang 2007 in ein gemeinsames Joint Venture einzubringen. In einem beruflichen Spiel ist zum Beispiel eine Provokation gegeben, wenn eine Führungskraft einen Vertriebsmitarbeiter durch eine überzogen kritische Kommentierung der vorgelegten Verkaufszahlen zu einer Intensivierung seines Arbeitseinsatzes herausfordert.

Signalisierung

Die Signalisierung möglicher Spielzüge bedeutet, dass ein Spieler ganz bewusst eine selektive Kommunikation von Informationen an seine Mitspieler betreibt. Ziel ist es, deren Wahrnehmung beziehungsweise Entscheidungsfindung zu verändern, um bestimmte Verhaltensweisen hervorzurufen oder zu verhindern. Typische Beispiele hierfür sind Andeutungen, Ablenkungs- und Verzögerungsmanöver und das Unterschlagen von Informationen. Auch die gezielte Falschinformation, das Bluffen, um andere Spieler in die Irre zu führen und die veränderte Gewichtung von Informationen gehören dazu. Ausgliederungen von Unternehmensteilen signalisieren häufig eine spätere Trennung. Philips kündigte Ende 2005 an, sein Chipgeschäft auszugliedern, um das Sanierungstempo zu erhöhen und sich strategische Optionen zu eröffnen. Dieser Schritt signalisierte bereits den nächsten Spielzug, den Philips nur wenige Monate später vollzog. Im Sommer 2006 übernahm eine Investorengruppe, angeführt von Kohlberg Kravis Roberts (KKR), 80 % der Anteile an NXP, der ehemaligen Halbleitersparte von Philips. Auf beruflicher Ebene setzen Führungskräfte oftmals Signalisierungen ein, etwa wenn sie Andeutungen betreffs möglicher Beförderungen machen, um ihre Mitarbeitenden stärker zu motivieren. Mitarbeitende wählen in ihren Spielzügen eine Signalisierung, indem sie zum Beispiel auf bestehende Chancen auf dem internen und externen Arbeitsmarkt hinweisen oder von einem vorliegenden Angebot eines Headhunters sprechen. Führungskräfte machen vor Reorganisationen Andeutungen mit Aussagen wie »es wird in unserer Organisation in Kürze wesentliche Veränderungen geben«.

Kooperative Spielzüge wählen

Bei kooperativen Spielzügen knüpfen die Spieler ihr Verhalten ebenfalls an ihre innere Einstellung und ihre Ziele wie an die Ergebnisse ihres Erspürens und Interpretierens der äußeren Bedingungen. Bewusst beleuchten, definieren und kommunizieren sie die eigenen Handlungsspielräume, um damit das Handeln der übrigen Spieler so zu beeinflussen beziehungsweise zu steuern, das ein gemeinsames Spiel, ein Zusammenspiel zwecks gemeinsamer Erzielung von Vorteilen, möglich wird. Sowohl gegenseitig entgegengebrachte Gefühle von Sympathie und Neugier, als auch die rationale Analyse und Einschätzung der Situationen der anderen

Spieler können ein Kooperieren stimulieren und initiieren. Kooperatives Verhalten zeigt sich vor allem in Abkommen zwischen den Spielern und in Versprechungen oder Drohungen, die gegenüber anderen Spielern ausgesprochen werden:

Abkommen

Strebt ein Spieler ein gegenseitig kooperatives Verhalten an, so wird er andere Spieler ansprechen, um Absprachen zu treffen und Abkommen zu schließen. Wünschen sich mehrere Spieler eine Kooperation, so schließen sie sich zu Teams, zu Organisationen und Gemeinschaften zusammen, beziehungsweise treten diesen unter bestimmten Bedingungen bei. Alle beteiligten Spieler sagen letztlich ein partnerschaftliches Verhalten zu. Die Intention eines Abkommens ist, im Ergebnis Win-Win-Situationen für alle beteiligten Spieler zu erzielen. Ein Abkommen hat zur Folge, dass die Strategieentwicklung vom einzelnen Spieler auf die koalierende initiative Spielergruppe übertragen wird. In einem Netzwerk von Partnern wird im Rahmen von Verhandlungen eine kollektive Strategie entwickelt. Jeder Arbeitsvertrag ist beispielsweise in diesem Sinne zunächst einmal ein Dokument, das eine kooperative Verbindung in Form eines Abkommens begründet.

Ein kooperatives Verhalten kann aber auch nur von einem Spieler ausgehen, mit dem Ziel, das Verhalten der anderen Spieler zu den eigenen Gunsten zu beeinflussen beziehungsweise zu erzwingen. Dieses an einseitig ausgesprochene Bedingungen geknüpfte Kooperationsverhalten erleben wir in Form von Versprechen oder Drohungen:

Versprechen

Bei einem Versprechen kündigt ein Spieler seinerseits ein Agieren an, dessen Ausführung er den anderen Spielern glaubwürdig in Aussicht stellt. Ein Versprechen kann aus freien Stücken heraus gegeben oder an Bedingungen geknüpft werden, die Einfluss auf die Spielsituation nehmen. Für unsere Situationen bedingter Kooperationen interessiert uns die zuletzt genannte Variante. Sie ist zum Beispiel dann gegeben, wenn ein Spieler die Ausführung oder Unterlassung einer bestimmten Handlung durch seine Mitspieler forcieren will. Derjenige, der ein Versprechen gibt, geht eine Selbstverpflichtung ein. Eine typische bedingte Selbstverpflichtung ist, »wenn Du den Spielzug X durchführst beziehungsweise unterlässt, dann verspreche ich Dir, den Spielzug Y durchzuführen beziehungsweise zu unterlassen.« Versprechen liegen vor, wenn Vorgesetzte ihren Mitarbeitern bestimmte Gratifikationen in Abhängigkeit von erreichten Leistungskennzahlen vorab zusagen. Häufig sind sie auch bei Projekten anzutreffen, die mit öffentlichen Geldern gefördert werden. Sind bestimmte Bedingungen erfüllt, so ergibt sich ein Anrecht auf die in Aussicht gestellten finanziellen Fördermittel.

Drohung

Bei einer Drohung kündigt ein Spieler eine Reaktion an, mit der er den anderen Spieler bestraft, wenn dieser eine gewünschte Handlung unterlässt oder eine unerwünschte Handlung durchführt. Eine Drohung ist dann erfolgreich, wenn sie nicht ausgeführt werden muss. Häufig wird in der Politik mit Drohungen gearbeitet. Ein nicht erfolgreiches Beispiel bietet das Verhalten der USA im Vorfeld des Irak-Krieges. Über Monate hinweg haben die USA der irakischen Führung zunächst mit bestimmten Sanktionen und schließlich mit Krieg gedroht, um ein gewünschtes Verhalten zu erzwingen. Alle Drohungen verhinderten den Krieg letztlich nicht. Drohungen haben in der Wirtschaft und in unserer Arbeitswelt vielfältige Ausprägungen. Streikdrohungen, die Androhung einer Gehaltskürzung, Abmahnung oder Kündigung oder die Drohung, mit einem Vorgang vor ein Arbeitsgericht zu ziehen, sind nur einige Beispiele. Die frühere Androhung von Bill Gates, das Software-Paket Office nicht mehr für Macintosh-Computer weiterzuentwickeln, wenn Apple künftig nicht auf den Microsoft-Webbrowser setzen würde, ist ein Beispiel für eine Drohung zwischen geschäftlichen Spielern.

Während Versprechungen eher darauf abzielen, bei einem Gegenüber ein bestimmtes Verhalten zu stimulieren, intendieren Drohungen immer ein bestimmtes Verhalten zu erzwingen oder zu vermeiden. Beide bedingten Spielzüge stellen eine besondere Art des Investments dar und haben im Fall des Erfolgs ganz unterschiedliche Kostenwirkungen. Die Einlösung eines Versprechens führt auf jeden Fall zu Kosten bei jenem Spieler, der ein Versprechen gegeben hat. Eine Drohung hingegen generiert nur dann Kosten, wenn die Drohung wirkungslos bleibt und das Angedrohte realisiert wird. Die

Umsetzung politischer Drohungen ist häufig mit hohen Folgekosten verbunden, wie wir dies im Falle des Irak-Krieges in drastischer Weise erleben.

Der Erfolg von kooperativen Spielzügen, hängt entscheidend von der Glaubwürdigkeit der beteiligten Spieler ab, das heißt davon, inwiefern jeder Spieler genau jenes Verhalten zeigt, das er zugesagt hat. Glaubwürdigkeit kann durch folgende Charakteristika geprägt sein:

- *Ansehen des Spielers*: Hat ein Spieler eine Zusage abgegeben, dann verliert er bei einem abweichenden Verhalten seinen guten Ruf. Sind die langfristigen Nachteile aus einem »Gesichtsverlust« größer als die kurzfristigen Vorteile, besteht für ihn kein Anreiz, von dem bereits kommunizierten Verhalten abzuweichen. Ein guter Ruf wirkt stets dann am besten, wenn er weiter getragen wird, sich ausbreitet, andere Spieler zur Nachahmung inspiriert. Das Vertrauen in einen Spieler hält so lange an, wie andere Spieler glauben, mit ihm eine verlässliche Beziehung aufbauen und pflegen zu können.
- *Kommunikationsverhalten des Spielers*: Hier geht es darum, was und wie ein Spieler kommuniziert, und wie es in seinem Umfeld ankommt. Erscheint das verbal und non verbal Erlebte den anderen Beteiligten authentisch und kongruent, so werden sie den vernommenen Aussagen ihren Glauben schenken und sich darauf verlassen. Das Kommunikationsverhalten und die Glaubwürdigkeit eines Stellenbewerbers werden zum Beispiel in Stress-Interviews und Einstellungstests auf die Probe gestellt, indem er wiederholt gleiche oder sehr ähnliche Fragen zu beantworten hat. Liefert der Kandidat sehr widersprüchliche Antworten, so liegen erste Indizien vor, dass er es mit der Ehrlichkeit nicht so genau zu nehmen scheint. Zweifel an seiner Glaubwürdigkeit sind angebracht.
- *Potenzial des Spielers*: Die Glaubwürdigkeit des Spielers ist entscheidend davon abhängig, inwieweit ihm das fachliche, methodische oder auch energetische Potenzial zugetraut wird, das kommunizierte Verhalten erfolgreich in die Tat umzusetzen. In geschäftlichen Spielen unterstreicht ein Spieler sein Potenzial beispielsweise durch seine Marktposition oder Innovationskraft,

in beruflichen Spielen zum Beispiel durch sein Überzeugungsvermögen, seinen Einfluss oder seine hierarchische Machtposition.

- *Selbstbindung des Spielers*: Besitzt der Spieler die Absicht, sich an sein kommuniziertes Verhalten zu halten, dann tut er gut daran, seine Selbstbindung auch glaubhaft zu kommunizieren. Klare Botschaften verdeutlichen die Spielposition. Ein Unternehmen möchte beispielsweise zur Verringerung der Schadstoffemission der Produkte in seiner Branche beitragen. In einer Produktankündigung legt es frühzeitig die Leistungsmerkmale seiner nächsten Produktreihe fest. Einem Vorstandsvorsitzenden liegt die Förderung der jungen Nachwuchskräfte in seinem Unternehmen besonders am Herzen. Er verspricht, eine von den High Potentials durchzuführende Projektarbeit, zu unterstützen.
- *Vorgehen des Spielers in kleinen Schritten*: Ein Vorgehen in kleinen Schritten erhöht die Glaubwürdigkeit des unternehmerischen Vorgehens. Eine Entscheidung wird in mehrere kleine Teilentscheidungen aufgeteilt, die schnell umgesetzt werden. Eine Führungskraft kann ihr Versprechen an einer grundlegenden Veränderung der Unternehmens- oder Abteilungskultur zu arbeiten, beispielsweise mit der Einführung von Ritualen in Form von regelmäßigen Kommunikationsrunden und Feedback-Gesprächen unterstreichen.
- *Vorleistungen des Spielers*: Ein angekündigtes Vorgehen wird durch vorab getätigte unterstützende Handlungen nahezu unumgänglich gemacht. Ein Vorstandsmitglied unterstreicht seinen Kooperationswillen durch seine aktive Mitarbeit im Verband seiner Branche. Ein Mitarbeiter bekundet zum Beispiel sein Engagement in einem neu gegründeten Projektteam, in dem er sofort mit seinem Arbeitsplatz in den gemeinsamen Teamraum umzieht.

Coopetitive Spielzüge wählen

Die Spieler können im Spiel auch wettbewerbsorientierte und kooperative Spielzüge miteinander kombinieren. Dieses Verhalten wird als Coopetition bezeichnet und kann als sehr ambivalent erlebt werden. Denn die Spieler kooperieren partiell vertrauensvoll miteinander, zum Vorteil beider Seiten und stehen sich in anderen Spielsituationen oder auf anderen Spielfeldern als Wettbewerber gegenüber. Das heißt zum Beispiel, zwei oder mehrere Unternehmen kämpfen auf ihren Absatzmärkten jedes für sich hart um die Gunst der Kunden. Sie verabreden aber gleichzeitig eine Kooperation im Einkauf, um Mengenvorteile zu realisieren. Ein weiteres Beispiel liefert der Profi-Fußball. Die Vereine der Bundesliga stehen auf dem grünen Rasen im Wettbewerb und vermarkten zugleich gemeinsam die Rechte an den TV-Übertragungen ihrer Spiele.

Ausweichende Spielzüge wählen

Ein Spieler wählt ausweichende Spielzüge, um den direkten Wettbewerb beziehungsweise eine Zusammenarbeit mit anderen Spielern möglichst zu vermeiden. In geschäftlichen Spielen werden diese Spielzüge auch als Differenzierungsstrategien bezeichnet. Der Spieler versucht, mit seinen Spielzügen Einzigartigkeiten in seinen Verhaltensweisen, Dienstleistungen oder Produkten herauszustellen. Er hat Erfolg, wenn es ihm gelingt, allein eine neue kleinere freie Spielfeldfläche, eine Nische, zu besetzen. Diese versucht er dann abzugrenzen oder auszubauen. Abgrenzung bedeutet den Aufbau von Barrieren, um den Wettbewerb möglichst gering zu halten oder gar auszuschließen. Ausbau bedeutet das Streben nach weiterem Wachstum, nach Verbesserung der eigenen Position, etwa nach einer Vergrößerung der erarbeiteten Nische. Ein ausweichendes Verhalten führt im Ergebnis zu einer Koexistenz auf dem Spielfeld. Diese Verhaltensweise kann zum nachhaltigen Überleben sehr vieler Spieler beitragen.

In der Automobilindustrie besetzt Porsche seit Jahrzehnten eine Nische. Mit Wendelin Wiedeking gab Porsche in den neunziger Jahren im wahrsten Sinne Gas, brachte neue Produkte auf den Markt, gewann neue Kunden und stellte tausende neuer Mitarbeiter/innen ein. Porsche ist in seiner Nische so erfolgreich, dass sich das Unternehmen inzwischen an dem weit größeren Spieler Volkswagen als Großaktionär maßgeblich finanziell beteiligt. In beruflichen Spielen finden wir ein ausweichendes Verhalten häufig im »Spezialistentum«. Menschen eignen sich über viele Jahre hinweg ein sehr umfassendes und tiefgehendes Wissen in ihrem Fachgebiet an. Sie schaffen sich damit eine Nische, die sie intern unersetzbarer macht und vor Angriffen schützt.

Strategisch defensive Spielzüge wählen

Mit defensiven Spielzügen agiert ein Spieler erst nachdem andere Spieler bereits Spielzüge ausgeführt haben. Ein defensiver Spieler wartet den geeigneten Zeitpunkt ab, um aus dem initiativeren Verhalten der anderen Spieler einen Vorteil für sich zu ziehen, beispielsweise bestimmte Risiken, etwa eine Fehlallokation von Ressourcen zu vermeiden. Defensive Spielzüge werden im geschäftlichen Spiel als »Second Mover-Strategien« oder als »Follower-Strategien« bezeichnet:

- Ein Spieler wartet in einer wettbewerbsorientierten Situation den Spielzug seines Gegners ab, bevor er mit seinem Spielzug antwortet.
- Ein Spieler wartet auf ein Angebot, ein Abkommen zu schließen.
- Ein Spieler wartet auf eine Drohung, bevor er handelt.
- Ein Spieler wartet auf ein Versprechen, bevor er handelt.

Neben dem rein zeitlichen Aspekt, dem zweiten Spielzug, beinhalten »Second Mover-Strategien« auch inhaltliche Antworten eines Spielers auf die offensiven Strategien seiner Mitspieler. Ein Second Mover kann mit dem gleichen Spielzug antworten, den Spielzug durch Verteidigung, Kontern oder Vergeltung erwidern oder dem Spielzug ausweichen. Die Wahl des defensiven Spielzuges hängt davon ab, welche Wirkung der Mitspieler mit seinem offensiven Spielzug bereits erzielt hat. Hinzu kommt, wie dessen Stärke und Konsequenz im Handeln während des weiteren Spielverlaufs eingeschätzt wird. Der defensive Spieler überlegt dann, welche potenzielle Wirkung er mit seinen Ressourcen erzielen kann und welches Risiko er bereit ist, einzugehen (Abbildung 5.8).

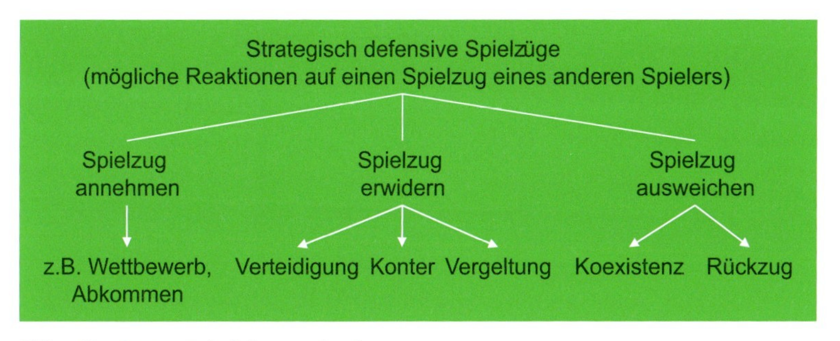

Abb. 5.8: Strategisch defensive Spielzüge

Spielzug annehmen

Ein Spieler kann den Spielzug eines anderen Spielers annehmen, das heißt zum Beispiel »den Ball aufnehmen« und sich auf den Wettbewerb einlassen. Es kann für den Spieler ferner bedeuten, ein Angebot zum Abkommen anzunehmen oder das aufgrund einer Drohung oder eines Versprechens erwartete Verhalten zu zeigen.

Spielzug erwidern

Zeigt ein Spieler mit seinem offensiven Spielzug ein kämpferisches Verhalten, dann kann ein defensiver Spieler diesen Spielzug nicht nur annehmen, sondern auch erwidern, in dem er beispielsweise seine Spielposition verteidigt. Aus der Defensive heraus sind ein schneller Gegenangriff oder ein Vergeltungsschlag weitere Möglichkeiten auf einen Angriff zu reagieren. Konter und Vergeltung sollen die eigenen Spielpositionen verbessern.

Verteidigung

Spielzüge einer Verteidigung zielen darauf ab, einen Angriff unwahrscheinlicher zu machen oder aus Wettbewerbersicht weniger Erfolg versprechend erscheinen zu lassen, Angriffe in weniger bedrohliche Bahnen zu lenken oder deren Intensität zu verringern, um die eigene Position im Spiel zu behaupten. Der angreifende Spieler soll erkennen, dass beispielsweise sein Eintritt auf das Spielfeld oder seine Umpositionierung auf dem Spielfeld nicht von Erfolg im Sinne eines Schadens für den sich verteidigenden Spieler gekrönt sein wird. Vielfach gilt als Ideal der Verteidigung die Abschreckung: zuerst einen Herausforderer daran hindern, eine Maßnahme zu ergreifen, um sie dann in Verhandlungen sukzessive weniger bedrohlich erscheinen zu lassen und eventuell sogar abzubauen. Im Wettbewerb mit anderen Spielern ist die Verteidigung dann erfolgreich, wenn ein Ressourcen verbrauchender Kampf vermieden wird. Verteidigungsstrategien können durch den Aufbau von Barrieren und durch Anreize, den Wettbewerb zu verringern, untermauert werden:

- *Aufbau von Barrieren*: Barrieren dienen der Abschreckung. Die Botschaft an die anderen Spieler lautet: »Jeder Versuch, in unser Revier erfolgreich vorzudringen, ist zwecklos.« In beruflichen Spielen sind in Arbeitsverträgen oft Wettbewerbsklauseln zu finden, durch die Arbeitgeber verhindern wollen, dass wichtige Mitarbeiter zur unmittelbaren Konkurrenz wechseln. Auch Ablösesummen im Fußball stellen solcherlei Barrieren dar. In geschäftlichen Spielen bilden beispielsweise niedrige Kostenpositionen aufgrund hoher Marktanteile, Patente, Markenbildung, exklusive Verträge mit Vertriebskanälen oder Lieferanten und attraktive Servicenetze mögliche Eintrittsbarrieren gegenüber neuen Spielern. Die Basis für erfolgreiche Barrieren ist eine Fokussierung auf die vorhandenen Kernkompetenzen, die eigene Einzigartigkeit.
- *Schaffen von Anreizen für weniger Wettbewerb*: Für einen Gegenspieler ist in der Regel das Erzielen von Spielgewinnen der Anreiz für einen Angriff. Werden ihm schlechte Zukunftsaussichten im Spiel glaubhaft signalisiert, so wird sein Drive anzugreifen abnehmen. In geschäftlichen Spielen entspricht diese Art der Information zum Beispiel der Veröffentlichung schlechter Wachstumsprognosen oder Risikoeinschätzungen über die weitere Entwicklung einer Branche. Gewinnerwartungen der Investoren und deren Investitionsneigung zur Forcierung eines Geschäftswachstums werden gebremst. In beruflichen Spielen bestehen nicht immer für alle jungen Talente genügend zeitnahe Aufstiegsmöglichkeiten. Talentpools können hier zu einer zeitlichen Entzerrung beitragen und signalisieren, dass sich früher oder später jedem Talent im Pool eine besondere Karrierechance eröffnet. Einerseits wird so versucht, die Leistungsmotivation der Talente weiter aufrecht zu erhalten, andererseits wird zugleich eine Barriere errichtet, die helfen kann, eine Abwanderung von Talenten zu verhindern.

Konter

Kontern bedeutet, einen Angreifer mit einem schnellen Gegenangriff zu überraschen. Im Handball entspricht zum Beispiel die »schnelle Mitte« einem Konter: Nach einem erfolgreichen Torwurf des Gegners versucht das eigene Team, sich durch einen schnell ausgeführten Neuanwurf Vorteile für den nächsten Angriff zu verschaffen. Konter beschleunigen das Spieltempo. Ein Spieler behindert seinen Gegenspieler auf seinem Weg zu einer führenden Spielposition beziehungsweise fängt ihn ab, um selbst auf Sieg zu spielen. Dabei analysiert ein Spieler aus der Defensive heraus die Spielsituation, erkennt Schwächen bei seinem Gegenspieler und entwickelt daraus einen wirkungsvollen, schnellen Gegenzug, der seine eigene Spielposition verbessert.

In unseren beruflichen und geschäftlichen Spielen treten häufig unerwartete Spielsituationen auf, die einen schnellen Konter erfordern. Um auf internen und externen Spielfeldern sicher zu bestehen, ist es gerade für Führungskräfte besonders wichtig, die Kunst des Konterns zu erlernen und ständig zu verbessern. Wer auf einer Pressekonferenz als Vorstand oder Pressesprecher schlagfertig, mit überzeugenden Argumenten, Charme und gegebenenfalls einem Schuss Humor auf Fragen eingehen kann, gewinnt sein Publikum.

In einem mehr als ein Jahr andauernden Übernahmekampf versuchte der deutsche E.ON-Konzern im Jahr 2007 den spanischen Energieversorger Endesa zu übernehmen, um seinen Marktanteil im europäischen Strommarkt auf 10 % auszubauen und über Endesa nach Lateinamerika zu expandieren. Kurz vor Abschluss der Transaktion bauten der italienische Wettbewerber Enel und der spanische Mischkonzern Acciona ihren Aktienanteil an Endesa auf insgesamt 46 % aus und konterten den Spielzug von E.ON durch ein Gegenangebot. Sie zwangen damit E.ON zum Rückzug.

Im Verlauf des Spiels kann es bei einem Spieler zu einer Unzufriedenheit mit dem Verhalten anderer Spieler kommen. Er möchte nicht nur kontern, sondern andere Spieler für ihr aggressives Verhalten bestrafen beziehungsweise sich rächen. Ein möglicher Spielzug in einer solchen Situation ist die Vergeltung.

Vergeltung

Wir alle kennen aufgrund unserer Spielerfahrung Spielzüge, die den Charakter von Vergeltung besitzen. Von seinem Wortstamm beschreibt der Begriff sowohl ein freundliches Verhalten im Sinne eines »Zurückzahlens« als auch ein feindliches Verhalten im Sinne eines »Heimzahlens oder Bestrafens«. Im Gegensatz zu den bedingten Spielzügen eines Versprechens oder einer Drohung, die der Spieler ankündigt, setzen die Spielzüge einer Vergeltung häufig auf den Moment der Überraschung, der besonderen Kreativität, Schnelligkeit oder Flexibilität.

Für unsere Betrachtungen wollen wir den Begriff der Vergeltung für ein feindliches Verhalten verwenden. Im Rahmen eines kämpferischen Wettbewerbs liegt das Motiv für eine Vergeltung in der Entgegnung eines gegnerischen Angriffs ganz nach dem Motto »Kommst du mir so, komm' ich dir mindestens genauso!« In der Regel geht die Aggressivität des Rückschlages über die des Angriffes weit hinaus. Wettbewerb wird auf diese Weise zum Krieg, und die Handlungsoptionen Vergeltung und Vernichtung rücken einander näher.

Bei einer Vergeltung verbessert ein Spieler seine Spielposition, in dem er Positionen seiner Gegenspieler verschlechtert. Eine andere Situation für Vergeltung kann sich ergeben, wenn Spieler eine Kooperationsvereinbarung getroffen haben, sich im Verlauf des Spieles aber einzelne Spieler nicht an die getroffenen Vereinbarungen halten. Die spannende Frage lautet dann: Wie verhalten sich die übrigen Spieler? Eine Möglichkeit ist, die Verletzung der Kooperation zu ignorieren und darauf zu bauen, dass sich in künftigen Spielperioden alle Spieler wieder an die Kooperation halten. Eine zweite Möglichkeit ist, diese Spieler in späteren Spielrunden mit einem ebenfalls nicht-kooperativen Verhalten zu bestrafen. Dieses Verhalten wird in der Spieltheorie als »Tit for Tat-Strategie« bezeichnet, das heißt »Auge um Auge, Zahn um Zahn«. In Geschäftsspielen finden wir Vergeltungsmaßnahmen beispielsweise in Form aggressiver Preisnachlässe und Rechtsstreitigkeiten. Wir wenden in unseren beruflichen Spielsituationen diesen Spielzug an, wenn sich in uns selbst über mehrere Spielrunden hinweg Aggressionen gegen einen Spieler und dessen Verhalten aufgestaut haben und sich diese in Form einer Vergeltung entladen. Diese Situation ist in unseren beruflichen Spielen gegeben, wenn wir uns zum Beispiel auf eine interne Sitzung besonders gut vorbereiten, um dann einen ständig stichelnden Kollegen inhaltlich vorführen zu können beziehungsweise ihm zu zeigen, »was eine Harke ist«, und ein für alle mal »Ruhe im Stall« zu schaffen. Darüber hinausgehend können Vergeltungsmotive auch die Ursache für Mobbing sowie Abmahnungen und Kündigungen sein.

Dem Spielzug ausweichen

Will ein Spieler einen offensiven Spielzug weder annehmen noch erwidern, dann bleibt ihm noch die Möglichkeit auszuweichen. Er kann versuchen, eine Nische aufzusuchen, um sich dort zu behaupten. Ausweichen kann aber auch bedeuten, einen Rückzug anzutreten.

Koexistenz

Einem Angriff auszuweichen und sich aktiv eine schützende Nische zu suchen, verstehen wir als ein Bemühen um Koexistenz. Eine Nische bietet die Chance zu einer Atempause auf dem Spielfeld, ohne dieses zu verlassen. In einer schützenden, wenngleich unfreiwillig aufgesuchten Nische besteht in der Regel die Notwendigkeit als auch die Gelegenheit, sich und die eigenen Prioritäten neu zu sortieren. Das Resultat eines solchen Sortierungsprozesses kann darin bestehen, sich auf Dauer in der Nische einzurichten, sich auf diese Weise dem Einfluss anderer Spieler weitgehend zu entziehen und eine friedliche Koexistenz anzustreben. Koexistenz meint hier, sich mit dem angreifenden Spieler zu arrangieren, mit einem veränderten Verhalten weiterhin am Spiel teilzunehmen und zugleich verstärkt das eigene Spiel zu spielen. Statt sich ganz vom Spielfeld drängen zu lassen, wird das kleinere Übel gewählt. In geschäftlichen Spielen ist das Phänomen der Koexistenz zu beobachten, wenn in kleineren und mittelgroßen Städten Familienbetriebe Konkurrenz durch große Ketten, etwa im Lebensmittel-, Textil- oder Elektrobereich, erhalten und erkennen, dass sie wachsend Marktanteile verlieren. Sie besetzen dann ganz gezielt ausgewählte Nischen, in denen sie ihre weitere Existenz absichern wollen. Begünstigt wird das Besetzen einer Nische dabei oftmals durch das Gefühl des Inhabers, mit dem bestehenden Geschäft dem neuen Wettbewerber nicht mehr gewachsen zu sein. Auch das eigene Alter und das Bewusstsein, keinen oder noch keinen Nachfolger zu haben oder zu finden, spielen bei einer Nischenbesetzung eine wichtige Rolle. In beruflichen Spielen wählen Mitarbeitende häufig eine Nische, wenn sie im Zuge einer Reorganisation bestimmte Arbeitsfelder abgeben und an besonders liebgewordenen mit Nachdruck festhalten.

Schafft es ein Spieler, sich in einer Nische zu konsolidieren, dort sogar neue Produkte oder Dienstleistungen zu entwickeln und mit diesen schnell wieder neue Felder zu besetzen, so lässt sich die Nische in einer immer schneller tickenden Zeit auch mit einem längeren Boxenstopp vergleichen: im Rennen bleiben, auftanken, neue Ressourcen erhalten, wieder Gas geben und durchstarten. Auf individueller Ebene ist dieses Verhalten vergleichbar mit einer Führungskraft, die im Rahmen der Zusammenlegung zweier Abteilungen ihre Leitungsposition verliert, wieder zurück ins Glied versetzt wird und dies als Abwertung und Angriff wertet. Sie zieht sich kurzzeitig schmollend in eine Nische zurück, besinnt und erholt sich und beginnt, schnell einen Schrebergarten um sich herum anzulegen, in dem sie zum Beispiel besonders spannende innovative Projektideen akquiriert und vorantreibt und zum Themenführer auf bestimmten Gebieten wird.

Rückzug

Erkennt ein Spieler im Verlauf seines Spiels, dass er eine schwache Spielposition besitzt, seine gesteckten Ziele nur unvollständig oder gar nicht erreichen kann, dann wird er über einen Rückzug nachdenken und gegebenenfalls das Spiel verlassen. Folgende Situationen können zum Rückzug führen:

- Der Spieler erkennt, dass er über zu geringe Kompetenzen und Ressourcen für einen offensiven Spielzug verfügt, das heißt um zu kämpfen, zu kooperieren oder erfolgreich eine Nische im Spiel zu besetzen. Er vermutet, dass die Gegenspieler über wesentlich bessere Möglichkeiten, Mittel und Chancen verfügen, sodass eine Fortsetzung des Spiels für ihn nicht mehr attraktiv ist.
- Der Spieler ist nicht in der Lage, Barrieren für eine wirkungsvolle Verteidigung seiner Spielposition aufzubauen.

Der Spieler, der sich zurückzieht, entscheidet sich letztlich stets, »auf eine andere Karte zu setzen«, sich auf einem Spielfeld zu versuchen, dass ihm einen größeren Erfolg verspricht.

Spielhaltung und Spielerbeziehung kombinieren

Spielzüge werden vor allem von den inneren Haltungen der Spieler und von den Spielerbeziehungen geprägt. Die Verknüpfung beider Dimensionen verdeutlicht, welche Kombinationen von Spielzügen beispielsweise zu einer Konkurrenzbeziehung oder zu einer bedingten Kooperation gehören. Weitere Kombinationen von Spielzügen, die die Spielerbeziehungen Zug um Zug verändern, sind natürlich denkbar. Spricht beispielsweise ein Spieler eine Drohung aus, die ein zweiter Spieler mit einem Angriff kontert, den der erste Spieler erwidert, dann wird aus der beabsichtigten bedingten Kooperation letztendlich eine Konkurrenzsituation. Auch wenn anzunehmen ist, dass Spieler in ihrem Leben über Jahre hinweg eine relativ

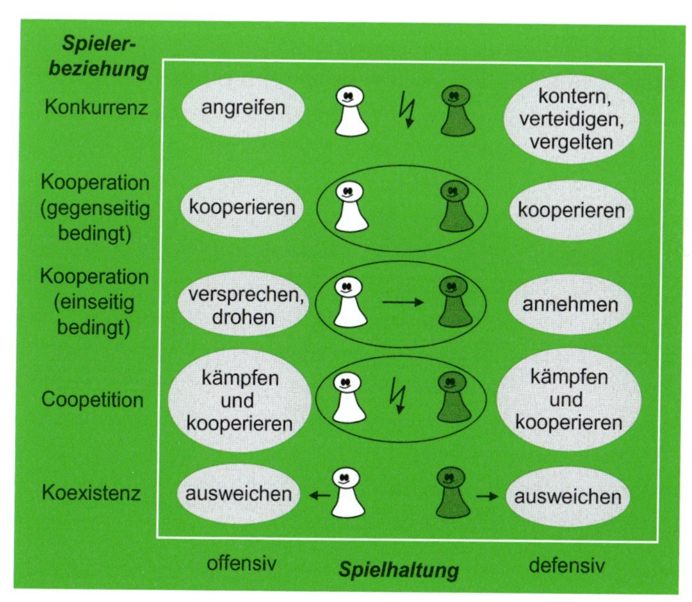

Abb. 5.9: Strategische Spielzüge

stabile Grundhaltung aufbauen, so ist doch auch stets damit zu rechnen, dass tendenziell offensiv eingestellte Spieler auch in die Defensive und defensiv eingestellte Spieler auch in die Offensive gehen können. Wer sich in beiden Haltungen bewährt und zudem Offenheit und Flexibilität einübt, wird es aus unserer Sicht in der Rolle eines Spielmachers am Weitesten bringen.

Macht und Einfluss ausüben

Unsere Spielfelder sind nicht selten Schauplätze zahlloser Intrigen, Ränkespiele und Interessenskonflikte, die mit harten Bandagen ausgetragen werden. Macht und Einfluss sind zentrale Instrumente, um auf das Spielgeschehen, auf Ideen, Räume, Regeln, Spieler und deren Beziehungen einzuwirken. Für jeden, der erfolgreich mitspielen will und vor allem für jene, die ein Spiel gestalten und prägen wollen, ist es deshalb wichtig, Machtpotenziale aufzuspüren, zu aktivieren und situationsgerecht verantwortungsvoll ins Spiel einzubringen.

Wenn uns die Einflussnahme auf eine Spielsituation wichtig ist und uns sinnvoll, nützlich und aussichtsreichend erscheint, dann werden wir als Spielmacher auch geneigt sein, unsere Energien in entsprechende Maßnahmen zur Spielbeeinflussung zu investieren. Zielorientierte Investitionen, um andere Spieler in ihrem Wahrnehmen, Fühlen, Denken, Entscheiden und Handeln zu beeinflussen, entsprechen dem Einsatz von Macht. In unserem Berufs- und Geschäftsalltag ist sie allgegenwärtig. Macht ist zugleich ein Faszinosum wie ein Gestaltungstool. Ihr Gebrauch ist für uns ambivalent. Sie kann zum Guten beitragen. Sie kann zum Bösen verführen und ihre Träger korrumpieren.

Mit Max Weber definieren wir Macht als »jede Chance, innerhalb einer sozialen Beziehung den eigenen Willen auch gegen Widerstreben durchzusetzen, gleichviel, worauf diese Chance beruht«[23]. Macht in unseren beruflichen und geschäftlichen Spielen lässt sich dabei an folgenden Merkmalen festmachen[24]:

- Macht stellt eine spezielle Form der Einflussnahme zwischen mindestens zwei Spielern dar.

- Macht spiegelt eine wechselseitige Beziehung zwischen Spielern wider.
- Macht ist keine absolute Größe. Sie bezieht sich immer auf die Beeinflussungsmöglichkeiten eines Spielers oder einer Spielergruppe relativ zur Gegenmacht eines anderen Spielers oder einer anderen Gruppe.

Das Gestalten von Machtbeziehungen, also die konkrete Ausübung von Macht, hängt vor allem von den Einstellungen, Erwartungen, Interessen und Erfahrungen der Spieler und dem strukturellen Kontext des Spiels, etwa dessen Spielregeln ab.

Machtpositionen können aus einer Vielzahl unterschiedlicher Machtquellen gespeist werden. Legitimierte Macht etwa basiert auf uns zustehenden Rechten oder auf Positionen, die durch bestimmte Spielregeln definiert sind. Darüber hinaus wissen wir, wie stark unsere Machtposition auch durch Wissen und Erfahrung, Überzeugungs- und Inspirationsvermögen, Geld, Zeit und Ressourcenverfügbarkeit geprägt sein kann. Auch Zugangsmöglichkeiten und gute Kontakte zu einflussreichen Spielern oder den Medien sind bedeutende Machtquellen. Wer Sachzwang und Druck aufbauen und Gewalt ausüben kann, eine Situation, Verfahren, Regeln und Standards kontrollieren kann, ist mächtig[25]. Außerdem gilt: Vermögen hat, wer etwas vermag, Macht hat, wer etwas macht, insbesondere wenn er kreativer und schneller ist als andere. Ein gutes Beispiel dafür ist ein Unternehmer, der mit einer neuen pfiffigen Geschäftsidee schnell ein neues Feld besetzt, Spielfeldgrenzen absteckt und selbst Spielregeln bestimmt, die ihn und sein Handeln dann eher schützen als einengen.

Die Autorin, Psychotherapeutin und Coach Christine Bauer-Jelinek differenziert zwischen den Machtstrategien der Gutmenschen und denen der Geldmenschen. Die Wege des Moralisierens und Missionierens, des Emotionalisierens und Psychologisierens sowie des Solidarisierens und Verzichtens ordnet sie als Optionen den Gutmenschen zu. Geldmenschen dagegen nutzen ihrer Meinung nach die Möglichkeiten von »Speed and Splash«, also Tempo und Überraschungsangriff, »Storytelling and Selling«, das heißt Geschichten erzählen und Verkaufen sowie der »Facts and Figures«, sprich dem Arbeiten mit Fakten und Zahlen[26].

Wesentlich ist, dass Spieler zumeist über mehrere Machtbasen verfügen. Die Stärke und Qualität dieser Basen sind in der Regel sehr unterschiedlich ausgeprägt. Keineswegs ist davon auszugehen, dass sie konstant sind. Sie unterliegen verschiedensten Einflüssen und Veränderungen. Resultiert etwa eine Machtposition aus der Knappheit nachgefragter Ressourcen, so ändert sich diese, sobald mehr Ressourcen der gleichen oder ähnlichen Art verfügbar sind. Bei der Aufnahme von Beziehungen werden Machtquellen nicht unbedingt sofort augenscheinlich. Stets gilt es, wach und sensibel zu sein, sie achtsam zu erspüren. Denn auch die Bereitschaft und das Vermögen auf Seiten der Spieler, vorhandene Machtquellen zu nutzen und die eine oder andere der genannten Machtstrategien einzusetzen, ist in der Regel sehr unterschiedlich ausgeprägt. Zeigt sich ein Spieler mächtig, so kann dies dazu führen, dass andere Spieler seine Nähe suchen, etwa um die eigenen Vorteile und Chancen im Spiel zu erhöhen. Es kann aber auch dazu führen, dass ein anderer Spieler den Kampf um die Machtposition aufnimmt, wenn er selbst der Mächtigere sein möchte. Denkbar ist ebenfalls, dass andere Spieler von der Machtdemonstration eines Spielers angewidert und abgestoßen werden, ängstlich in die Distanz gehen, sich in einen »Schmollwinkel« zurückziehen oder frei nach dem Motto »der Klügere gibt nach« das Weite suchen. Auch gezeigte oder zugegebene Ohnmacht übt einen Einfluss auf die Nähe und Distanz zwischen Spielern aus. Offenkundig werdende Ohnmacht kann andere Spieler zu mehr Nähe und Unterstützung oder ebenfalls zu größerer Distanz animieren. Um Ohnmacht und Not einen Bogen zu schlagen, erscheint vielen häufig als leichterer Weg. Sowohl das Zeigen als auch der Gebrauch von Macht und Ohnmacht bedürfen des Mutes. Ein Machtwort zu sprechen, ist nicht denkbar ohne ein entsprechend vorhandenes Selbstvertrauen. Seine Ohnmacht und Hilflosigkeit nicht zu verbergen, sondern zu ihr zu stehen, erfordert ebenso Courage.

Nach wie vor sind nach unserer Wahrnehmung in vielen Teams und Unternehmen das Thema Macht und der Umgang mit ihr ein Tabu-Thema. Wenn überhaupt, so wird es eher hinter vorgehaltener Hand oder im informellen Bereich thematisiert. Vor dem Hintergrund einer bewussten Beeinflussung und Gestaltung von Beziehungen unter Inanspruchnahme von Macht wollen wir hier vor allem zwischen zwei Möglichkeiten unterscheiden: dem Einsatz von »Hard Power« und dem Einsatz von »Soft Power«:

Hard Power einsetzen

Kämpferisches Handeln beschreibt eine wichtige Grundform strategischer Spiele. Hard Power einzusetzen bedeutet, in eine direkte Auseinandersetzung mit seinen Gegnern zu gehen, um eine führende Rolle zu übernehmen. Kämpferisches Handeln basiert in geschäftlichen Spielen auf herkömmlichen Machtinstrumenten, etwa der Marktmacht in Form von hohen Marktanteilen, dem Image, der Finanzkraft wie dem materiellen Anreizsystem eines Unternehmens. In beruflichen Spielen können die Spieler insbesondere ihre Positions- und Wissensmacht als Hard Power einsetzen. Kooperieren Spieler auf beruflichen oder geschäftlichen Feldern, so können sie durchaus temporär das Entwicklungspotenzial einer gesamten Volkswirtschaft spürbar beeinflussen. Deutlich wird dies sofort, wenn wir daran denken, wie auch scheinbar kleine Berufsgruppen, etwa Lokführer oder Fluglotsen, es schaffen, ihr Machtpotenzial darauf zu konzentrieren, einen strategischen Engpass zu schaffen. Gezielte Drohungen und Streiks mit empfindlichen Wirkungen für viele Spieler versetzen sie in die Lage, ihre Forderungen gegenüber ihren Arbeitgebern durchzusetzen.

Macht kann eingesetzt werden, um über Ankündigungen, Anweisungen, Versprechungen oder Drohungen andere Spieler beispielsweise zum Rückzug, zu einem Ausweichen oder zur Kooperationen zu zwingen. Wir bezeichnen kämpferisches Handeln und bedingte Kooperationen als Hard Power-Strategien. Der Politikwissenschaftler und frühere stellvertretende Verteidigungsminister der Clinton-Administration Joseph S. Nye hat diesen Begriff ursprünglich im Kontext mit bedingten Kooperationen in politischen Spielen geprägt[27].

Die Antwort auf Hard Power-Strategien hängt vom Ausmaß der eigenen Macht ab. Wird die eigene Spielposition und Macht als ebenbürtig eingeschätzt, kann ebenfalls Hard Power gewählt werden, zum Beispiel in Form eines Konters. Ist die zur Verfügung stehende Macht zu gering, so macht es keinen Sinn, einen Kampf zu verschärfen, der nicht gewonnen werden kann. Stattdessen erscheint es adäquater, nüchtern zu klären, ob nicht und wann gegebenenfalls ein Rückzug angebracht ist. Sich gegenüber einem überlegenen Spieler nachgiebig zu zeigen, statt Widerstand leisten zu wollen, kann die Überlebenschancen in einer schwächeren Spielposition verbessern.

Soft Power einsetzen

Anreize zu setzen oder Zwang auszuüben, also Zuckerbrot oder Peitsche, sind jedoch nicht die einzig denkbaren Strategien, um andere Spieler auf einen gemeinsamen Weg zu bringen. Ein ganz anderer Ansatz kann auch heißen: »Co-Leadership und Co-Kreation«. Für uns bedeutet das, Überzeugen durch glaubwürdiges wie inspirierendes partnerschaftliches Verhalten. Joseph S. Nye würde hier eher vom Einsatz von Soft Power sprechen[28].

Wie viel Kraft und Wille, Energie und Ausdauer gerade durch Zuwendung, Zuhören, Zu- und Vertrauen, Wertschätzung, Liebe, Begeisterung und Leidenschaft sowie durch gemeinsame Ziele möglich wird, das spüren wir alle in unserem Alltag immer wieder. Jeder von uns wird vermutlich von jenen innerlich am stärksten beeinflusst, die ihn mögen oder lieben, die er liebt oder mag. Soft Power fußt für uns nicht auf der Habens-, sondern auf der Seinsmacht. Habensmacht ist die egozentrierte Macht, Seinsmacht ist die aus unserem tiefsten Inneren stammende Kraft[29]. Spieler, die mit echter und tiefer Überzeugung und Hingabe, ja mit Herz und Liebe ans Werk gehen und ihr Spiel machen, sind im Spiel ganz anders ein- und aufgestellt. Sie verfügen über ein deutliches Mehr an Klarheit und zielorientiertem Drive. Zugleich sind sie in der Lage, in der Krise auch ehrlich ihre Zweifel, Schwachheit und Unzulänglichkeit wahrzunehmen und achtsam damit umzugehen. Besonders erfahrene Spieler wissen sowohl um die Strategien der Gut- wie der Geldmenschen, doch lassen sie sich weder in die eine noch in die andere Schublade stecken. Die Weisheit, dass bei zwei Spielern gerade jener, der das geringere Interesse an einer gemeinsamen Zielerreichung oder Beziehung hat, über die größere Macht verfügt, ist ihnen vertraut. Aus diesem Grund steigern sie ihr Interesse auch nicht bis ins Unendliche und in eine Abhängigkeit von außen hinein. Geschweige denn greifen sie zu den Mitteln der Korruption oder Sabotage. Sie verfolgen einen aufrichtigen Weg, auf dem sie zugleich zielorientiert und frei sind. Ihr Handeln ist nahezu paradox. Sie spielen mit ganzer Hingabe, doch tun sie nicht alles um jeden Preis. Statt in eine Verbissenheit und einen Krampf zu geraten, bleiben sie locker und flexibel, da sie sich zugleich im gelassenen Abwägen und Loslassen üben.

Soft Power Spieler sind sich ihrer Macht bewusst und können deshalb verantwortungsvoll mit ihr umgehen. Ein humaner und fairer Gebrauch und Einsatz von Macht hat bei ihnen Vorrang. Tugenden sind ihnen mindestens genauso wichtig, wenn nicht wichtiger wie materielle Werte. In der Regel geht es ihnen darum, konsequent und mit großer Ausdauer ihrer inneren Stimme nachzugehen und in und mit ihrem Spiel diese Welt einfach ein wenig lebbarer, freundlicher und besser zu machen. Wenn sie sich einmischen und mitwirken, dann tun sie es auf Augenhöhe und nicht von oben herab aus einer womöglich vorhandenen stärkeren formalen Machtposition heraus. Unabhängig von den vorliegenden Macht- und Kräfteverhältnissen, schaffen sie es, bei anderen Spielern ein Gefühl der Gleichwertigkeit und des Miteinander zu erzeugen. Sie bauen auf die verbindende Kraft von Gemeinsamkeiten. Auch freuen sie sich an den Unterschieden und nutzen diese. Sie wissen, dass es in einem Team letztlich auf alle ankommt und dass alle einander beeinflussen. In Konfliktsituationen setzen sie sich dafür ein, dass zunächst jede Stimme gehört, akzeptiert und auch verstanden wird. Ihnen geht es vorrangig um das Prinzip der bestmöglichen gegenseitigen Ergänzung. Als Spielmacher sind sie bereit zum Teilen, zum Feiern wie zum Dienen, da sie wissen, dass sich so die Energien im Team beziehungsweise Unternehmen viel schneller vervielfachen können. Partizipation und Partnerschaftlichkeit bedeuten für sie ein größt mögliches Maß an Freiwilligkeit sowie ein gemeinsames Planen, Entscheiden und Umsetzen. Gelingt es, dass sich Spieler-Potenziale zu fruchtbringenden Beziehungen entwickeln, so können große Kräfte entfesselt werden und ungeahnte Wirkungen zustande kommen. Mit Co-Leadership und Co-Kreation lassen sich deshalb neben kurzfristigen auch längerfristige, strategische Ziele mit weniger Reibungsverlusten realisieren. Oftmals sind diese dann auch nachhaltiger als wenn sie durch ein kämpferisches Handeln erreicht werden.

Neben den individuellen Werten und Verhaltensweisen sowie dem persönlichen und gemeinsamen Spirit ist eine hohe Innovationskraft ein ganz besonders wichtiges Instrument im Rahmen von Co-Leadership und Co-Kreation. Mit neuen Wahrnehmungs-, Denk- und Entscheidungsansätzen und -modellen, mit neuen Ideen, Produkten und Prozessen gelingt es in beruflichen und geschäftlichen Spielen auch »kleinen« Spielern, eine Hebelwirkung zu erzeugen und andere Spieler »mit ins Boot zu holen«. Besonders aussichtsreiche Ideen interessieren immer auch die großen Spieler. Je größer das Potenzial dieser Ideen ist, desto schneller sind auch die Großen bereit, einen aufgezeigten Kurs mit einzuschlagen und Ressourcen zu investieren. Eine hohe Innovationskraft bietet damit zugleich die Möglichkeit, Soft-Power aufzubauen und auszuüben ohne zuvor über einen langen Zeitraum hinweg eine andere Machtbasis im Spiel aufgebaut zu haben.

5.6 Fazit: Entwicklungsimpulse für Spielmacher

Ein Spielmacher sucht nach der Einzigartigkeit in seinem Handeln. Geschickt bündelt er die vorhandenen Kompetenzen, Ressourcen und Kenntnisse über das Spiel und wandelt sie in einzigartige Tätigkeiten und Vorgehensweisen zur Realisierung gesetzter Ziele um. Für die Entwicklung seiner strategischen Optionen bezieht er die Gestaltungsaspekte der Spielideen, Spielfelder, Spielregeln, Spieler und der Spielerbeziehungen systematisch mit ein.

Spielideen entwickeln

Ein Spielmacher lernt sich selbst immer besser kennen. Er weiß um seine Erfahrungen, Kompetenzen und Potenziale. Er zeigt Interesse, Offenheit, Ehrlichkeit und Mut, immer wieder innezuhalten und Auszeiten zu nehmen, um seine Spielideen zu klären, zu revidieren, weiterzuentwickeln oder neue zu generieren. Ständig arbeitet er an seiner Entwicklung als verantwortungsbewusster Humankapitalunternehmer. Einerseits konzentriert er seine Energie mit Geschick auf das Wesentliche, um seine Ziele auf einem ganz zu ihm passenden Weg erfolgreich zu realisieren. Andererseits kann er entspannt loslassen, durchatmen und den Augenblick genießen. Er setzt sich leidenschaftlich ein. Darüber hinaus besitzt er eine hohe Präsenz, eine wertschätzende Sensibilität, ein gutes Gespür für Ganzheiten, Fokussierung und schnelles Zupacken, eine heitere Gelassenheit und Zukunftsvertrauen.

Spielfelder verändern

Ein Spielmacher findet seine innere Balance, wenn es ihm gelingt, zugleich Humankapitalunternehmer und Lebenskünstler zu sein. Er konzentriert seine Energie einerseits mit Leidenschaft und Geschick auf das Wesentliche, um seine Ziele, auf einem ganz zu ihm passenden Weg, erfolgreich umzusetzen.

Spielregeln beeinflussen

Spielmacher fördern eine Kultur, die mit wenigen wirksamen fairen Regeln auskommt. Sie bauen auf Vorschussvertrauen und ein ehrliches Zutrauen in die Eigenverantwortung und Kooperation ihres Umfeldes.

Spieler entwickeln

Ein Spielmacher ist daran interessiert, sich und sein Team ständig in der gewünschten bestmöglichen Entwicklungsrichtung weiter herauszulocken, zu fordern und zu fördern. Mit großer Ausdauer macht er aus Talenten und Potenzialen echte und einzigartige Stärken. Er ist offen für Anregungen und Kritik, greift diese auf, gefährdet aber nicht den Kern seiner Spielideen. Sein Lernen und Verbesserungsstreben inspiriert andere mitzumachen. Geschickt treibt er das Spiel mit der gewünschten Qualität in die richtige Richtung.

Spielerbeziehungen verändern

Ein Spielmacher überlegt sehr genau, welche Spielerbeziehungen er »ausbauen«, »pflegen«, »halten«, »vergessen« oder gar »abschreiben« möchte. Er versetzt sich immer wieder in die Köpfe und Herzen anderer Spieler, um sie besser kennenzulernen und wahrscheinliche Reaktionen auf seine Spielzüge zu erspüren. Bei der Ausführung seiner Spielzüge weiß er sowohl mit Hard Power als auch mit Soft Power sehr differenziert umzugehen.

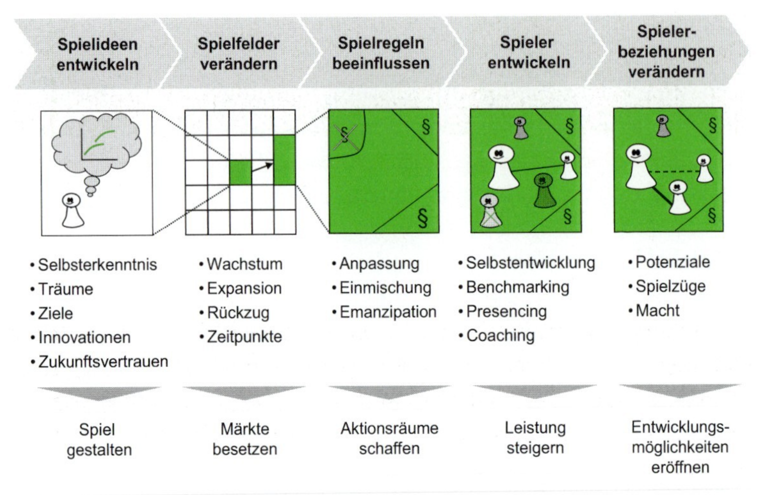

Abb. 5.10: Zusammenfassung der unternehmerischen Positionen

Die Ausprägungen unserer Handlungsoptionen hängen von der Spielsituation und den Einschätzungen der handelnden Personen ab. Anhand der aufgezeigten Bausteine können wir, immer wieder von Neuem, systematisch den zu uns passenden Weg finden, um das Spiel zu beeinflussen. Letztlich gibt es kein Ende im Spiel zur Veränderung des Spiels[30]. Es gibt keine endgültige Ziellinie, ausgenommen unser Ausscheiden aus dem Spiel. Aus den Möglichkeiten einer Veränderung und Beeinflussung ziehen wir immer wieder neue Spielenergie für die vor uns liegenden Spielrunden. Zugleich ist es wichtig, die Veränderungen im unternehmerischen Spiel sehr sorgfältig zu planen. Einmal ausgeführte Spielzüge lassen sich häufig nur schwer oder überhaupt nicht mehr rückgängig machen. Als Spielmacher sind wir uns bewusst, dass der Erfolg nicht in einer Veränderung per se begründet ist, sondern im Nutzen, den wir und eventuell auch die anderen Spieler daraus ziehen können.

6
Unternehmerisches Verhalten zeigen

Im vorhergehenden Kapitel haben wir die Entwicklung strategischer Optionen behandelt. Bevor wir strategische Optionen in strategische Spielzüge umsetzen, kommt es stets darauf an, ihre Sinnhaftigkeit und ihren Nutzen anhand unternehmerischer Kriterien zu überprüfen.

Unternehmerische Kriterien überprüfen

Ein Spieler neigt dazu, jene strategischen Optionen zu wählen, mit denen er seine Ziele am leichtesten, schnellsten und umfassendsten erreichen kann. Da es beim unternehmerischen Handeln zumeist um ein gleichzeitiges Realisieren mehrerer Optionen geht, gilt es, die strategischen Optionen im Hinblick auf ihre Konsistenz, ihren Beitrag zur Zielerreichung und ihren Ressourceneinsatz zu prüfen sowie ihre Erfolgswahrscheinlichkeiten abzuschätzen und zu vergleichen:

Konsistenzcheck

In unseren beruflichen und geschäftlichen Spielen besitzen wir unzählige Optionen, um Spielideen zu generieren, Spielfelder zu gestalten, Spielregeln zu beeinflussen, Spieler zu entwickeln und Spielerbeziehungen zu verändern. Je mehr wir uns um Klarheit sowie Konzentration und Schonung unserer Energien bemühen, desto größer ist auch unser Interesse, die jeweils ausgewählten Optionen zu einer Gesamtstrategie zu bündeln. Sie beschreibt dann unsere strategische Stoßrichtung im Spiel. Änderungen in der Stoßrichtung sind natürlich jederzeit möglich, doch sind ihre Konsequenzen stets vorab sorgfältig zu durchdenken und abzuwägen.

Auch ein Weitermachen wie bisher kann durchaus eine der möglichen Gestaltungsoptionen darstellen. Die strategische Stoßrichtung ist dann Erfolg versprechend, wenn sich die gebündelten Strategien gut ergänzen, sich nützliche Synergien und entscheidende Erfolgsaussichten ergeben. Auch nicht sofort ersichtliche Konsequenzen sind zu berücksichtigen. So ist beispielsweise sicherzustellen, dass die erarbeiteten Strategien für eine Weiterentwicklung der Spielregeln mit den Strategien zur Gestaltung der Spielerbeziehungen harmonieren, denn veränderte Spielregeln nehmen in aller Regel auch Einfluss auf das Verhalten der einzelnen Spieler wie deren Beziehungsgestaltung. Wird etwa eine neue Spielregel mittels einer einfachen Mehrheitsentscheidung in einem Team eingeführt und kann die unterlegene Minderheit nur sehr schwer mit der neuen Regel leben, so ist bei dieser Minderheit mit zukünftig stark veränderten Verhaltensweisen zu rechnen.

Zielerreichungsbeitrag

Strategien sind die Wege, auf denen wir unsere Ziele erreichen wollen. Alle ausgewählten strategischen Optionen haben im Rahmen ihrer Umsetzung möglichst ihren vollen potenziellen Beitrag zur Realisierung unseres strategischen Zielsystems zu erbringen. Von Bedeutung ist dabei, dass sich der jeweils angepeilte Zielerreichungsbeitrag vor einem realistischen zeitlichen Hintergrund abbilden lässt. Eine klare und überzeugende Antwort auf die Frage, bis wann wir welche Ziele und Teilziele mit unseren Strategien erreichen, fördert die Umsetzungsenergie aller Beteiligten und lässt so die Zielerreichung näher rücken. Ein freiwilliges öffentliches Bekenntnis, sprich eine Deklaration dessen, wozu die feste Bereitschaft und Entschlossenheit besteht, es umzusetzen beziehungsweise zu leben, stärkt in der Regel das Handeln der sich bekennenden Spieler. Die Aussichten, die angestrebten Ziele erfolgreich zu realisieren, steigen durch eine Deklaration beträchtlich. Über glaubwürdige Deklarationen lassen sich zudem weitere Freunde, Sponsoren und Fans gewinnen. Die entschiedene kraftvolle Deklaration, beispielsweise »Ich realisiere meine Träume!«, »Wir sind sehr gute Gastgeber!«, »Wir gewinnen die ...!«, verändert nicht nur die, die sie aussprechen. In Verbindung mit einem ambitionierten glaubwürdigen Handeln kann sie ein großes Umfeld ganz beträchtlich atmosphärisch verändern, ja stimulieren und eine Euphorie auslösen. Die gastgebenden Länder von großen Sportereignissen, wie Fußball-Weltmeisterschaften und Olympiaden, sind dafür gute Beispiele.

Ressourceneinsatz
Entwickelte strategische Optionen ergeben nur Sinn, wenn sie umsetzbar sind. Oft bedeutet eine erfolgreiche Umsetzung, einen Berg noch unerledigter Aufgaben zunächst systematisch zu sortieren und zu priorisieren. Alsdann sind diese Aufgaben in Orientierung an gewählten Prioritäten abzuarbeiten. Personelle, finanzielle und sachliche Ressourcen sind bereitzustellen oder zu beschaffen. Auch zeitliche Ressourcen, wie sie beispielsweise beim Aufbau von Know-how über ein Schulungsprogramm erforderlich werden, sind zu berücksichtigen. Generell ist wichtig, zwischen einmaligen Aufwendungen, zum Beispiel in Form von Restrukturierungs- oder Erweiterungsinvestitionen, und laufenden Aufwendungen, zum Beispiel Investitionen für die Pflege und Weiterentwicklung von Prozessen und Beziehungen, zu unterscheiden.

Erfolgswahrscheinlichkeit
Letztlich werden wir nur dann konsequent und beharrlich an der Strategieumsetzung arbeiten, wenn wir von der Passung und Machbarkeit, das heißt vom Erfolg unserer Spielzüge überzeugt sind. Um den potenziellen Erfolg der erarbeiteten strategischen Optionen zu bewerten, empfiehlt es sich, deren Erfolgswahrscheinlichkeiten abzuschätzen. Es gilt, die absehbaren Chancen und Risiken im Prozess der Strategieumsetzung aufzuzeigen und zu bewerten. Eher selten stellen wir hierzu komplizierte Rechnungen an. In der Regel nutzen wir unser unternehmerisches Gespür, unsere Erfahrung und Intuition, unser »Bauchgefühl«. Wir greifen auf Erfahrungen zurück, die wir selbst mit ähnlichen Situationen und Entscheidungen in früheren Spielrunden oder in anderen Spielen erzielt haben. Auch ein Benchmarking hinsichtlich der Erfahrungen anderer erfolgreicher Spieler oder die Einbindung erfahrener Berater kann uns mehr Klarheit über die Erfolgsaussichten verschaffen. Agieren wir nicht allein, so sind auch Umfragen im Kreis der Kollegen und Mitarbeitenden von großer Bedeutung. In einer Außendienstmannschaft macht es einen großen Unterschied, ob das ganze Team mit

der erfolgreichen Realisierung der fixierten Jahresziele rechnet oder ob nur der gerade neu eingestellte Außendienstleiter von deren Erreichung überzeugt ist. Unternehmensextern können zum Beispiel Kundenumfragen und das Angebot von Produkten auf Testmärkten helfen, Erfolgswahrscheinlichkeiten besser abzuschätzen.

6.1 Spielenergie einsetzen

Die vier oben aufgezeigten unternehmerischen Kriterien zur Auswahl von strategischen Optionen und ihre Übersetzung in Spielzüge spiegeln ein stark rational geprägtes Verhalten wider. Wir wollen in diesem Kapitel einen Schritt weiter gehen und hinsichtlich unseres strategischen Verhaltens fragen:

- Was treibt uns wirklich an, wenn wir uns unternehmerisch betätigen und einsetzen? Was steckt hinter unserem Handeln, ist für uns handlungsauslösend und bringt uns tatsächlich voran?
- Was ist für uns auf unseren inneren wie äußeren Spielfeldern stimmig? Womit fühlen wir uns wohl? Welches Verhältnis von Spannung und Entspannung brauchen wir in unserem Leben, um uns in die am besten zu uns passende Richtung zu bewegen?

Das Motto dieses Kapitels lautet:

»Gehe sorgsam mit Deiner Energie um!«

Um voranzukommen, brauchen wir Energie. Energiefresser kennen wir alle viele: einseitige Tätigkeiten, zu viel denken, debattieren, arbeiten, Mangel an Erholung, die eigene Situation als negativ und ungerecht ansehen, darüber lamentieren, sich beschweren, ohne selbst etwas zu verbessern, andere für unsere Lage und Befindlichkeit verantwortlich machen, frühere Negativ-Erfahrungen ständig wiederkäuen, sich in Ängsten und Zweifeln verlieren, anderen misstrauen, zuviel über andere nachdenken und sich mit diesen in kontraproduktiver Form vergleichen bis hin zum schlichten körperlichen Bewegungsmangel, ungesunder Lebensführung oder einem Energie raubenden Umfeld, etwa ineffizienter Arbeitsplatzgestaltung und schlechter Arbeitsatmosphäre. Wer wirklich an Leistung interessiert ist, kann es sich heute nicht leisten, nicht achtsam mit seinen Energien umzugehen, sie zu verschwenden oder zu vergeuden. Um angesichts mangelnder Energie wieder zu neuer Energie zu kommen, bedarf es häufig zunächst einmal des klaren Erkennens von Energiefressern sowie eines entschiedenen »Stopps« gegenüber einem jeden einzelnen von ihnen. Ein bewusstes Sich-Fernhalten von allen und allem, was in unerwünschter Form Energie abzieht, kann bereits weiterhelfen. Je mehr Energie wir in unserem Alltag benötigen und einsetzen, desto notwendiger werden für uns Zeiten der Entspannung, des Auftankens und Nichtstuns, des Allein- und Einsam-Seins, ja Eins- und im Einklang-Seins mit uns und der Welt.

Energiequellen pflegen

Angesichts der vielen Gefährdungen, denen unsere Energien ausgesetzt sind, gewinnt ein gesundes Energie-Management bei Einzelnen, in Teams und Organisationen zunehmend an Bedeutung. Vor allem vier unterschiedliche Energiequellen sind aus unserer Sicht besonders im Auge zu behalten:

- Energie, die wir in uns selbst entdecken, die aus Innehalten, Ruhe, Stille, Loslassen und Klarheit erwächst, uns von innen her Kraft verleiht, die sich in unserer Liebe und Hingabe, unserem Glauben und Optimismus, unseren Haltungen und Werten zeigt.
- Energie, die uns von einer faszinierenden Vision, präferierten Zielrichtung, Sinn und Freude stiftenden Nutzenvorstellung entgegenkommt, die uns anzieht wie ein Magnet, weil sie unsere Sehnsucht zu erfüllen und zu stillen vermag.
- Energie, die uns in der Gegenwart, in einem bestimmten Moment, in einer ganz besonders herausfordernden Leistungs-, Not- und Konfliktsituation zuwächst, Energie, die durchaus auch aus Angst, Zorn und Aggression erwachsen kann.

- Energie, die uns vom Umfeld, vor allem von der Natur oder von Mitmenschen, geschenkt wird. Zum einen können wir aus der Schönheit, Kraft und Stille der Natur ganz wesentlich Energie gewinnen. In der Natur fühlen wir uns nicht, wie häufig im Berufs- und Geschäftsalltag, ständig bewertet und dadurch unter Druck gesetzt. Spaziergänge, Wanderungen, entspannender Sport und längere Aufenthalte in der Natur eröffnen uns die Chance, frei und unbeschwert zur Ruhe zu kommen, durchzuatmen und neue Energien zu tanken. Zum anderen erhalten wir Energie von uns zugeneigten Menschen. Jeder von uns weiß und spürt, wie gut es tut, von anderen unterstützt, gewertschätzt, gelobt und angefeuert zu werden. Sprache, ob verbal oder non-verbal, kann sehr kraftvoll sein, Energie ausdrücken, vermitteln wie freisetzen. Die unterstützende Energie von Freunden, Sponsoren und Fans kann oft mehr als nur einen aktiven Spieler auf dem Spielfeld ersetzen oder einen zusätzlichen Spieler ausmachen. Stets sind gerade wir selbst in erster Linie dafür verantwortlich, wie wir unser Umfeld, unseren Arbeitsplatz und unsere Beziehungen Energie orientiert wählen, gestalten und nutzen.

Wer wacher für seine Energiequellen wird, achtsamer mit ihnen umgeht, sie pfleglicher behandelt und erweitert, kann Energien auch immer besser zum richtigen Zeitpunkt für das Richtige aktivieren. Er kann sie schneller und konsequenter als andere mit unbedingtem Willen zum Erfolg abrufen und wieder aufbauen. Er wird seine Ziele leichter und mit größerer Qualität erreichen als jener, der sie vernachlässigt.

Mit Begeisterung spielen

In einem ganz entscheidenden Maße geht es in unseren unternehmerischen Spielen darum, uns dafür einzusetzen, wovon wir begeistert sind, worin wir Sinn sehen, wofür wir brennen und Leidenschaft spüren. In der Ökonomie wird eher selten von Begeisterung und Leidenschaft gesprochen. Zumeist steht die mentale Intelligenz betont im Vordergrund. Es heißt, sachlich und kühl mit klarem Kopf zwischen persönlichen Präferenzen zu wählen. Im Sinne eines ganzheitlicheren und tiefer gehenden Ansatzes wollen wir hier über einen alleinigen Rückgriff auf die mentale Intelligenz hinausgehen. Um erfolgreich und beherzt im Alltag Hand anzulegen, braucht es neben der mentalen auch die emotionale, soziale, energetische, spirituelle und natürlich auch die körperliche Intelligenz[I].

War es vor der Jahrtausendwende bei vielen Führungskräften weitestgehend verpönt, angesichts unterschiedlicher zur Wahl stehender Optionen auch über die damit verbundenen persönlichen Sorgen und Ängste zu sprechen, so erleben wir gerade auf diesem Feld in den vergangenen Jahren eine neue Offenheit und ein wachsendes Interesse an einer größeren Transparenz. Befindlichkeiten, Emotionen, Stimmungen sowie Kontakt- und Beziehungsqualitäten prägen unseren privaten, beruflichen wie geschäftlichen Alltag. Sie in Planungs-, Entscheidungs- und Umsetzungsprozessen zu berücksichtigen und gekonnt mit ihnen umzugehen, gilt heute als unerlässlich. Angesichts immer komplexer werdender Vorgänge, eines an Leistungs- und Innovationsdruck zunehmenden Berufs- und Geschäftsalltages rücken unseres Erachtens auch immer mehr die Energie und der Spirit von Einzelnen, Teams und Organisationen in den Vordergrund der Betrachtung. Spieler, die mit Energien, den eigenen wie denen anderer, sowie dem eigenen Spirit, dem der anderen und dem sich entwickelnden gemeinsamen, passend und intelligent umzugehen vermögen, werden zunehmend zu gefragten Spielmachern auf vielen Spielfeldern. Ohne ihre animierenden oder treibenden Zielerreichungsbeiträge geht oft kaum etwas mit großem Schwung und Elan voran. In einer immer mehr technisierten und am Konsum orientierten Welt schaffen gerade sie es, die Herzen der betroffenen und beteiligten Menschen zu erreichen, sie zu berühren und zu bewegen.

Mit Spirit meinen wir dabei die uns als Menschen auszeichnende Lebendigkeit, unsere schöpferische Kraft, die aus unserem tiefsten Inneren kommt, uns ganz durchdringt, bewegt und über uns selbst hinausgeht. Dieser Spirit ist die Quelle dafür, mit Begeisterung zu spielen. Einen wahrlich begeisternden Spirit zu verkörpern und zu entfalten, heißt, mit ganzem Einsatz, voller Energie zu spielen und andere anzustecken. Von etwas oder jemandem angetan zu sein, zufrieden zu sein, kommt dem in keiner Weise gleich. Begeistert ist, wer von einer Idee, einem Menschen, einem Vorhaben ganz erfüllt längerfristig dabei ist. Begeisterung ist kein Strohfeuer. Sie ist ein unser ganzes Wesen inspirierender und ansteckender Funke, eine nach weiterer Erfüllung strebende Sehnsucht und Antriebskraft, die uns brennen und etwas bestimmtes Beabsichtigtes vorantreiben lässt. Alle Menschen, die beispielsweise entdeckend, forschend und unternehmend Großes leisteten und leisten, kennzeichnet diese Begeisterung.

Begeisterung ist die positive Seite der Leidenschaft. Krankhaft ist die negative Seite der Leidenschaft, all jenes, was wir mit Fanatismus oder Fundamentalismus verbinden, nämlich ein Zuviel. Ein Zuviel macht eng, gleicht einer krampfhaften und klammernden Überbetonung, ist stark eingrenzend. Es fehlt das gesunde und gute Fundament, das trägt, ausbaubar ist und Weite ermöglicht. Überkommt uns Leidenschaft und steuert sie uns, so wächst schnell die Gefahr, dass wir in ungesunder, eben krankhafter Form unseren Interessen nachgehen und zum Workaholic werden. Wird aus unserer Arbeit eine Droge, drohen Burnout und Herzinfarkt. Selbst hoch professionelle Rennfahrer geben nicht pausenlos Gas, sondern nutzen immer wieder Boxenstopps und Pausenzeiten. Gerade sie wissen sehr genau, wie bedeutsam erholsame Zeiten außerhalb der Rennstrecke und des gesamten Rennsport-Spektakels sind.

Begeisterung ist eine tiefe innere Steuerungs- und Antriebskraft, die uns ganz erfasst und uns hilft, mit besonders hoher Intensität Träume, Ziele und Vorhaben zu verfolgen. Begeisterung fördert den zielorientierten Einsatz von Energien. Von uns bewusst gelenkte und gesteigerte Energie kann uns und andere zu Höchstleistungen bringen. Hinsichtlich eines sorgsamen Umgangs mit Energie halten wir zwei strategische Richtungen für zentral: Einerseits bedarf es der bewussten Stärkung, der Übung bei herausfordernder Anspannung, andererseits bedarf es der bewussten Entspannung und Pausengestaltung. Ein bewusstes Wahrnehmen von Energien und ein trainierter und gut dosierter Umgang mit Energien machen Einzelne, Teams und Organisationen massiv stärker. Immer sofort voll durchzustarten oder ständig mit Vollgas zu arbeiten, kann schnell dazu führen, außer Atem zu geraten und dem eigenen Tempo zu erliegen. Gerade wenn bei intensiver temporeicher Arbeit in einem Team niemand als Schwächster oder Bremser gelten will, ist besondere

Obacht angesagt. Ein hilfreicher Merksatz in Stresssituationen, der dem Schwächsten im Team hilft, sich rechtzeitig zu bekennen und auf die Bremse zu treten, lautet: »Keiner steigt in ein Auto, von dem er weiß, dass es keine Bremse hat.« In jedem Team ist die positive Funktion des Bremsers anzuerkennen und zu wertschätzen. Nur zu oft wird sie allerdings übersehen und tabuisiert. Sowohl eine Überbeanspruchung der Energiereserven als auch deren zu geringe oder Nichtbeanspruchung zeitigen keinen Erfolg.

Begeisterung aufrechterhalten

Wirklich Begeisterte lernen schnell, wie wichtig es ist, die eigene Begeisterung zu hüten und zu pflegen. Begeisterung kann angefochten werden und sich abnützen, wenn sie auf zu heftige Widerstände trifft. Bevor sie verschüttet wird, heißt es, die eigene Glut zu schützen, auf das sie nicht erstickt. Als Spielmacher unternehmerisch zu agieren heißt, einen langen Atem zu zeigen, im Zweifel den längeren. Gerade für Spielmacher ist es daher von besonderer Bedeutung, selbst in der Bewegung innere Ruhephasen zu realisieren, um schnell neue Umstände, Ideen und Impulse wahrzunehmen und anzugehen.

Die Begeisterung und Energie in einem Spiel können lange auf einem relativ hohen Niveau gehalten werden, wenn es gelingt;

- immer wieder Neues im und am Spiel zu entdecken und auszuprobieren,
- kleinere wie größere positive Überraschungen, die einen attraktiven Unterschied und Mehrwert darstellen, zu ermöglichen und zu erleben;
- besondere innere und äußere Anreize zu schaffen, die die Faszination steigern;
- kontinuierlich gute und exzellente Leistungen mit hoher Erlebnisintensität bei vertretbarem Aufwand zu erbringen;
- berührende wie packende Rituale zu entwickeln und zu pflegen sowie Symbole zu nutzen, die geeignet sind, auf dem Spielfeld und weit über das Spielfeld hinaus Begeisterung und Energie zu fördern;

- Spieler, die in Herz und Seele in besonderer Weise vom Spiel ergriffen sind und eine besondere Freude und Werteorientierung ausstrahlen, maßgeblich in das Spiel einzubinden.

Zwei wesentliche Voraussetzungen, um Begeisterung aufrecht zu erhalten, sind, immer wieder zu prüfen, ob wir an den richtigen Themen arbeiten beziehungsweise auf dem richtigen Weg sind und dabei fokussiert und mit Weitblick handeln:

Strategische Optionen hinterfragen

Die Kraft der Begeisterung in unseren Ansatz zu integrieren, bedeutet für uns, die zu bewertenden strategischen Optionen immer wieder zu hinterfragen:

- Stehen die Optionen im Einklang mit unseren wichtigsten persönlichen Träumen und Zielen? Inwieweit helfen uns die Optionen hinsichtlich der Erfüllung unserer Sehnsüchte weiter?
- Wie harmonieren die Optionen mit unseren Wertvorstellungen und der von uns gelebten und erstrebten Lebensqualität, Werte- und Geschäftskultur?
- Wo, wie und wann wollen wir uns allein weiterentwickeln beziehungsweise versuchen, aufgrund unserer – vielleicht sogar überragenden – Spielposition auch einen besonderen Einfluss im Spiel auszuüben?
- Wo, wie und wann wollen wir durch unser Spielverhalten zu einer auch für andere Spieler gewinnbringenden Spielsituation beitragen, nicht nur uns, sondern auch andere Spieler und damit das gesamte Spiel voranbringen?
- Wie pflegen und fördern wir unsere Fantasie und Hoffnung, Entschlossenheit und Energie, um uns für bestimmte Träume, Werte und Ziele einzusetzen, neue Optionen zu entwickeln und die am besten passenden allein oder gemeinsam mit anderen zu realisieren?

Klar ersichtlich ist, dass für uns nicht nur die persönliche Begeisterung und Exzellenz sowie wettbewerbsgeprägte Spielzüge, sondern auch ein partnerschaftlich geprägtes Spielerverhalten zur Erreichung strategischer Ziele eine eminent wichtige Rolle spielen. Uns als Spielmacher mit Begeisterung in ein Spiel einzubringen, heißt darüber hinaus, Charakter und Entschlossenheit zu beweisen, zugleich fokussiert wie offen und weit, gespannt wie locker und entspannt zu sein, Netzwerke zu pflegen, Flexibilität zu zeigen und unserem Verhalten Nachhaltigkeit zu verleihen.

Fokus und Weitblick trainieren

Auf unseren Spielfeldern haben wir täglich eine hohe Komplexität zu bewältigen. Wir nehmen gleichzeitig an unterschiedlichen Spielen mit zum Teil sehr schnell wechselnden Spielsituationen teil. Oft versuchen wir dabei, wie Jongleure gleichzeitig mehrere Bälle gekonnt in der Luft zu halten. Laufend geht es darum, über ein strategisches Zoomen hinaus zugleich das Ganze wie die einzelnen Teile beziehungsweise Bälle wahrzunehmen und zu spielen. Immer wieder kommen neue Spiele auf uns zu, deren Eigenheiten, Prozesse und Strukturen es zunächst zu erspüren und verstehen gilt. Dann ist ein entsprechendes Spielverhalten zu entwickeln. Jedes Spiel erfordert Fokus und Konzentration, planvolles Vorgehen wie unkonventionelles Improvisationstalent, um einen Spielerfolg zu erzielen. Die klare Festlegung der Spielidee, das eindeutige Abstecken des Spielfeldes, der Umgang mit den Spielregeln und das Verstehen der Spieler und ihrer Beziehungen unter Berücksichtigung der weiteren Rahmenbedingungen, des jeweiligen Umfeldes, Klimas und der Kultur sind aus unserer Sicht die Basis für ein fokussiertes strukturiertes Vorgehen in beruflichen und geschäftlichen Spielen. Fokussierung hilft uns, die von uns wahrgenommene Komplexität unserer Spiele zu verringern und unsere Energien dosierter und konzentrierter einzusetzen.

Gleichzeitig auf vielen Spielfeldern zu spielen, führt häufig zu Verzettelung und Zersplitterung unserer Kräfte. Es kann uns passieren, dass wir so in einzelnen Spielen zu keinem oder nur zu einem schlechten Spielergebnis kommen. Ein Denken in den Dimensionen Raum und Zeit kann uns dann bei einer Fokussierung behilflich sein. Einerseits kann es Sinn machen, dass wir unsere Spiele nach ihrer Wichtigkeit priorisieren und daran arbeiten, uns auf wenige Spiele zu fokussieren, um nicht nur an jedem Spiel ein bisschen teilzunehmen. Andererseits kann es für uns von Vorteil sein, in unserem unternehmerischen Verhalten ein zu uns passendes Verhältnis zwischen simultanen und sequenziellen Spielen zu suchen und uns immer wieder die Fragen zu stellen, welche Spielphasen im jeweiligen Spiel unseren Einsatz erfordern, wann welche Spielpausen für uns Sinn machen und an welchen Spielen wir besser zu einem späteren Zeitpunkt teilnehmen können.

Energien gezielt lenken

Die Teilnahme an eher wenigen, aber gezielt ausgewählten Spielen und eine klare zeitliche Verteilung unserer Spiele ermöglichen uns einen fokussierten Einsatz unserer Spielenergie. Wir können den Einsatz unserer Ressourcen, Fähigkeiten und Erfahrungen, Energien und Emotionen klar bündeln und auf jene Spielzüge ausrichten, die das höchste Erfolgspotenzial beziehungsweise eine hohe Hebelwirkung auf unsere Spielziele besitzen. Ein Haushalten mit unserem Energiepotenzial hilft uns, in unseren interdependenten Spielsituationen zugleich auf uns bedrängende Spielzüge anderer Spieler nicht mit einer kompletten Aufgabe der eigenen Spielposition zu reagieren, sondern diese zu behaupten und gegebenenfalls systematisch auszubauen.

Eine Fokussierung unserer Energien hilft uns, die eigene Einzigartigkeit im Spiel im Vergleich mit den anderen Spielern klar herauszuarbeiten, weiterzuentwickeln und zu nutzen. In der Kommunikation nach außen signalisieren wir damit anderen Spielern gegenüber eine klare strategische Stoßrichtung. Diese kann zum Beispiel über Berechenbarkeit hin zu einem Vertrauensverhältnis und wachsender Kooperation führen. Wer versprochene Leistungen abliefert, erntet Vertrauen bei Kollegen wie Geschäftspartnern. Ebenso kann insbesondere für jüngere oder kleinere Spieler das bewusste Aufsuchen und Agieren in einer Nische des Spiels ein erfolgreiches Spielverhalten darstellen. Wir sehen dies immer wieder bei Spezialisten beziehungsweise bei spezialisierten Unternehmen.

6.2 Spielgemeinschaft leben

Einerseits beobachten wir einen wachsenden Trend hin zu einer verstärkten Individualisierung. Andererseits ist unverkennbar, dass zugleich auch ein Trend hin zu einer zunehmenden Vernetzung feststellbar ist. Nicht zuletzt das Internet führt uns eine pausenlos wachsende weltweite Vernetzung, den globalen Netzwerkgedanken, in drastischen Zügen vor Augen. Immer mehr und schneller werden Datenmengen ausgetauscht. Informationen werden immer leichter verfügbar. Wir lernen, vernetzter zu denken, zu fühlen und zu handeln. In der wachsenden Vernetztheit und ihren neuen Herausforderungen erfahren und (er-)finden wir uns als Menschen immer wieder anders und neu. Gerade der Informationsaustausch über viele unserer Spielzüge in beruflichen und geschäftlichen Spielen erfolgt inzwischen weitgehend elektronisch. Vielfach wird er auch von der regionalen auf eine globale Ebene verlagert und findet nicht mehr sequenziell, sondern mehr und mehr simultan statt. Wir telefonieren mit einem Geschäftspartner in Übersee, während unsere Mails gerade von Partnern in ganz anderen Himmelsrichtungen bearbeitet werden. Ein eng vermaschtes Netzwerk von Spielfeldern ist so in den vergangenen Jahren entstanden. Seine Strukturen verändern sich immer rascher. Unser bisheriges »Hier und Jetzt« wird durch ein »Überall und Immer« ergänzt. Die Frage, warum und auf welche Menschen wir uns tiefer einlassen, in welchen Netzwerken, Partnerschaften, Teams, Organisationen und Gemeinschaften wir uns in welcher Form engagieren wollen, rückt damit immer stärker in den Vordergrund unseres Bewusstseins und Handelns. In diesem Kapitel wollen wir dem Motto nachgehen:

»Lebe Einzigartigkeit und trage zur Einheit bei!«

Ressourcen, Chancen und Risiken bündeln

Nach Jeremy Rifkin sind Netzwerke die einzigen Geschäftsmodelle, die sich in unserer verwundbaren, hoch riskanten und sich rasant verändernden Welt flexibel anpassen können[2]. Netzwerke bringen interessierte Spieler mit dem spezifischen Ziel zusammen, ihre Ressourcen zu bündeln, um Gewinnchancen zu erhöhen und drohende Verluste auszugleichen. Umfassende Netzwerke private-to-business, business-to-business und business-to-consumer bieten uns rechtzeitig genug Informationen, Wissen und die Kapazität, um schnell auf Veränderungen in unseren strategischen Spielen zu reagieren. Netzwerke können daher als eine wesentliche Organisationsform der Zukunft betrachtet werden.

Netzwerke basieren in ihrem Inneren auf Kooperationen. Sie bieten ihren Mitgliedern eine bestimmte Form von »Heimat« und Geschlossenheit an. Wir alle kennen dieses Gefühl, zu einer bestimmten Gruppe von Spielern zu gehören, uns bei ihnen zu beheimaten und uns dadurch von anderen abzugrenzen. Nehmen wir das Gefühl, dazuzugehören nicht nur wahr, sondern wirklich ernst, dann tragen wir in der Regel auch mit dazu bei, dass aus einem Netzwerk für uns mehr als ein nüchternes, rationales Beziehungsgeflecht wird. Wir bringen die verabredeten Beiträge ins Netzwerk ein und versuchen, das Trittbrettfahren anderer zu verhindern. Jede Form von Netzwerk, sei es eine Partnerschaft, eine Arbeitsgruppe, ein Verein, Gremium, Team oder eine verschworene Gemeinschaft von Spielern, bedarf des ernsthaften und glaubwürdigen Wunsches, wirklich mitzumachen. Die Basis jeglicher guter Zusammenarbeit sind Vertrauen und Verlässlichkeit. Beide Verhaltensweisen sind wichtige Bestandteile eines »Game of Relations« und daher wesentliche Elemente eines auf Dynamik ausgerichteten Spiels. Sie charakterisieren unsere eigene Integrität und diejenige der anderen Spieler.

Vertrauen haben

Wenn der globale Wettbewerb weiter wächst, das Bewusstsein für knappe Ressourcen und der Kampf um sie vermehrt zunehmen, Unternehmen um ihr Überleben kämpfen, der Ideen-Diebstahl und die Zahl der Plagiate steigt, liegt es auf der Hand, dass vielerorts die individuellen Ängste größer werden und »Bunker-Mentalitäten« wie das Absichern von Komfortzonen an Bedeutung gewinnen[3]. Wenn wir in wechselnden Teams arbeiten, internationale Geschäftspartner haben, die wir kaum kennen, qua Internet gar mit uns völlig fremden Menschen kommunizieren, haben wir oft wenig oder kaum Zeit Vertrauen aufzubauen.

Vertrauen kann ein Geschenk, ein Investment oder auch Resultat einer verlässlichen Austauschbeziehung sein. Wer als Spielmacher unternehmerisch vorankommen will, kommt nicht umhin, immer wieder Neuland zu beschreiten und als Erster die Initiative zu ergreifen. Um in Netzwerken mit vielen Optionen und mehrdeutigen Situationen erfolgreich zu agieren, nimmt ein Spielmacher ständig Beziehungen zu anderen Spielern auf. Beziehungsaufbau und -pflege erfordern die Bereitschaft und Fähigkeit, sich auf andere Spieler einzustellen, sich auszutauschen und von ihren Erfahrungen zu lernen. Dies setzt vor allem voraus, Selbstvertrauen, Zutrauen und Vorschussvertrauen zu entwickeln und mutig auf andere Spieler zuzugehen. Ein Vertrauensvorschuss ist sowohl ein Investment in uns selbst, in unser eigenes Selbstvertrauen wie unsere Kontaktfähigkeiten, als auch in die Beziehungen zu anderen Spielern. Vertrauen ist für das wirtschaftliche Verhalten von Menschen von entscheidender Bedeutung: Wer ständig damit rechnet, von anderen Spielern ausgehorcht und über den Tisch gezogen zu werden, lässt sich auf viele Kontakte, Gespräche oder Geschäfte erst gar nicht ein. Wer blind, blauäugig oder aus reiner Bequemlichkeit anderen Vertrauen entgegenbringt, darf sich nicht wundern, wenn er enttäuscht wird. Sich und anderen zu vertrauen, kann erlernt werden. Es bedarf des Mutes, der Risikobereitschaft und Intuition. Vertrauen zu entwickeln, ist stets Potenzial orientiert und auf eine positive Entwicklung hin ausgerichtet. Robert Hurley beschreibt Vertrauen als »das sichere Gefühl, sich auf eine Person verlassen zu können, wenn man selbst angreifbar ist«[4]. Niklas Luhmann betont, dass der Vertrauende eine riskante Vorleistung erbringt, sich einem Vertrauensbruch aussetzt, indem er dem Partner die Möglichkeit eröffnet, das Vertrauen auch zu enttäuschen[5]. Vertrauensbeziehungen werden in ihrem Entstehen also dadurch begünstigt, wenn man sich selbst offen zeigt und verletzlich macht[6]. Einem anderen zu vertrauen, fällt uns dabei generell umso leichter, je größer unser Zutrauen in seine Integrität und in Anspruch genommene Kompetenz ist und je stärker wir von seinem Wohlwollen uns gegenüber überzeugt sind. Vertrauen wächst durch gegenseitige achtsame Nähe und das Fördern von Sicherheit. Je sicherer wir uns darüber hinaus in einer Situation fühlen, je mehr Gemeinsamkeiten wir mit anderen teilen, je besser die Interessenabstimmung und Kommunikation funktionieren, umso eher sind wir bereit, anderen Vertrauen zu schenken[7].

Vertrauen kann sich leichter einstellen, wenn wir an Nichtnullsummenspielen teilnehmen, wenn der eine nicht verliert, was der andere gewinnt. Bereits im gegenseitigen Vertrauensbeweis kann für den einzelnen Spieler ein Nutzen bestehen, ohne den zusätzlichen Gewinn im Blick zu haben. Vertrauen kann sich in der Erprobung und Prüfung bewähren. Die wenigsten Führungskräfte vertrauen einem Mitarbeiter ein größeres Budget an, wenn sie nicht vorher gehört, erlebt beziehungsweise kontrolliert haben, wie gut dieser unternehmerisch sorgsam in weniger wichtigen Angelegenheiten vorgeht und mit einem kleineren Budget umzugehen vermag. Eine hohe Transparenz über Vorgänge und Zahlen, eine funktionierende Selbstkontrolle in Teams und Unternehmen, Kontrollen durch interne und externe Funktionsträger, Instanzen oder Systeme können helfen, Vertrauen zu begründen und zu festigen. Im Letzten geht es stets darum, eine Vertrauensbasis aufzubauen, die trägt und zum Fundament einer erfolgreichen Zusammenarbeit werden kann. Ohne eigenes vorbildliches Verhalten und die Bereitschaft, Offenheit und Öffentlichkeit im Führungsalltag, etwa bei Entscheidungen, zu zeigen, ist dies nicht möglich[8]. Vertrauensvolles Loslassen, Abgeben und Delegieren kann im Kleinen geübt werden. Was sich im Kleinen bewährt, beweist Potenzial und kann wachsen. Ein über- oder unterforderndes Zuviel oder Zuwenig an Zu- und Vertrauen schadet. Es bedarf des Gespürs für ein jeweils der Situation und Aufgabe angemessenes gesundes Maß.

Stets wichtig zu bedenken ist, das Vertrauensverhältnisse keineswegs von sich aus ein für alle mal stabil bleiben. Auch sie sind ständigen Veränderungen, Belastungen und immer wieder auch Enttäuschungen ausgesetzt. Nicht nur im Sport stellen Niederlagen immer wieder eine härtere Belastungsprobe in der Beziehung insbesondere zu Coaches und Führungsspielern dar. Über die Zeit hinweg bedürfen Vertrauensbeziehungen deshalb einer kontinuierlichen achtsamen Pflege, gegebenenfalls auch des Verzeihens sowie erneuernder Impulse. Abnehmendes oder gar fehlendes Vertrauen führt letztendlich dazu, dass ein Spieler seine Spielfreude und innere Leichtigkeit im Umgang mit sich selbst, mit anderen wie dem ganzen Spiel verliert.

Verlässlichkeit beweisen

Andere Spieler werden uns dann vertrauen, wenn wir selbst verlässliche Partner sind. Verlässlichkeit ist dann gegeben, wenn andere Spieler in den Beziehungen zu uns spüren und erfahren, dass wir meinen, was wir sagen, und dass wir vor allem auch tun, was wir versprechen zu tun. Mit anderen Worten heißt das, dass wir uns an die gemeinsam verabredeten Spielregeln in Beziehungen beziehungsweise bereits vorhandene Spielregeln in Netzwerken halten und uns gegebenenfalls gegenseitig daran erinnern. Die gegenseitige freundliche Erinnerung und Unterstützung im Einüben von verlässlichem Verhalten fördert die Verlässlichkeit eines jeglichen Netzwerkes. Verlässlichkeit macht ein Netzwerk in undefinierten und unsicheren Spielsituationen zu einem stabilisierenden Raster. Es gibt Halt, Sicherheit und ein Gefühl der Wärme.

Im Team zusammenarbeiten

Um besser miteinander arbeiten zu können, bedarf es in einer individualistisch geprägten Zeit, immer mehr bewusst wahrgenommener und gestalteter Prozesse der Teamarbeit und Gemeinschaftsentwicklung. John R. Katzenbach und Douglas K. Smith definieren ein Team als »eine kleine Gruppe von Personen, deren Fähigkeiten einander ergänzen und die sich für eine gemeinsame Sache, gemeinsame Leistungsziele und einen gemeinsamen Arbeitsansatz engagieren und gegenseitig zur Verantwortung ziehen«[9]. Als Merkmale eines Teams stellen sie heraus, dass ein Team über nur wenige Mitglieder verfügt und einander ergänzende Fähigkeiten, gemeinsame Leistungsziele, einen gemeinsamen Arbeitsansatz und eine wechselseitige Verantwortung vorliegen. Des Weiteren betonen sie das Vorhandensein von persönlichem Einsatz, von Begeisterung, Energie und zusätzlicher Zeit, die Existenz von Symbolen, die etwas über die Identität des Teams aussagen, von Schlüsselerlebnissen, die zusammenschweißen, und das Erbringen von Leistungsergebnissen, die sogar die eigenen Erwartungen übertreffen[10].

Der Sportpsychologe Sigurd Baumann betont, dass der Teamzusammenhalt sich aus dem aufgabenbezogenen und sozialen Zusammenhalt ergibt[11]. Positiv auf den Teamzusammenhalt wirken aufgrund seiner Erfahrung[12]:

- das Setzen von Teamzielen, die alle fordern;
- das Klarstellen der Rolle und vorbildliche Verhalten jedes Einzelnen;
- das effektive Sich-Verständigen, regelmäßige Zusammenkünfte und schnelle Lösen von Konflikten;
- das Wissen um Persönliches und Sensibel-Bleiben für die Atmosphäre im Team;
- das Vermeiden von zu häufigem Personalwechsel und Cliquenbildung;
- das Fördern der Teamidentität und des Stolzes im Team.

Wieder erkennen lassen sich diese Erfahrungen zum Teil auch bei Wolfgang Jenewein und Felicitas Morhart, wenn sie auf die Erfolgsgeheimnisse des Schweizer Segelteams Alinghi eingehen. Ohne eigenen Zugang zum Meer gewann die Crew als erste europäische Mannschaft, 2003 und 2007 den America's Cup[13]:

- keine Kompromisse bei der Personalauswahl,
- Selbstverantwortung für die Mitarbeiter,
- produktiver Wettbewerb im Team,
- Probleme lösen, statt sie zu beklagen,
- den Mitarbeitern ein Vorbild sein,
- auf natürliche Teambildung vertrauen,
- interne Kommunikation fördern.

Diesen in einem gesunden, nach Stärke und Leistung strebenden Team gelebten Maximen stehen die so genannten »Teamkrankheiten« gegenüber. So weist Patrick Lencioni zum Beispiel auf fünf bedeutende Teamkrankheiten hin: Desinteresse an den Ergebnissen, mangelnde Verantwortungsübernahme, Unverbindlichkeit, fehlendes Vertrauen und Angst vor Konflikten[14]. Für uns stellen darüber hinaus auch eine zu intensiv gepflegte Arbeitsteilung, eine Komfortzonen orientierte »Schrebergarten-Mentalität« und Nischenpolitik, ein fehlender Adlerblick, eine kriegerische Wettbewerbsorientierung und das Leugnen und Missachten von Emotionen, Trauer, Neid und Spirit im Arbeitsalltag den Teamerfolg gefährdende Krankheiten dar.

Virtuos zusammenarbeiten

Einen vertiefenden wie Richtung weisenden Beitrag im Bereich der Teambildung liefern Bill Fischer und Andy Boyton. Sie spezifizieren die bisherigen Erkenntnisse und Erfahrungen, indem sie zwischen traditionellen und virtuosen Teams unterscheiden. Traditionelle Teams sind für sie gekennzeichnet durch eine Mitgliederauswahl nach Verfügbarkeit, die Betonung des Gemeinsamen, die Konzentration auf Aufgaben, eine individuelle Arbeitsweise und die Zielgruppe der Durchschnittskonsumenten. Virtuose Teams dagegen zeichnen sich aus durch die handverlesene Auswahl von Spezialisten, von Spitzenkräften mit besonders passender Expertise, durch die Betonung des Individuellen und Kreativen, die Konzentration auf Ideen, eine intensive gemeinsame Arbeitsweise sowie die Zielgruppe der anspruchsvollen Konsumenten[15].

Wer als Spielmacher virtuos mit anderen zusammenspielen und unternehmerisch erfolgreich sein will, tut gut daran, sich potenziellen Partnern und Netzwerken sehr achtsam zu nähern und zu öffnen. Virtuos zu spielen, heißt dann, besonders gekonnt und geschickt, herausragend und erstklassig zu spielen, mit Ausdauer zu üben, das Letzte und Beste aus sich herauszuholen sowie gut zu entspannen, unkonventionell zu experimentieren und immer wieder Neues zu kreieren. In unserem Ansatz bedeutet dies konkret,

- neue und besonders anspruchsvolle Ideen und Ziele zu realisieren, neue Spiele zu entwickeln und zu eröffnen;
- neue Spielfelder zu entdecken und zu gestalten, vorhandene Spielfelder voll zu nutzen, zu erweitern, sich zugleich auf einem oder mehreren Spielfeldern wohl zu fühlen und zwischen ihnen zu wechseln;
- neue Spielregeln zu entwickeln und mit vorhandenen verantwortungsbewusst sowohl gegenwarts- als auch zukunftsorientiert umzugehen, mit Spielregeln zu »tanzen«, das heißt, die

vorhandenen zu achten sowie zugleich für deren Weiterentwicklung zu sorgen;

- sich auf neue Spieler einzulassen, mit ihnen wie den vorhandenen Spielern an den Kern-Talenten und Einzigartigkeiten der Einzelnen zu arbeiten, besondere Qualitäten und Potenziale hervorzulocken und zu wertschätzen, die eigene sowie die Größe der anderen herauszukitzeln und weiterzuentwickeln, Verantwortung für sich, die anderen sowie für das Ganze zu übernehmen und diese auch immer wieder zur Situation passend zu teilen;
- einzigartige Beziehungen, gegenseitige Unterstützung und ein meisterhaftes Zusammenspiel zu generieren, flexibel zu sein und mit einander fair zugunsten der besten Lösung zu ringen, Vielfalt in der Einheit und Einheit in der Vielfalt zu produzieren.

Virtuoses Zusammenspiel setzt aus unserer Sicht gemeinsames Träumen voraus. Bestärkt werden wir darin durch den Redner und Trainer Jörg Löhr, wenn er betont: »Erst wenn die Mitglieder eines Teams ihre Träume gemeinsam träumen, wird daraus Wirklichkeit«[16]. Darüber hinaus sind das gemeinsame Wahrnehmen, Spüren und Verstehen des Spiels sowie der Qualität, des »Wie«, des Spielens entscheidende Grundlagen eines virtuosen Zusammenspiels. Das gemeinsame Handeln gelangt zur Virtuosität, wenn die individuellen und gemeinsamen Freiheiten spielerisch mit den verbindlich abgesprochenen gemeinsamen Zielen und Strategien harmonieren. Entsteht eine elektrisierende produktive Spannung zwischen intensiven Kooperations- und herausfordernden Wettbewerbsbeziehungen im Team, so sind Exzellenz und Höchstleistungen möglich. Nur im gelingenden Zusammenspiel individueller Stärken reift gemeinsame Stärke.

Spielergemeinschaft vertiefen

In einer Gemeinschaft lernen die Spieler sich und einander in allen Dimensionen des Menschseins auf tieferen Ebenen besser und tiefer kennen. Es zählt nicht nur die Zusammenarbeit, das individuelle wie gemeinsame Leistungspotenzial, das zu erbringende und erbrachte Ergebnis, sondern vor allem die Qualität der inneren Verbundenheit und des aus ihr erwachsenden Handelns. Eine Gemeinschaft von hoher Qualität zeugt von einer tieferen inneren Verbundenheit ihrer Spieler. Es zählt vor allem der Mensch, weniger seine Rolle und Position. Idealerweise ist eine Gemeinschaft ein Ort, an dem wir uns, so wie wir sind, ganz angenommen und zuhause fühlen, an dem unsere Egoismen, Grenzen, Verwundungen und Verletzungen offenbar werden dürfen, geachtet werden und im günstigsten Fall Heilung erfahren[17]. In einer Gemeinschaft wollen wir uns anvertrauen und anlehnen. Wir wollen getragen werden, insbesondere wenn wir verletzt oder ausgelaugt sind, weil wir uns bis an die Grenzen oder über sie hinaus eingesetzt haben. Eine gute Gemeinschaft bietet uns einen sichereren Raum, in dem es uns leicht fällt, uns authentisch, ohne unsere leistungs- und Karriere orientierten Masken und Fassaden, zu zeigen. Sie bietet die Chance, genau so sein zu dürfen, wie wir in einer Spielsituation gerade sind und genau darin Annahme und Erholung zu erfahren. Durch Langsamkeit in der Begegnung kann sie intensiver wachsen. In einer guten Gemeinschaft ist das Verhältnis von Nähe und Distanz flexibel, gesund und stimmig.

»Solange wir Wohlhabenheit, Gesundheit, Sicherheit, Intelligenz, Willensstärke in unseren Beziehungen den Vorrang einräumen, kann keine wahre Gemeinschaft entstehen« sagt der Theologe und frühere Harvard Professor Henri Nouwen, und er fährt fort: »Gemeinschaft ist keine Talentshow, bei der wir die Welt mit unseren Gaben beeindrucken. Gemeinschaft ist ein Ort, an dem unsere Armut erkannt und angenommen wird ... Das Leben in der Gemeinschaft ... fordert uns heraus, am Ort unserer Armut zusammenzukommen in der Überzeugung, hier unseren Reichtum sichtbar machen zu können«[18].

Jean Vanier, der Gründer von L'Arche, einer international aufgestellten Organisation und Friedensbewegung, welche Gemeinschaften gründet, in denen Menschen mit und ohne geistige Behinderung zusammenleben, betont: »Die Gemeinschaft darf niemals wichtiger sein als der Einzelne. Die Gemeinschaft muss immer auf den Einzelnen und sein Wachstum ausgerichtet sein. Schönheit und Einheit der Gemeinschaft ergeben sich aus der Ausstrahlung des

Einzelnen«[19]. In einer guten Gemeinschaft werden wir immer wieder animiert, uns in dem zu finden, was tief in uns angelegt ist und aus diesem unserem Inneren heraus zu handeln. Dies hat zur Konsequenz, das wir in unserem Alltag immer weniger einfach nur einer Tätigkeit nachgehen und Karriere machen, sondern wir dem folgen, wozu wir auf dieser Welt eingeladen sind und etwas beitragen können. Unser Wachsen und Reifen, unsere Erfüllung als Mensch, Mitmensch und Kind in der Menschheitsfamilie rücken damit in den Vordergrund. Je mehr wir uns in der Co-Kreation mit anderen als Spielmacher für das Gute engagieren, desto eher können wir auch zum Licht werden, das anderen Spielern eine Richtung gibt.

Unmögliches wird möglich, wenn eine verschworene Gemeinschaft heranwächst, wenn virtuos spielende Individualisten zu einer Gemeinschaft mit dem unbedingten Willen zum Erfolg zusammenwachsen. In einer verschworenen Gemeinschaft wird es möglich, Unsichtbares zu erspüren und damit umzugehen, sich blind zu verstehen und zwischen den Zeilen zu lesen. Oft existieren nicht nur spezielle interne Rituale und Symbole, sondern auch eine eigene Sprache und Kultur. Ihre Mitglieder wissen und beherzigen sehr genau, wer und was an Internem zu schützen, zu pflegen und im Verborgenen zu halten ist, um ein bestimmtes Vorhaben zu realisieren. Verschworene Gemeinschaften finden wir in der Wirtschaft oft in der Forschung, wenn Betriebsgeheimnisse sehr sorgfältig gehütet werden, in Projektgruppen, bestimmten Unternehmensbereichen und kleineren Unternehmen, die unter besonderem Druck stehen oder sich besonders ambitionierte Ziele gesetzt haben. Auch Kartelle, zum Beispiel bei Preisabsprachen, verdeutlichen zum Teil den Charakter verschworener Gemeinschaften.

Sowohl negativ wie auch positiv zu bewertende Gegebenheiten, Ziele sowie Prozesse, können Menschen zusammenschweißen. Besonders schwierige Umstände, Schicksalsschläge, Notsituationen, Prüfungen und Ängste schweißen zusammen. Gleiches gilt für forcierte Hinweise auf gemeinsame Gegner und deren kriegerische Absichten, für das Herausarbeiten und Betonen von Feindbildern. Auch eine sich ergebende oder bewusst erzeugte räumliche Nähe von Menschen, zum Beispiel in Büros, extrem hoher Zeitdruck in Projekten oder ein hohes Arbeitstempo, insbesondere »wenn Not am Manne« ist, können zusammenschweißen. Eine ganz andere Art von Schulterschluss entsteht, wenn vor dem Hintergrund einer gemeinsamen Vision ein außergewöhnliches Maß an Achtsamkeit, Freundlichkeit und Liebe im Umgang miteinander sowie an Hoffnung und Glaube an die gemeinsame erfolgreiche Zielerreichung heranwächst, gefördert und gelebt wird. Dies beinhaltet für uns auch die so wichtige Bereitschaft und Fähigkeit zum Teilen.

Damit Spieler zu einer guten und erfüllenden Spielergemeinschaft heranreifen, bedarf es eines Bewusstseins von und für Gemeinschaft sowie gemeinsamer Vorhaben und Prozesse. Freiwillige Absprachen zur Qualität des gemeinsamen Wachsens und Zusammenwachsens sind notwendig. Werden zugleich die Identität und Entwicklung der einzelnen Spieler in der Gemeinschaft geachtet und gefördert, so kann ein Denken, Fühlen, Sprechen und Handeln im, als und vom »Wir« entstehen. Wirken alle Spieler gemäß ihrer Möglichkeiten an diesem Prozess mit, entsteht Co-Kreation und eine tiefe unverwechselbare gemeinschaftliche Identität. Eine aus freien Stücken heraus erfolgende gemeinsame Entwicklung von Ritualen und Symbolen, von Sprache und Kultur, verstärkt die Identität, das Selbstverständnis und den Spirit einer Gemeinschaft enorm. Gemeinschaften, die permanent bewusst an sich arbeiten, werden nicht nur länger, sondern auch besser überleben.

In Erweiterung der Gedanken von Niklaus Brantschen, Pia Gyger und Anna Gamma in Veranstaltungen des Lassalle Instituts im schweizerischen Edlibach halten wir gerade die folgenden Spielregeln zur Förderung einer Gemeinschaftsbildung für besonders wertvoll:

- achtsames Wahrnehmen von sich, anderen und der Umwelt;
- offenes, verlässliches und liebevolles Umgehen miteinander;
- faires Teilen und miteinander Lernen;
- gemeinsames Treffen von für alle gut lebbaren Entscheidungen;
- Wertschätzen, Nutzen, Feiern des Fremden und Andersartigen;
- schnelles Benennen und konstruktives Umgehen mit Irritationen, Spannungen und Konflikten;
- Entwickeln einer Fehlerkultur, in der Fehler schnell zugegeben und behoben werden, in der jede/r schnell für das Fehlende ein-

tritt und da ist, statt dieses zu bemängeln und sich in Schuldzuweisungen zu üben;
- gemeinsames Verantworten des Sich-Entwickelnden, von Erfolgen wie Misserfolgen.

Freiheit, Einheit und Einklang erzeugen

Spieler, die in Netzwerken, Teams und Gemeinschaften agieren, lernen, mit der Polarität von Freiheit und Einheit umzugehen. Freiheit ist erforderlich, um eine eigene Identität aufzubauen und zu wahren, um zu lernen und ständig das eigene unternehmerische Gespür und Denken zu trainieren. Einheit ist erforderlich, um Stärken in der Zusammenarbeit zu entwickeln und die Risiken zu reduzieren. Die Spannung dieser Polarität manifestiert sich beispielsweise im Phänomen Coopetition. Spieler des Netzwerkes leben auf einem Spielfeld den Kooperations- und zugleich auf einem anderen Spielfeld den Wettbewerbsgedanken. Das ideale Netzwerk wird von den Spielern letztlich so gestaltet, dass sie zusammen einen Mehrwert im Sinne 1 + 1 = 3 realisieren.

In Anlehnung an den Benediktinerpater Anselm Grün entsteht aus Freiheit und Einheit nur dann Einklang, wenn es uns als Spieler oder als Team gelingt, alles Gegensätzliche in uns anzunehmen. Er wird spürbar, wenn jeder von uns ganz er selber sein darf und im Miteinander immer wieder auch ein Einssein erfahren kann[20].

6.3 Spielfreude zeigen

Georg Bernard Shaw sagt: »Leben ist dann eine wahre Freude, wenn es für einen Zweck genutzt wird, der einem selbst sehr wichtig ist.« Dies gilt für unser Leben auf unseren privaten wie beruflichen und geschäftlichen Spielfeldern gleichermaßen. Einerseits freuen wir uns, wenn wir ein bestimmtes Ziel oder Ergebnis erfolgreich realisiert haben. Andererseits freuen wir uns, wenn wir spüren, dass uns ein Sein und Tun Freude bereitet. Fühlen wir uns weder über- noch unterfordert, sondern geradewegs in der richtigen

Richtung mit der passenden Qualität unterwegs, so können sich Leichtigkeit und Freude offenbaren. Oft sprechen wir dann von Flow[21]. Wir können Freude im Prozess erleben, beispielsweise wenn uns ein bestimmter Spielzug gelingt. Darüber hinaus können wir auch Freude am und über den ganzen Prozess entwickeln, etwa weil wir einfach Lust und Freude am Spiel spüren. Wie leicht uns bestimmte Tätigkeiten fallen beziehungsweise leicht von der Hand gehen, merken wir in der Regel sehr schnell. Wir üben sie dann auch immer leichter und spielerischer aus. Die Gefahr ist dabei, dass wir darin eine solche Geschwindigkeit und Routine entwickeln, dass uns unsere Freude abhanden, sie im wahrsten Sinne unter die Räder kommt. Umso wichtiger ist es deshalb gerade für einen Spielmacher, der andere anstecken, inspirieren und zum Mitmachen animieren will, auf seine Spielfreude sorgsam zu achten, sie zu pflegen und ganz natürlich zu zeigen. Das Motto dieses Kapitels lautet deshalb:

»Zeig' die Freude an Deinem Spiel!«

Spielfreude wahrnehmen

Spielfreude ist davon abhängig, was und wie wir etwas in uns und/oder außerhalb von uns wahrnehmen, interpretieren und bewerten. Wer an Spielfreude interessiert ist, wird sich darum bemühen, sie genauer wahrzunehmen, sie intensiver zu spüren und zu genießen, sie, wenn möglich, sukzessive zu verstärken. Unsere Erfahrungen, unsere gegenwärtige Befindlichkeit und Position wie das Bemühen um ein intensiveres sinnliches Wahrnehmen können gerade für die Verstärkung von Spielfreude gute Ausgangspunkte sein. Sind wir uns dessen bewusst, welche Spielideen, -felder und -regeln, welche Spieler und Spielbeziehungen uns bisher gut getan und Freude bereitet haben, so fällt uns eine Offenheit für die Freude, die sie uns bringen, in der Regel sehr leicht. Offen und sensibel zu sein für Freude, die im Inneren aufsteigen will oder von außen ansteckend wirkt, ist eine Voraussetzung dafür, mehr Freude im Leben zu erleben. Vor Spielsituationen, die unerfreulich und schmerzlich sind, werden wir uns dagegen jederzeit zu schützen und abzuschotten suchen. Auch wenn wir in einer ungünstigen Position oder emotionalen Krise stecken, fällt uns das Empfinden von Spielfreude schwerer. Nicht dass der Blick auf das, was Freude macht, nicht da wäre, eher nehmen wir oft eine nur schwer überbrückbar erscheinende Distanz zu frohen Empfindungen wahr. Ein sorgfältigeres wie umsichtigeres Wahrnehmen, genaueres Hinschauen und Hinhören wie Fokussieren dessen, was uns im tiefsten Inneren wirklich bewegt und interessiert, kann dann dazu führen, dass wir auch leichter wieder eine kleine in uns aufsteigende Freude entdecken. Wer gelernt hat langsamer zu werden, zu staunen, zu danken und auch kleinere Entwicklungsfortschritte zu erspüren, nimmt in der Regel Spielfreude schneller und intensiver wahr. Alles Große beginnt im Kleinen. Nur wer gelernt hat, sich am Kleinen zu freuen, kann große Freude erleben.

Spielfreude entwickeln

Ein erster und relativ leicht gangbarer Weg, Spielfreude aufzubauen, ist der, sich an vergangene Spielerfolge beziehungsweise gelungene Spielzüge und -handlungen zu erinnern. Sich an frühere Erfolge, zum Beispiel Bewerbungs-, Präsentations- oder Geschäftserfolge, zu erinnern, kann auch in der Gegenwart Freude hervorrufen und gute Gefühle stimulieren.

Weniger einfach erscheint vielen der zukunftsorientierte Weg. Sich mit viel Mut auf die Erfüllung des eigenen Lebenstraumes voll einzulassen, von einer faszinierenden Spielidee angetan zu sein, sie so lange zu drehen und zu wenden bis die Konturen klarer auf der Hand liegen und deutlich wird, was genau zu tun ist, kann ebenfalls eine Quelle der Freude sein. Dem Besten in uns mehr Raum zu geben, das Bestmögliche aus uns herauszulocken und weiterzuentwickeln, ist eine besonders große Chance, zu mehr und tieferer Spielfreude zu gelangen. Jedes Quäntchen mehr an Klarheit und jeder bewusste Schritt in die richtige Richtung können dann Freude stiften.

Schon der Blick auf das baldige Realisieren eines Vorhabens kann Vorfreude auslösen. Allein die Aussicht, bald eine bestimmte Spielidee anpacken zu können, auf einem angestrebten oder neuen Spielfeld oder in einer neuen Liga zu spielen, lässt vielfach Vorfreude aufkommen. Jeder, der auf einem Spielfeld sein Bestes geben will, freut sich auf den Moment seines Einsatzes. Er erwartet diesen in froher Spannung. Genauso freut sich jeder von uns angesichts besonderer Anstrengungen vorab auf Momente der Ruhe und Entspannung. Auch der Prozess des Abschaltens, Loslassens und Zu-Sich-Kommens bedarf dabei allerdings oft der bewussten Gestaltung und stetigen Übung. Stille ist dabei sehr förderlich. Wird dieser Prozess genossen, so stellt sich unwillkürlich eine heitere Gelassenheit ein.

Auch eine tiefere Naturverbundenheit und Freude an der Schönheit der Natur kann die Spielfreude in den Arenen unseres Alltags steigern. Kürzere Spaziergänge, längere Wanderungen und das Beobachten von Tieren und die Betrachtung von Pflanzen können uns helfen, neue Freude zu entdecken.

Sich von einem Spieler und seinem Verhalten, einer bestimmten Spielsituation oder -aktion besonders berühren zu lassen, kann Freude schenken. Auch ein Gespür für echte Begegnung, gegenseitige Unterstützung, Zugehörigkeit und Gemeinschaft hilft, uns für Momente der Freude zu öffnen. Teilen stiftet Freude. Schenken wir unseren Mitspielern besondere Aufmerksamkeit, gelingt es uns, ihnen eine Freude zu bereiten, so kehrt die Freude in der Regel zu uns zurück. Bereits das Denken an den anderen, das Vorbereiten einer kleinen Überraschung wie das Aussuchen eines Geschenkes kann uns selbst Freude bereiten.

Eine wichtige Voraussetzung, um anderen Freude zu bereiten, ist, es auch mit sich selbst gut zu meinen. Wer es gut mit sich meint, gönnt sich und tut auch für sich selbst Gutes und Besonderes. Spielfreude ist schöpferische Freude. Spielfreude zeigt, wer mit Freude in sich im Kontakt ist und das, was er tut, gern tut, ja mit besonderer Liebe ausübt. Die Spielfreude steigt, je mehr jemand in seinem Element ist, Flow erlebt, sich erlaubt, Dinge anzupacken, die Sinn, Spaß und stärker machen, die sozial und von einem sportlichen Spirit durchdrungen sind. Gerade ein gesunder Sportsgeist hilft uns, leichter mit Niederlagen umzugehen, aus ihnen zu lernen und schnell wieder auf die Füße zukommen.

Wer auch in Niederlagen und Misserfolgen etwas Positives entdeckt und sich an der Lebendigkeit und Spannung des Spiels,

Daseins und Lebens zu freuen lernt, gelangt auf eine tiefere Ebene der Freude. Im Annehmen von Hochs und Tiefs sowie im Wachsen daran reifen unsere Mitmenschlichkeit und Weisheit, unsere Chancen zum Leben einer echten gelassenen Heiterkeit. Unsere Weisheit empfiehlt uns, stärker das für uns Wesentliche zu fokussieren und uns an seiner Entwicklung zu freuen. Sie lädt uns ein, mit Freude dem Leben zu dienen und zu übergeordneten Zielen einer Gemeinschaft, eines Teams oder einer Organisation beizutragen. Um in diesen tieferen Spielfluss zu gelangen, gilt es, sich mit inneren und äußeren Widerständen, Widersachern, Unzulänglichkeiten und Ängsten anzufreunden, mit ihnen gut umzugehen beziehungsweise diese abzubauen, ja Spaß am Umgang mit Widersprüchlichkeiten und Paradoxien zu entwickeln. So ist es sogar auch möglich, Freude und Dankbarkeit zu erfahren, im Mitleiden mit anderen. Mitleiden bedeutet, auf Schwächere und Verwundete zuzugehen, ihre Offenheit als Geschenk zu erleben, für sie da zu sein und ihnen beizustehen. Die Freude, für andere da sein zu dürfen und zu können, für Mit-Menschen zu sorgen und einzutreten und sich darin selbst als Mitmensch zu erfahren, ist eine ganz besondere Freude. Sie weitet unser Herz in besonderem Maße.

Spielfreude zum Ausdruck bringen

Sich freuen bedarf des geduldigen Übens und Trainierens von Offenheit und Freundlichsein. Als Spieler freundlich ist, wer an sich, anderen und dem Umfeld ein echtes achtsames und wohlwollendes Interesse zeigt, wer Entwicklungen, Lern-, Wachstums- und Reifeprozesse behutsam fördert und begleitet. Wer unternehmerisches Freundlichsein und Spielfreude entfaltet, lebt und zeigt zum Beispiel Freude am Erspüren und Erfüllen von Wünschen der Kunden und Mitarbeitenden, am Entwickeln eines unkomplizierten persönlichen Kontaktes, am Verbessern des Klimas und der Serviceorientierung, am Wahrnehmen und Mitgestalten von Marktentwicklungen, am Setzen von Trends und nicht zuletzt auch am Erfassen und Gestalten finanzieller Strukturen. In den vielfältigsten Situationen kann täglich der freundliche wie freundschaftliche Umgang mit sich, der Mit- und Umwelt neu geübt und gezeigt werden.

In unternehmerischen Spielen kann unsere Spielfreude zu wichtigen strategischen Aspekten im Spiel beitragen. Dies ist dann der Fall, wenn wir Spielfreude langfristig ausrichten, sie in Spieldynamik überführen, locker bleiben, wenn die Spielfreude fehlt, durch unternehmerisches Lernen neue Spielfreude erlangen, andere mit Spielfreude anstecken und den Spirit im Spiel unterstützen:

Spielfreude langfristig ausrichten

Viele unserer strategischen Spiele sind zeitlich nicht befristet. Wollen wir uns an nachhaltigen Entwicklungen in unbefristeten strategischen Spielen freuen, so bedarf es eines entschieden langfristig ausgerichteten Gespürs, Denkens und Handelns. Nachhaltig können strategische Spielzüge auf zweierlei Weise sein, zum einem, wenn sie die eigene Spielposition langfristig sicherer machen und deren Nutzen optimieren, zum anderen, wenn sie den Bestand des gesamten Spiels langfristig sicherer machen und seinen Nutzen optimieren. Wollen wir vor diesem Hintergrund langfristig Freude in und an einem Spiel erleben, so bedeutet dies, dass wir gut daran tun, unsere Spielzüge stets so auszurichten, dass wir unsere unbefristeten Spiele nicht selbst gefährden und zu deren Umwandlung in befristete Spiele beitragen. Schaden wir uns durch Kurzsichtigkeit und Kurzfristorientierung selbst, so gefährden wir langfristig unseren Spielfluss und unsere Spielfreude. Gerade in beruflichen und geschäftlichen Spielen geht es oft darum, dass unsere Spielzüge einen aktiven Beitrag für ein langes und qualitativ hochwertiges Leben und Erleben unserer Spiele und ihrer Spielfelder leisten. Wohl kaum jemand von uns möchte in eine Situation geraten, in der er als Spieler kein Spiel mehr vorfindet, an dem er teilnehmen kann, und sich ihm kein Spielfeld mehr bietet, auf dem er agieren kann. Langfristig ausgerichtete Spielfreude erhält hier den Vorzug vor kurzfristig orientiertem Spielspass.

Spielfreude in Spieldynamik überführen

Nachhaltigkeit erzeugen wir dann, wenn wir in unseren Spielen eine Spielfreude generieren, die für eine gesunde spielerische Dynamik und faire Weiterentwicklung sorgt. Dies ist dann der Fall, wenn wir Situationen herbeiführen, die stabil instabil in dem Sinne sind, dass sie einerseits einen sicheren Rahmen und andererseits viele

Freiheiten und Entfaltungsmöglichkeiten eröffnen, ohne dass es zu einem plötzlichen unkontrollierbaren Kollaps kommen kann. Begreifen wir unsere Spielsituationen als vernetzte Systeme, wird schnell klar, dass Nachhaltigkeit auf Wirkungsbeziehungen beruht, die sich selbst stabilisierende Zustände annehmen können. Abweichungen zwischen dem Ist- und einem Sollzustand werden dann nicht größer, sondern eher kleiner. Wenn wir mit unseren Spielzügen sich selbst stabilisierende Rückkopplungen fördern, tragen wir so verantwortlich dazu bei, dass unsere heute zeitlich nicht befristeten Spiele auch wirklich eher unbefristet bleiben.

Machen wir uns diesen Zusammenhang an einem Beispiel aus der Forstwirtschaft klar. Die Forstwirtschaft hat ursprünglich den Begriff der Nachhaltigkeit geprägt. Dort steht Nachhaltigkeit für eine Form der Waldbewirtschaftung, bei der die Produktionskraft des Waldes und die jeweilige Holzernte so in Einklang miteinander stehen, dass langfristig ein möglichst hoher Holzertrag gewährleistet erscheint, zugleich Boden und Standort jedoch nicht beeinträchtigt werden. Holz wird nur soviel geschlagen, wie durch Wiederaufforstung nachwachsen kann. Diese gesunde Dynamik wirkt zurück: Die Freude am Wald, seiner Schönheit und natürlich auch all seinen Nutzenpotenzialen bleibt uns erhalten.

In unseren beruflichen und geschäftlichen Spielen genießen hinsichtlich der Nachhaltigkeit heute vor allem drei Aspekte eine vorrangige Bedeutung: unser ökonomisches, soziales und ökologisches Verhalten. Ein achtsames Wahrnehmen, Spüren, Denken und Handeln in diesen Dimensionen in Verbindung mit einem Spirit des Fair Play hilft uns, einen Kollaps einzelner wie aller Spiele auf unserem Planeten durch einseitig verteilte Spielgewinne zu vermeiden. Dies fordert von uns in jeder Spielrunde, immer wieder unsere Perspektiven zu wechseln, uns mit fremden Interessen vertraut zu machen, sie mit den eigenen Zielen abzuwägen und für allseitig faire Spielzüge zu sorgen. Letztlich gilt es, ein Verantwortungsbewusstsein und verantwortungsbewusstes Verhalten zu entwickeln und dieses in jeder Spielsituation zu beweisen.

Locker bleiben, wenn die Spielfreude fehlt

Wer Spielfreude hat, ist locker und flexibel. Wer locker ist, kann auch mal ein Spiel in Ruhe laufen lassen. Wird versucht, Freude festzuhalten, kommt es zur Verkrampfung, wenn nicht gar zum Burnout. Wer langfristig Freude an einem Spiel gewinnt und genießen will, weiß, dass es Phasen gibt, in denen sie zu verschwinden scheint. Wird die Freude durch unangenehme Spielsituationen getrübt oder ist sie nicht mehr spürbar, so heißt es gerade in diesen Phasen, den Glauben an und die Hoffnung auf sie nicht zu verlieren, sondern weiterhin offen für sie, wach, locker und flexibel zu sein. Wer aus der Landwirtschaft kommt, weiß, dass die Saat im Dunkel der Erde wächst. Er weiß, wie wichtig der Regen für ihr Wachstum ist. Er bleibt zunächst einmal geduldig und locker, sieht auch im Regen das Notwendige und Gute und freut sich an ihm. Locker und flexibel bleiben, heißt für uns, mit Polaritäten spielen zu können und Situationen schnell in einen anderen günstigeren Rahmen zu setzen.

Bereits in unserer Betrachtung von Netzwerken, Teams und Gemeinschaften haben wir auf die Bedeutung von Flexibilität beziehungsweise Lockerheit hingewiesen. Sie zu besitzen, ist ein ganz wesentlicher Aspekt bei der Umsetzung unternehmerischen Verhaltens. Welchen Unterschied Flexibilität in unterschiedlichen Kontexten ausmachen kann beziehungsweise was es bedeutet, nicht über sie zu verfügen, zeigen die folgenden drei Beispiele:

Wenn Bienen das einzige offene Fenster in einem Raum nicht mehr finden, dann fliegen sie solange gegen eine geschlossene Fensterscheibe, bis sie sterben, ohne zu verstehen, warum ihnen die Flucht nicht gelingt. Wespen hingegen sind flexibler. Sie sind fähig, ihre Strategien zu verändern, und nacheinander zu verschiedenen Scheiben zu fliegen, bis sie am Ende den Ausgang zu ihrem Ziel, der rettenden Freiheit, finden[22].

Digital Equipment Corporation (DEC) setzte mit seinen Minicomputern Mitte der Achtzigerjahre einen weltweit hohen Standard. Dies ging solange gut, bis Apple und andere Hersteller mit dem Personalcomputer (PC) auf den Markt drangen. Die kompakten Geräte waren billiger und mit einem neuen Geschäftsmodell verbunden: PCs wurden wie Spielzeug für die Masse vermarktet, als simples Produkt, das viel Leistung in die Wohnungen und Büros brachte. DEC nahm das neue Geschäftsmodell nicht an, machte seine Minicomputer noch aufwändiger, um die PCs auf Distanz zu halten. DEC agierte also eher starr im Sinne einer Strategie des »Mehr des selben«. Doch weil auch die PCs immer besser wurden, liefen DEC die Kunden davon. Der Riese strauchelte, stürzte und versank. Nach Jahren mit Milliardenverlusten wurde die einstige Ikone 1997 von Compaq geschluckt. So lautet stark verkürzt die Geschichte eines Marktführers, der vom Markt verschwand. DEC war gefangen in seinen gewohnten Mustern und Routinen, blieb starr auf dem eingeschlagenen Strategiepfad.

Ein überaus engagierter Projektmitarbeiter, der in einer heißen Projektphase unter Termindruck stehend immer länger arbeitet und sich keine ausreichenden Pausen und Schlafzeiten mehr gönnt, handelt ebenfalls gemäß der Strategie des »Mehr des selben«. In seinem Arbeitsdrang, womöglich seiner Verbissenheit, ist er nicht locker und mutig genug, innezuhalten und eine andere Strategie zu wählen. Die meisten von uns kennen die Geschichte des Holzfällers, der Bäume fällt, dessen Axt immer stumpfer und dessen Arbeit immer mühseliger wird, der sich aber keine Pause gönnt, um seine Axt zu schärfen. Freude kommt da nicht auf. Es ist wichtig, der Freude eine Chance zu geben.

Durch unternehmerisches Lernen neue Spielfreude erlangen

Was haben nun die Biene, das Unternehmen DEC und der Projektmitarbeiter gemeinsam? Alle drei wären erfolgreich, wenn es ihnen gelingen würde, Strategien unternehmerischen Lernens einzusetzen, zum Beispiel aus ihren eigenen Spielzügen zu lernen. Die Biene würde einen Ausweg finden. DEC hätte eine höhere Chance gehabt, in seinem Spielverhalten Antworten auf die Aktionen der anderen Spieler zu finden. Und der Projektmitarbeiter würde vielleicht eine Kraft spendende Pause einlegen oder einfach einen Kollegen um Hilfe bitten.

Alle drei Situationen unterstreichen, dass es Sinn macht, sich in seinem unternehmerischen Verhalten nicht starr, ängstlich und kurzfristig orientiert an einmal gewählte Strategien zu klammern. Angesagt ist vielmehr, auch immer wieder inne zu halten, sich mutig längerfristiger zu orientieren und Neues wahrzunehmen und auszuprobieren. Zu trainieren ist ein flexibles unternehmerisches Verhalten. Dabei gilt es, klar auf ein strategisches Zielsystem hin ausgerichtet zu sein. Das perspektivische Zoomen, das Erkennen von Veränderungen im Umfeld des Spiels, das Ausloten ganz unterschiedlicher Möglichkeiten kann uns helfen, uns immer wieder schnell auf neue Spielsituationen einzustellen und situationsgerecht die richtigen Spielzüge auszuwählen. Unternehmerisches Lernen, sei es aus eigenen Spielzügen, denen anderer oder in Begleitung, gibt der Spielfreude eine Chance.

Andere mit Spielfreude anstecken

Vor dem Hintergrund, mit Spielregeln unterwegs zu sein und sich an diese zu halten, gewinnt unternehmensintern ein weiterer Aspekt eines nachhaltigen Handelns an Bedeutung, jener der langfristigen Leistungsfähigkeit und -freude der Spieler. Hier spielen ganz unterschiedliche Aspekte, wie beispielsweise Erfahrungen, Kompetenzen, Potenziale, Perspektiven, Loyalität und Begeisterung, Klima und Kultur in einer Organisation eine wichtige Rolle. Gerade Spielmachern kommt hier eine wichtige, lange Zeit vernachlässigte Aufgabe zu, Nachhaltigkeit in den Inhalten und Prozessen zu stimulieren. Sehr wertvoll sind hierbei die gemeinsame Formulierung eines klaren Ziel- und Wertesystems und die Ausrichtung des Handelns aller Spieler auf die Umsetzung dieses Systems, sprich die gemeinsam verabschiedeten Vorhaben. Auch das Erinnern an die gemeinsamen Ziele und Vorhaben spielt über die Zeit hinweg eine entscheidende Rolle.

Spirit im Spiel unterstützen

Im Kern geht es für einen Spielmacher darum, in sich und gegenüber anderen wach zu sein für den jeweils spezifischen Spirit eines Spiels. Der Spirit eines Spiels ist es, der uns mit allem verbindet, was darin existiert. Durch ihn erfahren wir uns als Mensch im Spiel, als lebendig und als verbunden mit allen anderen Spielern und dem Umfeld. Einen besonders menschlichen Spirit zu generieren, bedeutet für einen Spielmacher auf dem Platz wie im Management

- stets wach und präsent zu sein;
- sich in der Tiefe mit anderen zu verbinden, sich mit ihnen in Verbindung und verbunden zu fühlen, also echtes Mitgefühl und Interesse am anderen zu entwickeln und zu zeigen;

- »dazwischen zu sein«, sensibel zu sein für sich ergebende Zwischenräume und -zeiten, für neue und ganz andere Möglichkeiten, sie zu nutzen und zu gestalten;
- Verantwortung zu übernehmen für Fragen und Antworten, Problemstellungen und Lösungen, Tun und Lassen;
- ganz da zu sein, das jeweils Fehlende zu ergänzen und so zum Wohl möglichst vieler, ja aller und des Ganzen beizutragen.

6.4 Fazit: Verhaltensimpulse für Spielmacher

Die Pflege und der gezielte Einsatz Ihrer Spielenergie, der ständige Austausch mit anderen Spielern und das Wachhalten Ihrer Spielfreude wird Ihnen helfen, gerade jenes unternehmerische Verhalten in Ihren Spielen umzusetzen, dass Ihnen nicht nur Erfolg, sondern auch eine innere Zufriedenheit und Freude beschert. Wir wünschen Ihnen, dass Ihr unternehmerisches Verhalten in vielen Spielsituationen ein spielerisch wettbewerbsorientiertes und kooperatives Verhalten ist.

Spielenergie einsetzen

Ein Spielmacher kennt seine Energiequellen genau, geht achtsam mit ihnen um, behandelt sie pfleglich und kann sie zum richtigen Zeitpunkt für das Richtige aktivieren. Seine Begeisterung ist seine innere Antriebskraft, die ihn und andere zur Höchstleistung im Spiel bringt. Er spielt mit ganzem Einsatz und voller Energie.

Spielgemeinschaft leben

Ein Spielmacher beschreitet immer wieder Neuland und ergreift Initiative. Hierzu nimmt er ständig Beziehungen zu anderen Spielern auf. Ihm ist sehr daran gelegen, mit zu ihm passenden, ambitionierten Menschen zusammenzuarbeiten, die ebenfalls ihre besonderen Qualitäten verstärkt ausbauen. Er stellt sich auf andere Spieler ein, tauscht sich aus, wägt ab und lernt von ihren Erfahrungen. Er hat Selbstvertrauen, zeigt Zutrauen und Vorschussvertrauen, um mutig auf andere Spieler zuzugehen. Er fördert zugleich Einzigartigkeit und Einheit.

Spielfreude zeigen

Ein Spielmacher steckt mit seiner Spielfreude andere Spieler an, inspiriert und animiert zum Mitmachen. Er ruht in sich und ist zugleich beweglich und wach. Er ist mit dem Spielgeschehen eng verbunden und zeigt sich verantwortlich für Fragen und Antworten sowie Herausforderungen und Lösungen.

An dieser Stelle schließt sich ein Kreis: Unternehmerisches Verhalten zeigen heißt, immer wieder sein unternehmerisches Gespür und Denken einzusetzen und weiterzuentwickeln, immer wieder seine Position zu bestimmen und nach neuen strategischen Optionen Ausschau zu halten und die bestpassende/n in der nächsten Spielrunde zu realisieren.

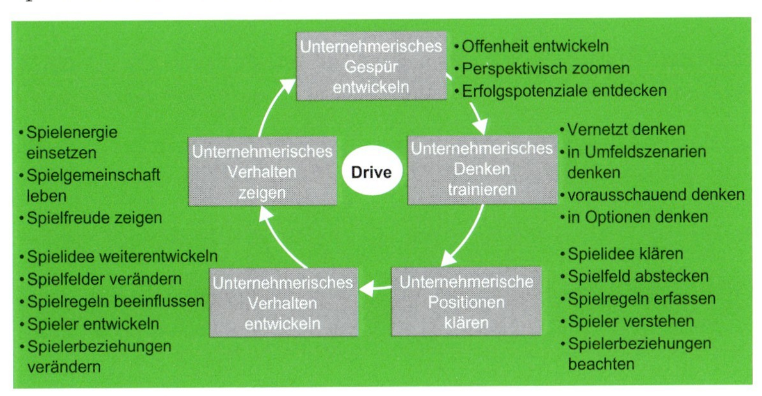

Abb. 6.1: Drive-Modell

Je mehr Sie viele Ihrer Lebenssituationen als strategisches Spiel begreifen, in dem Sie als Spieler aktiv das Spielgeschehen mitbeeinflussen können, desto stärker werden ihre Spielmacher-Qualitäten wachsen und reifen. Ihr Leben, Ihr Geschäft und Ihr Beruf laden Sie ein: Nutzen Sie jede neue Spielrunde, sich einzubringen, Ihren Beitrag zu leisten, Ihr Spiel zu eröffnen und zu spielen, sich und Ihre Spielpositionen weiterzuentwickeln. Entwickeln und zeigen Sie Ihren ganz persönlichen Drive, eine ansteckende Spielfreude und einen zum Mitmachen einladenden Spirit. Wir wünschen Ihnen viel Erfolg und auch das häufig erforderliche Quäntchen Glück!

Dank an Sponsoren und Freunde

Danken möchten wir allen Partnern und Partnerinnen in unseren Beratungs- und Trainingsprozessen, die uns immer wieder ihr Vertrauen schenken. Ihr Vertrauen ist für uns die Basis, auf der wir zusammen erfolgreich Zukunft gestalten.

Danke an alle Studierenden sowie alle Kolleginnen und Kollegen an der Hochschule Konstanz, an der Lake Constance Business School und am Lassalle Institut in Edlibach/Schweiz sowie an alle Teilnehmenden unserer unternehmensinternen Seminare und Workshops. Wir freuen uns sehr darüber, mit Ihnen immer wieder gemeinsam Spielideen diskutieren und im Dialog weiterentwickeln zu können. Sie schaffen mit uns den Spielraum, unsere Spielideen zu testen und zu leben.

Danke an das Team des Wiley-Verlages, das die Veröffentlichung dieses Buches mit zahlreichen Ideen und wertvollen Tipps zum Spaß machenden Spiel gemacht hat.

Danke an alle Freunde und Familienangehörigen, die uns angespornt und Kraft gegeben haben, unsere fachlichen wie menschlichen Erfahrungen in ein gemeinsames Buchprojekt einzubringen.

Klaus M. Kohlöffel und Jan-Dirk Rosche

Anmerkungen

Kapitel 2 Unternehmerisches Gespür entwickeln

1 Nevis 1988, S. 133–140
2 siehe hierzu auch Bolz 2002, S. 9 f
3 West 1999, S. 39
4 Piccard 2004, S. 229 f
5 Ohmae 1982, S. 91 ff
6 Prahalad/Hamel 1996, S. 317
7 siehe hierzu auch Prahalad/Hamel 1996, S. 314
8 siehe hierzu auch Hamel/Prahalad 1995, S. 308 ff
9 Kobjoll 2005, S. 13 ff
10 siehe hierzu auch Hamel/Prahalad 1995, S. 341 ff

Kapitel 3 Unternehmerisches Denken trainieren

1 Forrester 1961
2 Rifkin 2004, S. 238
3 Fink/Schlake/Siebe 2001, S. 59
4 Gausemeier/Fink 1999, S. 74
5 siehe hierzu auch Algieri/Emmanouilidis/Maruhn 2003

Kapitel 4 Unternehmerische Positionen klären

1 vgl. auch Echter 2003, S. 14 ff
2 Nalebuff/Brandenburger 1996, S. 28 ff
3 Sprenger 2008, S. 144–147; Scholz 2003
4 Hazel/MRC McLean Hazel/Miller 2007, S. 9
5 siehe hierzu auch Segbers/Raiser/Volkmann 2006, S. 121 ff
6 Creutz 2006
7 Peters/Hermann/Müller-Wirth 2008, S. 41–52
8 Piccard 2004, S. 233 f
9 Simon 2007, S. 16 ff
10 Evans/Wolf 2005, S. 61 ff
11 Nalebuff/Brandenburger 1996

Kapitel 5 Unternehmerisches Verhalten entwickeln

1 siehe auch Carse 1987, S. 9 ff
2 v. Oetinger/v. Ghyczy/Bassford 2001, S. 37
3 Clavell 1996, S. 24
4 v. Oetinger/v. Ghyczy/Bassford 2001, S. 44

5 ebenda, S. 106 f
6 Schmid 2004
7 Meffert/Finken 2003, S. 397
8 de Bono 1985
9 Reichert/Winter 2007, S. 80
10 Baumgartner 2007
11 Schmid 2000, S. 7 ff
12 Hesse 1992, S. 88
13 Rilke 1997, S. 21
14 Picasso 1988, S. 8
15 Kleinert 2005, S. 62
16 Goldsmith 2007, S. 170 ff
17 Senge/Scharmer/Jaworski/Flowers 2004; Scharmer/Käufer 2008
18 Karlöf/Östblom 1993, S. 66
19 Harrington 1996, S. 1
20 Kleinfeld 1996, S. 37
21 Niejahr/Pörtner 2004, S. 86 f
22 D'Aveni 1995, S. 258
23 Weber 1980, S. 28
24 Hohl 1987
25 Bragg 1999, S. 270; Neuberger 1989, S. 1030–1036; French/Raven 1971, S.190 ff
26 Bauer-Jelinek 2007, S. 79–96
27 Nye 2003, S. 8 f
28 Nye 2003, S. 8 f
29 Gyger 2002, S. 152
30 Brandenburger/Nalebuff 1996, S. 93

Kapitel 6 Unternehmerisches Verhalten zeigen

1 siehe Goleman 1996, 2005 und 2006; Bruch und Vogel 2005; Zohar und Marshall 2000
2 siehe auch Rifkin 2004, S. 211 ff
3 siehe Lencioni 2008
4 Hurley 2006, S. 63
5 Luhmann 2000, S. 53
6 Wüthrich/Osmetz/Kaduk 2006, S. 77
7 Hurley 2006, S. 63
8 Wüthrich/Osmetz/Kaduk 2006, S. 77
9 Katzenbach/Smith 2003, S. 70
10 Katzenbach/Smith 2003, S. 144 ff
11 Baumann 2002, S. 34
12 Baumann 2002, S. 66
13 Jenewein/Morhart 2008
14 Lencioni 2002, S. 184
15 Fischer/Boyton S. 81
16 Brand/Löhr, 2008, S. 133
17 Vanier 2001, S. 5 und S. 39
18 Nouwen 1996, S. 95
19 Vanier 2001, S. 25
20 Grün 2004
21 Csikszentmihalyi, 1990
22 Piccard 2004, S. 237

Literaturverzeichnis

Algieri, F./Emmanouilidis, J./Maruhn, R.: *Europas Zukunft – Fünf EU-Szenarien*, Herausgeber: Centrum für angewandte Politikforschung, München 2003

Andres, M./Böttcher, D.: »Nischendasein«, in: *brand eins*, Heft 1, 2007, S. 28–35

Baghai, M./Coley, S./White, D.: *Die Alchemie des Wachstums: Die McKinsey-Strategie für nachhaltig profitable Unternehmensentwicklung*, Düsseldorf 1999

Bauer-Jelinek, C.: *Die geheimen Spielregeln der Macht*, Salzburg 2007

Baumann, S.: *Mannschaftspsychologie: Methoden und Techniken*, Aachen 2002

Baumgartner, P.: *Lebensunternehmer/in*, 4., überarbeitete Auflage, Bülach 2007

Bolz, N.: »Warum es intelligent ist, nett zu sein: Die Kooperation der Egoisten«, in: *GDI Impuls*, Heft 4/2002, S. 7–11

Bono, E. de: *Six thinking Hats*, Boston, New York, London 1985

Bragg, M.: *Auf leisen Sohlen zum Erfolg: der diskrete Charme der Einflussnahme*, Stuttgart 1999

Brand, H./Löhr, J.: *Projekt Gold, Wege zur Höchstleistung – Spitzensport als Erfolgsmodell*, Offenbach 2008

Brandenburger, A./Nalebuff, B.: »Mehr Geschäftserfolg dank der Spieltheorie«, in: *Harvard Business manager* 2/1996, S. 82–93

Bruch, H./Vogel, B.: »Die Philosophie der Nummer eins«, in: *Harvard Business manager*, 6/2008, S. 32–42

Bruch, H./Vogel, B.: *Organisationale Energie – Wie Sie das Potenzial Ihres Unternehmens ausschöpfen*, Wiesbaden 2005

Brunken, I.: *Die sechs Meister der Strategie – und wie Sie beruflich und privat von ihnen profitieren können*, Berlin 2006

Carse, J., P.: *Finite and Infinite Games: A Vision of Life as Play and Possibility*, New York 1986

Clavell, J.: *Sunzi – Die Kunst des Krieges*, München 1996

Collins, J./Porras, J.: »Werkzeug Vision – Wie Unternehmensphilosophie und Leitbilder visionäre Unternehmen prägen«, in: *Harvard Business manager* 10/1992

Creutz, M.: »Schiedsrichter – die neuen Architekten des Wirtschaftsrechts«, in: *Handelsblatt* v. 24.11.2006

Csikszentmihalyi, M.: *Flow – The psychology of optimal experience*, New York 1990

Dathe, J.: »Coopetition – mehr als eine Mode«, in: *Harvard Business manager* 6/1999, S. 22–29

D'Aveni, R.: *Hyperwettbewerb: Strategien für eine neue Dynamik der Märkte*, Frankfurt am Main 1995

Dixit, A./Nalebuff, B.: *Thinking Strategically: The Competitive Edge in Busi-*

ness, Politics, and Everyday Life, New York 1991
Echter, D.: *Rituale im Management – Strategisches Stimmungsmanagement für die Business Elite*, München 2003
Eglau, H./Kluge, J./Meffert, J./Stein, L.: *Durchstarten zur Spitze – McKinsey Strategien für mehr Innovation*, Frankfurt am Main 2000
Evans, P./Wolf, B.: »Vertrauen ist die Basis«, in: *Harvard Business manager* 11/2005, S. 60–74
Fink, A./Schlake, O./Siebe, A.: *Erfolgreich durch Szenario-Management: Prinzip und Werkzeuge der strategischen Vorausschau*, Frankfurt am Main 2001
Fink, D./Wamser, C.: *Outgrowing – Wachsen mit den Ressourcen starker Partner*, München 2006
Fischer, B./Boyton, A.: »Wenn Virtuosen zusammenarbeiten«, in: *Harvard Business manager*, 11/2005, S. 76–87
Forrester, J. W.: *Industrial Dynamics*, Cambridge, Mass. 1961
French, J. jr./Raven, B.: »The Bases of social Power«, in: Cartwright, D./Zander: *Group Dynamics, Research and Theory*, 3. Auflage, New York, Evanston, London 1968, S. 259–269
French, J. jr./Raven, B.: »The Bases of social Power«, in: Hinton, B./Reitz, H.71, *Groups and Organizations*, Belmont 1971, S. 190–197
Friedman, T.: *The World is Flat – a Brief History of the Globalized World in the Twenty-first Century*, New York 2005
Gausemeier, J./Fink, A.: *Führung im Wandel – Ein ganzheitliches Modell zur zukunftsorientierten Unternehmensgestaltung*, München 1999
Goleman, D.: *Emotionale Intelligenz*, München 1996
Goleman, D.: *EQ – Der Erfolgs Quotient*, München 2005
Goleman, D.: *Soziale Intelligenz*, München 2006
Goldsmith, M./Reiter, M./Dürr, K.: *Was Sie hierher gebracht hat, wird Sie nicht weiter bringen: wie Erfolgreiche noch erfolgreicher werden*, Fröndenberg 2007
Gouillart, F. J./Kelly, J. N./Gemini Consulting: *Business Transformation: die besten Konzepte für Ihr Unternehmen*, Wien 1999
Grün, A.: *Das Glück des Einklangs*, Freiburg im Breisgau, 2004
Gyger, P.: *Maria – Tochter der Erde, Königin des Alls*, München 2002
Hamel, G./Prahalad, C.: *Wettlauf um die Zukunft: Wie Sie mit bahnbrechenden Strategien die Kontrolle über Ihre Branche gewinnen und die Märkte von morgen schaffen*, Wien 1995
Hamel, G.: »Bringing Silicon Valley Inside«, in: *Harvard Business Review*, Sept.–Oct. 1999, S. 71–84
Harrington, H. J.: *High Performance Benchmarking: 20 Steps to Success*, New York, 1996
Hazel, G./MRC McLean Hazel/Miller, D.: *Megacity Challenges – A Stakeholder Perspektive, report of a research project conducted by GlobeScan and MRC McLean Hazel*, 2007
Hesse, H.: *Eigensinn macht Spass – Individuation und Anpassung*, vierte Auflage, Frankfurt am Main 1992
Heuser, U.: *Humanomics: Die Entdeckung des Menschen in der Wirtschaft*, Frankfurt am Main 2008
Horx, M.: *Wie wir leben werden – unsere Zukunft beginnt jetzt*, Frankfurt am Main 2005
Horx, M./Huber, J./Steinle, A./Wenzel, E.: *Zukunft machen: wie Sie von Trends zu Business-Innovationen kommen; ein Praxis-Guide*, Frankfurt am Main 2007
Hurley, R.: »So schaffen Sie mehr Vertrauen«, in: *Harvard Business manager*, 11/2006, S. 62–72
Jaworski, J./Zurlino, F.: *Innovationskultur: Vom Leidensdruck zur Leiden-*

schaft – Wie Top-Unternehmen ihre Organisation mobilisieren, Frankfurt am Main 2007

Jenewein, W.: »Das Klinsmann-Projekt«, in: *Harvard Business manager*, 6/2008, S. 16–28

Jenewein, W./Morhart, F.: »Das Geheimnis des Segelteams Alinghi«, HBM AUDIO, Beilage zum *Harvard Business manager*, 1/2008

Karlöf, B./Östblom, S.: *Das Benchmarking Konzept – Wegweiser zur Spitzenleistung in Qualität und Produktivität*, München 1993

Katzenbach. J./Smith, D. K.: *Teams – Der Schlüssel zur Hochleistungsorganisation*, Frankfurt, 2003

Kleinert, A.: *Berliner Philharmoniker – von Karajan bis Rattle*, Berlin 2005

Kleinfeld, K.: »Restrukturierung versus kontinuierliche Verbesserung durch Benchmarking«, in: Meyer, J.: *Benchmarking: Spitzenleistung durch Lernen von den Besten*, Stuttgart 1996

Kobjoll, K.: MAX: *Das revolutionäre Motivationskonzept*, Zürich 2005

Kohlöffel, K.: *Strategisches Management – Alle Chancen nutzen, neue Geschäfte erschließen*, München 2000

Kröger, F./Vizlak, A./Ringlstetter, M.: *Wachsen in Nischen – 9 Strategien in der globalen Konsolidierung*, Weinheim 2006

Lencioni, P.: *Mein Traum Team*, San Francisco 2002

Lencioni, P.: *Silos, Politik & Grabenkämpfe*, Weinheim 2008

Luhmann, N.: *Vertrauen*, Stuttgart 2000

Meadows, D. L./Meadows D. H./Zahn, E./Milling, P.: *Grenzen des Wachstums – Bericht des Club of Rome zur Lage der Menschheit*, Hamburg 1973

Meffert, J./Finken, T.: »Strategien für mehr Innovationen«, in: Hungenberg, H./Meffert, J.: *Handbuch Strategisches Management*, Wiesbaden 2003, S. 393–419

Mertins, K.: *Benchmarking Praxis in deutschen Unternehmen*, Berlin, Heidelberg 1995

Mettler v. Meibom, B.: *Wertschätzung – Eine Haltung wird lebendig*, München 2007

Mintzberg, H./Ahlstrand, B./Lampel, J.: *Strategy Safari: Eine Reise durch die Wildnis des strategischen Managements*, Wien 1999

Montgomery, C./Porter, M.: *Strategie: Die brillanten Beiträge der weltbesten Experten*, u. a.: Kenichi Ohmae, Steven C. Weelwright, Robert H. Hayes, Theodore Levitt, Alfred D. Chandler, C. K. Prahalad, Gary Hamel, Henry Mintzberg/Cynthia A. Montgomery, Wien 1996

Müller-Stewens, G./Lechner, C.: *Strategisches Management: wie strategische Initiativen zum Wandel führen*, Stuttgart 2001

Mutius v., B.: »Wertebalancierte Unternehmensführung: Warum es gilt, immaterielle Werte in Strategie- und Steuerungssysteme zu integrieren – ein Plädoyer«, in: *Harvard Business manager* 5/2002, S. 9–22

Nalebuff, B./Brandenburger, A.: *Coopetition – kooperativ konkurrieren – Mit der Spieltheorie zum Unternehmenserfolg*, Frankfurt am Main 1996

Neuberger, O.: »Mikropolitik und Unternehmenskultur«, in: *Personalführung* 11/89, S. 1030–1036

Nevis, E.: *Organisationsberatung*, Köln 1988

Niejahr, E./Pörtner, R.: *Joschka Fischers Pollenflug und andere Spiele der Macht*, Frankfurt am Main 2004

Nouwen, H.: *Leben hier und jetzt*, Freiburg im Breisgau 1996

Nye, J.: *The Paradox of American Power, Why the World's Only Superpower Can't Go It Alone*, Oxford 2003

Oetinger, B. v./Ghyczy, T. v./Bassford, C.: *Clausewitz – Strategie denken*, München, Wien 2001

Oetinger, B. v.: *Das Boston Consulting Group Strategie-Buch: Die wichtigsten Managementkonzepte für den Praktiker*, 5. Auflage, Düsseldorf 1997

Ohmae, K.: *The Mind of the Strategist: The Art of Japanese Business*, New York 1982

Peters, B./Hermann, H.-D./Müller-Wirth, M.: *Führungsspiel*, München 2008

Picasso: *Über Kunst*, Zürich 1988

Piccard, B.: *Spuren am Himmel: Mein Lebenstraum*, München 2004

Prahalad, C.: *Der Reichtum der Dritten Welt: Armut bekämpfen, Wohlstand fördern, Würde bewahren*, München 2006

Prahalad, C./Hamel, G.: »Nur Kernkompetenzen sichern das Überleben«, in: Montgomery, C./Porter, M.: *Strategie: Die brillanten Beiträge der weltbesten Experten*, Wien 1996, S. 309–335

Raven, B./Kruglanski, A.: »Conflict and Power«, in: Swingle, P.: *The Structure of Conflict*, New York, London 1970, S. 69–109

Reichert, G./Winter, K.: *Vom Geheimnis der heiteren Gelassenheit*, Rümlang/Zürich 2007

Rifkin, J.: *Der europäische Traum – die Vision einer leisen Supermacht*, Frankfurt am Main 2004

Rilke, R. M.: *Briefe an einen jungen Dichter*, 43. Auflage, Frankfurt am Main und Leipzig 1997

Rosche, J.-D.: »Mitten zwischen Humankapitalmanagement und Lebenskunst«, in: *Die Konstanzer BWL, 1 st Constance Culture Collection*, Konstanz 2001

Scharmer, C. O.: *Theory U – Leading from the future as it emerges*, Cambridge, MA, 2007

Scharmer, C. O./Käufer, K.: »Führung vor der leeren Leinwand«, in: *OrganisationsEntwicklung* Nr. 2, 2008, S. 4–11

Schmid, W.: *Schönes Leben – Einführung in die Lebenskunst*, Frankfurt am Main 2000

Schmid, W.: *Mit sich selbst befreundet sein – Von der Lebenskunst im Umgang mit sich selbst*, Frankfurt am Main 2004

Scholz, C.: *Spieler ohne Stammplatzgarantie – Darwiportunismus in der neuen Arbeitswelt*, Weinheim 2003

Scott, M.: *Value Drivers – The Manager's Framework for Identifying the Drivers of Corporate Value Creation*, Chichester 1998

Segbers, K./Raiser, S./Volkmann, K.: »Globalisierte Städte als Weltakteure – Wettbewerb zwischen Metropolregionen«, in: *Welt Trends* Heft 53, 2006, S. 121–134

Senge, P./Scharmer, C. O./Jaworski, J./Flowers, B. S.: *Presence – Human Purpose and the Field of Future*, Cambridge, MA, 2004

Simon, H.: *Hidden Champions des 21. Jahrhunderts: Die Erfolgsstrategien unbekannter Weltmarktführer*, Frankfurt am Main 2007

Someren, T.: *Strategische Innovationen – So machen Sie Ihr Unternehmen einzigartig*, Wiesbaden 2005

Spitzer, M.: *Gehirnforschung und die Schule des Lebens*, Heidelberg 2003

Sprenger, R.: *Gut aufgestellt – Fußballstrategien für Manager*, Frankfurt am Main 2008

Steiner, V.: *Energy: Produktiver denken – Wirkungsvoller arbeiten – Entspannter leben*, München 2007

Sykes, H.: »Corporate Venture Capital: Strategies for Success«, in: *Journal of Business Venturing* Nr. 5, 1990, S. 37–47

Uehlecke, J.: »Spielen, rechnen, entscheiden«, in: *McK Wissen 02*, 1. Jahrgang 2002, S. 84–91

Vasconcellos e Sá, J. A.: *Strategy Moves: Angriff und Verteidigung*, München 2007

Weber, M.: *Wirtschaft und Gesellschaft*, 5. revidierte Auflage, Studienausgabe, Tübingen 1980

West, M.: *Innovation und Kreativität*, Landsberg 1999

Wüthrich, H./Osmetz, D./Kaduk, S.: *Musterbrecher*, Wiesbaden 2006

Yoffie, D./Cusumano, M.: »Judo Strategie: Eine Lektion für Wettbewerbsdynamik in Zeiten des Internet«, in: *Harvard Business manager* 5/1999, S. 72–84

Yoffie, D./Kwak, M.: »Die Kunst, Freunde zu managen«, in: *Harvard Business manager* 11/2006, S. 74–91

Vanier, J.: *Gemeinschaft heißt zu Hause sein*, Wuppertal 2001

Zohar, D./Marshall, I.: *SQ – Spirituelle Intelligenz*, Bern 2000

Stichwortverzeichnis

t